| 司法鉴定论丛 |

司法鉴定制度改革与审视

SIFA JIANDING ZHIDU GAIGE YU SHENSHI

郭华 著

本书系国家『十三五』重点研发计划『司法鉴定意见证据评价系统』（2016YFC0800707）成果

知识产权出版社
全国百佳图书出版单位
——北京——

图书在版编目（CIP）数据

司法鉴定制度改革与审视 / 郭华著 . -- 北京：知识产权出版社，2022.4

ISBN 978-7-5130-7988-4

Ⅰ . ①司… Ⅱ . ①郭… Ⅲ . ①司法鉴定—司法制度—体制改革—研究—中国
Ⅳ . ① D926.04

中国版本图书馆 CIP 数据核字（2021）第 268632 号

内容提要

本书回顾了司法鉴定制度改革的历程，对其热点、焦点和堵点等问题予以省察，基于司法鉴定原理对司法鉴定改革的路径选择、制度变迁和实践偏差进行了反思，从制度层面对司法鉴定制度与诉讼制度、证据制度之间深层次关联作出注释，为推进司法鉴定制度深化改革描绘了清晰的图景。

本书适合司法鉴定立法工作者、理论研究人员、司法人员及司法鉴定人员阅读。

责任编辑：龚　卫　　**责任印制：**刘译文
封面设计：乾达文化

司法鉴定制度改革与审视

SIFA JIANDING ZHIDU GAIGE YU SHENSHI

郭　华　著

出版发行：	知识产权出版社有限责任公司	**网　址：**	http：//www.ipph.cn
电　话：	010-82004826		http：//www.laichushu.com
社　址：	北京市海淀区气象路50号院	**邮　编：**	100081
责编电话：	010-82000860转8120	**责编邮箱：**	gongwei@cnipr.com
发行电话：	010-82000860转8101	**发行传真：**	010-82000893
印　刷：	三河市国英印务有限公司	**经　销：**	新华书店、各大网上书店及相关专业书
开　本：	880mm × 1230mm　1/32	**印　张：**	10
版　次：	2022年4月第1版	**印　次：**	2022年4月第1次印刷
字　数：	233千字	**定　价：**	78.00元

ISBN 978-7-5130-7988-4

作者简介

郭华 中央财经大学法学院教授、博士生导师，金融学博士后合作导师，法学院学术、学位委员会委员。中国政法大学法学学士、法学硕士、法学博士，中国社会科学院法学所博士后。兼任北京金融风险管理研究院副院长，中国行为法学会司法分会副秘书长，《中国司法鉴定》副主编。发表学术论文 140 余篇；个人专著 10 部，主编及参编著作、教材 80 余部，其中，司法鉴定领域的专著有：《鉴定结论论》（中国人民公安大学出版社 2007 年版）《鉴定意见证明论》（人民法院出版社 2008 年版）《鉴定意见争议解决机制研究》（经济科学出版社 2013 年版）《专家辅助人的中国模式》（经济科学出版社 2015 年版）《司法鉴定制度改革与审视》（知识产权出版社 2022 年版）。主持科技部、教育部、司法部、公安部、最高人民法院、最高人民检察院等课题 10 余项。

前言

司法鉴定制度历经17年的改革已基本形成了统一司法鉴定管理体制。然而在不断深化改革过程中存量问题未清除又添新问题，致使改革在前进的道路上陷入了徘徊不前的困境，司法鉴定制度改革如何在确定的方向上继续前行而不转向也就成为目前理论、现实和改革需要亟待关注和关心的问题。对此问题进行研究和探讨，既需要省察有关司法鉴定制度改革的规范性文件，也需要审视司法鉴定制度改革的实践做法，更需要探索司法鉴定制度改革前行的路线。基于此，本书对既存的有关司法鉴定制度改革的法律文本及其规范性文件进行了系统性梳理和教义学解读，以期从规范的视角对改革的规范性文件有一个全面回顾和认识；对理论上有关鉴定人与专家证人并存的学术观点进行了追问和剖析，希冀澄清对司法鉴定的模糊认识和理解上的偏差；对实践上偏离改革方向做法与偏离鉴定作为证据的责任配置进行了分析和导正，期待实践在改革中不中途转向和出现偏差；特别是对司法鉴定实践分歧较多和争议较大的精神病鉴定勘察成因和诠释缘由，以便纾解司法鉴定制度改革中的难点、痛点和困点问题。在上述探讨过程中，本研究立足于司法鉴定制度改革的基本方向，全面贯彻司法鉴定制度改革协调发展的理念，构建司法鉴定制度改革发展的新格局，旨在为健全统一司法鉴定管理体制目标的实现提供自己的拙见。

郭　华

2022 年 2 月 6 日

目 录

导言

司法鉴定制度改革历程回顾与省察

2005年2月28日，第十届全国人民代表大会常务委员会第十四次会议通过并于2015年4月24日第十二届全国人民代表大会常务委员会第十四次会议修正的《全国人民代表大会常务委员会关于司法鉴定管理问题的决定》（以下简称《决定》），[1] 旨在通过建立统一的司法鉴定管理体制，解决我国司法鉴定机构管理体制存在的混乱问题，特别是司法实践中因“多龙治鉴”带来的“多头鉴定”“重复鉴定”“虚假鉴定”等严重损害当事人合法权益和影响诉讼效率与司法公正的问题。这一改革性法律文件不仅对建立统一的司法鉴定管理制度具有里程碑的意义，还对推进司法鉴定管理体制健全具有破冰的功能。2017年7月19日中央全面深化改革领导小

---

[1] 2015年4月24日第十二届人大常委会对《决定》第十五条，将原规定的司法鉴定的收费项目和收费标准由国务院司法行政部门商国务院价格主管部门确定修改为“由省、自治区、直辖市人民政府价格主管部门会同同级司法行政部门制定”。由于司法鉴定习惯，本书引用表述采用2005年的《决定》。

组第三十七次会议审议通过了《关于健全统一司法鉴定管理体制的实施意见》。该意见将司法鉴定制度界定为“解决诉讼涉及的专门性问题、帮助司法机关查明案件事实的司法保障制度”。在新时代将司法鉴定制度放置在国家治理体系加以健全成为公共法律服务亟待讨论的重要问题。面对新时代对司法鉴定制度改革的新要求与新期待，有必要对历经了十七年的有关司法鉴定制度改革的法律法规及政策性文件的价值及功能等方面予以回顾，也有必要对这一时期进行的一系列有关司法鉴定管理制度改革措施与实践进行省察，更有必要对此期间未能解决的依然需要解决的问题予以反观，并基于回顾、省察和反观，进一步研精覃思其何为本原问题和何为派生的新问题，解决现有司法鉴定制度背负因制度改革衍生的沉重负担和原有制度遗留的结构性障碍，为深化司法鉴定制度改革和提高司法鉴定公信力提供建设性意见，为司法鉴定制度改革的政策制定、法律完善和监管策略调整提供理论和经验支持。

一、司法鉴定制度改革历程回顾与政策撷萃

我国司法鉴定制度是基于苏联的法学理论和我国长期司法实践形成的，[1] 在司法实践中发挥了重要的作用。1978 年我国改革开放和 20 世纪 90 年代初的审判方式改革使得基于司法实践形成的司法鉴定管理制度与其改革要求鉴定资源有效配置出现了紧张关系。1993 年 4 月 21 日，财政部针对此问题给中共中央政法委员会、国家机构编制委员会提呈了一份《关于公检法机关共建一套司法机构的建议

[1] 参见全国人大原内务司法委员会侯宗宾在 2002 年 12 月 23 日第九届全国人民代表大会常务委员会第三十一次会议上“关于《全国人民代表大会常务委员会关于司法鉴定管理问题的决定（草案）》的说明”。

函》（〔93〕财文字第125号）。该建议函认为：

司法鉴定工作是公检法机关职能工作的一个组成部分，是司法机关应用现代科学技术正确处理各类案件的重要手段。……公检法三家已根据司法鉴定工作需要，分别建立了各自的鉴定技术部门，在办案过程中发挥了很大的作用。但总的来看，司法鉴定技术各搞一套有诸多不利……因此，建议将公检法机关的司法鉴定部门合三为一，共建一套司法鉴定机构。

当时财政部之所以出具该建议函提出建立一套司法鉴定机构，其缘由主要为：一方面是基于财政拨款与公检法机关配备相同仪器设备出现的重复建设，导致有限财政资源浪费；另一方面是基于1992年10月云南省公检法建立了云南省公检法司法鉴定中心的尝试，旨在推广司法实践中的做法。中央司法机关曾对此进行调研。其调研报告认为：

多系统法医鉴定人制度不能适应法治建设的需要，在全国设立统一的司法技术鉴定机构是必要的，也是可行的。在中央设国家司法技术鉴定总局，可隶属于中央政法委、全国人大或者国务院（如单列机构有困难，亦可在司法部增设司法技术鉴定局）。

这一时期尽管有司法鉴定制度改革的建议、调研成果和实践尝试，但因司法鉴定对司法公正影响的问题不突出，未因此践行司法鉴定制度改革。1998年国务院"三定方案"赋予了司法部指导全国"面向社会服务的司法鉴定的行业主管机关"的任务。1998年6月24日，《国务院办公厅关于印发司法部职能配置内设机构和人员编制规定的通知》（国办发〔1998〕90号）明确了司法部指导"面向社会服务的司法鉴定工作"。按照"三定方案"要求与国务院职能配置，2000年司法部颁布了《司法鉴定机构登记管理办法》和《司法鉴定人管理办法》，并开展对面向社会服务的司法鉴定机构和鉴定人进行登记管理，形成了公检法机关设置管理的鉴定机构与司法行政机关登记管理面向社会的鉴定机构之“四家”分别管理的“多头”管理格局。

2002年11月，党的十六大作出了“推进司法体制改革”的战略决策。2003年历时三年的“五次尸检，六次死亡鉴定的黄静案”（其中包括不属于鉴定的文证审查）引发了争议，该案件成了加速和推动司法鉴定制度改革的导火索。❶这一案件因久鉴不决的多次鉴定激起了民众对司法鉴定管理制度的质疑，也引发了学界对此问题的深入讨论和司法实务部门的反思。2004年年底，中共中央转发了《中央司法体制改革领导小组关于司法体制和工作机制改革的初步意见》（中发〔2004〕21号）。该文件提出了改革和完善诉讼制度、诉讼收费制度、检察监督体制等10个方面的35项改革任务。其中，在“改革司法鉴定体制”中要求：

建立统一的司法鉴定管理体制。根据侦查工作需要，公安机关、国家安全机关、检察机关可以保留必要的司法鉴定机构，为侦查工作提供鉴定服务，但不得面向社会提供鉴定服务。人民法院、司法行政机关不再保留司法鉴定机构。面向社会服务的司法鉴定机构，实行行政管理和行业管理相结合的制度。研究制定司法鉴定法律，规范司法鉴定活动。

中央的这一要求为司法鉴定立法提供了政策依据。特别是“九届全国人大一次会议以来，每次代表大会期间都有关于要求尽快制定司法鉴定法的议案。其中，九届四次会议有8个代表团的266名代表，五次会议有7个代表团的234名代表提出该议案”。❷经征询最高人民法院、最高人民检察院、公安部、国家安全部和司法部的

❶ 李志宏．湘潭女教师裸死案终审判决［N］．潇湘晨报，2007-12-08（A05）．

❷ 参见全国人大内务司法委员会侯宗宾2002年12月23日在第九届全国人民代表大会常务委员会第三十一次会议上“关于《全国人民代表大会常务委员会关于司法鉴定管理问题的决定（草案）》的说明”。

意见，他们也希望通过全国人大常委会对司法鉴定的管理问题作出决定。为此，全国人大内务司法委员会在广泛调查研究、充分征求有关部门意见和多次组织专家论证的基础上，按照党的十六大关于推进司法体制改革的要求，借鉴国外经验，拟订了《全国人民代表大会常务委员会关于司法鉴定管理问题的决定（草案）》。[1]2005年2月28日，第十届全国人民代表大会常务委员会第十四次会议通过了《全国人民代表大会常务委员会关于司法鉴定管理问题的决定》。这是我国第一部专门规范司法鉴定行政管理问题的法律，[2]但因涉及诉讼制度对有些问题辄尝浅止，并未进一步明确，有待于诉讼制度改革予以补充和完善。2007年10月，党的十七大的“深化司法体制改革”重大决策再次推进司法鉴定制度改革。2014年10月，党的十八届四中全会通过的《中共中央关于全面推进依法治国若干重大问题的决定》提出，要健全统一司法鉴定管理体制、完善鉴定人出庭作证制度等重要举措。2015年4月1日，中央全面深化改革领导小组第十一次会议通过的《党的十八届四中全会重要举措实施规划（2015—2020年）》进一步明确了制定建立完善司法鉴定管理与使用相衔接运行机制的意见；制定将环境损害司法鉴定纳入统一登记管理范围的通知；制定健全统一司法鉴定管理体制的试点方案；制定人体损伤致残程度鉴定标准；制定健全统一司法鉴定管理体制的实施意见等具体任务。2016年，最高人民法院、最高人民检察院、司法部联合印发《关于将环境损害司法鉴定纳入统一登记管理范围的通

[1] 参见全国人大内务司法委员会2002年12月23日“关于《全国人民代表大会常务委员会关于司法鉴定管理问题的决定（草案）》的说明”。

[2] 基于中央“放管服”的要求，2015年4月24日第十二届全国人民代表大会常务委员会第十四次会议对《决定》进行了修改，将原来第十五条“司法鉴定的收费项目和收费标准由国务院司法行政部门商国务院价格主管部门确定”改为“司法鉴定的收费标准由省、自治区、直辖市人民政府价格主管部门会同同级司法行政部门制定”。

知》，将从事环境损害司法鉴定的鉴定机构和鉴定人纳入司法行政部门统一登记，形成了司法行政部门登记管理的"四大类"（法医类、物证类、声像资料类、环境损害类）司法鉴定。

2017 年 7 月 19 日，中央全面深化改革领导小组第三十七次会议审议通过了《关于健全统一司法鉴定管理体制的实施意见》。该意见指出：

司法鉴定制度是解决诉讼涉及的专门性问题、帮助司法机关查明案件事实的司法保障制度。健全统一司法鉴定管理体制，要适应以审判为中心的诉讼制度改革，完善工作机制，严格执业责任，强化监督管理，加强司法鉴定与办案工作的衔接，不断提高司法鉴定质量和公信力，保障诉讼活动顺利进行，促进司法公正。

为了贯彻落实上述意见，2017 年司法部印发了《关于严格准入　严格监管　提高司法鉴定质量和公信力的意见》（司发〔2017〕11 号）（又称"双严十二条"），主要从严格准入、严格管理、严格监督等方面对登记范围、准入条件、日常监管等提出十二条要求。为进一步规范公安机关鉴定工作，适应司法改革对公安机关鉴定工作的新要求，公安部对实施多年的《公安机关鉴定规则》（公安部令第 86 号）进行修订，并于 2017 年 2 月 16 日发布了修订后的《公安机关鉴定规则》（公通字〔2017〕6 号），2021 年发布《公安部　国家市场监管管理总局关于规范和推进公安机关鉴定机构资质认定工作的通知》（公刑侦〔2021〕4329 号）。2018 年 2 月 11 日，最高人民检察院第十二届检察委员会第七十三次会议通过了《最高人民检察院关于指派、聘请有专门知识的人参与办案若干问题的规定（试行）》。2018 年，最高人民法院开通了"人民法院对外委托专业机构专业人员信息平台"，主要用于全国法院司法技术工作信息公告发布、随机摇号产生鉴定机构及处置涉诉资产等。2019 年

10月14日，最高人民法院审判委员会第1777次会议通过了《最高人民法院关于修改〈关于民事诉讼证据的若干规定〉的决定》（法释〔2019〕19号），对有关鉴定问题作了大幅度的增加，条款数量占据总条款的四分之一左右。2020年8月，最高人民法院又发布了《最高人民法院关于人民法院民事诉讼中委托鉴定审查工作若干问题的规定》（法〔2020〕202号）。2020年5月27日，司法部发布了《司法部关于进一步规范和完善司法鉴定人出庭作证活动的指导意见》（司规〔2020〕2号）；2020年司法部相继出台了“四大类”执业分类规定以及《司法部关于进一步深化改革 强化监管 提高司法鉴定质量和公信力的意见》（司发〔2020〕1号）等。以上规定与解释的密集出台：一方面反映了鉴定问题依然突出，其主要原因是“金钱鉴定”“人情鉴定”“虚假鉴定”仍然存在，并未得到有效解决；另一方面折射出司法鉴定体制依然需要改革，“多龙治鉴”乱象以及“重复鉴定”依然存在，原有体制机制上的障碍又杂糅其他制约因素抑制了改革的深化，治理司法鉴定顽症问题势在必行。

纵观司法鉴定制度改革政策与法律政策实施历程可以发现，源于司法实践推动的我国司法鉴定制度改革除了以建立统一司法鉴定管理体制为目标外，还需要以问题为导向，改革制约司法实践的“多头管理”和“多头鉴定”“重复鉴定”等影响诉讼效率的问题。按照一般逻辑进行推演，解决“多”的路径必然是“统一”，这需要体制上进一步深化；解决重复鉴定需要提高鉴定的质量和准确性，建立高标准的统一鉴定准入条件与科学的鉴定标准。由于“统一司法鉴定管理体制”未健全，致使被遮蔽的一些深层次的问题在实践中渐自凸显，尤其是在问题解决的过程中因权力使然与实践利益冲突衍生出来的新问题，以至于在实践中呈现“旧病未除”又添“新病”的尴尬局面。司法鉴定的这些问题还需要以目标为导向，推动司法鉴定改革蹄疾步稳地向保障司法公正的目标靠近，架构出与诉讼制度、证据制度协调一致的层次结构明晰的司法鉴定制度，使之真正成为维护司法公正的司法保障制度。

司法鉴定管理体制历经了17年的改革，在风云摇摆和进退扩缩中前进，取得了一定的成就。其主要成就：统一的司法鉴定管理体制业已形成；鉴定机构和鉴定人管理制度相对完善；司法鉴定程序基本规范；司法鉴定事项的统一标准达成共识；投诉机制和保障权利的机制得到完善；司法鉴定责任追究初见成效等。由此可见，《决定》在司法鉴定管理体制改革中发挥了基础性的关键作用。

二、司法鉴定制度改革经验省察与探究

我国司法鉴定制度改革主要解决“多头鉴定”“重复鉴定”“虚假鉴定”等影响诉讼效率与司法公正的问题，旨在通过建立健全统一的司法鉴定管理制度来纾解和消除这些问题。司法鉴定改革尽管成就是主要的，但司法实践原存的“多头鉴定”“重复鉴定”影响司法效率的问题远未消弭，近年来又出现了新的“金钱鉴定”“人情鉴定”等影响司法公正的问题。这些原有问题为何未被司法鉴定制度改革消解？这些问题是司法鉴定制度改革本身触发的问题还是其改革不到位衍生的问题？对此需要省察与理性分析。

（一）“多头鉴定”“重复鉴定”原因的探析与评判

司法鉴定存在的“多头鉴定”“重复鉴定”“虚假鉴定”因“多头管理”而生成，通过“统一司法鉴定管理体制”无疑能够解决一些问题。统一司法鉴定管理体制的“统一”如果能够实现统一管理主体、统一登记管理、统一准入条件、统一鉴定标准、统一鉴定

程序、统一行为规范、统一追责机制等，就能促进鉴定意见趋于一致，因基于不同鉴定标准得出“不同意见”或者“分歧争议”也会因此减少。统一管理制度尽管可以解决“多头鉴定”问题，但无法解决“多次鉴定”问题。因为鉴定制度不同于其他证据制度（如一般证人制度），鉴定人对“同一事实”或者“同一现象”等专门性问题可以存在不同认识，存在不同认识和不同意见亦符合科学规律，这也是制度允许的。“在诉讼中，有时会遇到特别疑难、复杂的问题，为了获得更加客观、公正的证据，需要几个鉴定人同时对该问题共同进行鉴定，即所谓的‘专家会诊’。对于多人共同鉴定的，仍应贯彻个人负责和独立进行鉴定的原则。鉴定过程中可以互相研究讨论，但每个人都有提出自己的鉴定意见的权利，任何人不能以年龄、职务、学历、职称、技术水平、工作经历等差别要求别人服从自己的意见。如果大家的鉴定意见是一致的，每个鉴定人也应当在鉴定书上签名或者盖章。对于有不同鉴定意见的，……对不同的鉴定意见，应当在鉴定书中予以注明，并由该鉴定人签名或盖章。不能以少数服从多数为理由否定少数人的鉴定意见。”[1] 况且，司法鉴定还存在“重新鉴定”制度。当事人对鉴定意见（包括初次鉴定、重新鉴定）可以提出补充鉴定或者重新鉴定，而重新鉴定的资质一般不得低于原来鉴定的资质，补充鉴定也可以不由原鉴定机构鉴定。然而，这些制度本身蕴含了可能的“多次鉴定”，而“多次鉴定”有时会需要“多头鉴定”完成。因此，我们应当容忍正常的基于多次鉴定产生的“多头鉴定”。因为这是一种难以避免的正常现象，是鉴定科学性的使然，但要控制或者消除重复鉴定的“多头鉴定”，主要通过禁止重复启动鉴定来控制。由于鉴定的启动属

[1] 全国人大常委会法制工作委员会刑法室．全国人民代表大会常务委员会关于司法鉴定管理问题的决定释义［M］．北京：法律出版社，2005：28-29.

于诉讼法的内容，如果诉讼制度在此方面不完善，基于滥用权利或者擅用权力的“重复鉴定”就难以避免，多头鉴定也不会减少。从这种意义上讲，仅仅依靠司法鉴定管理制度改革难以解决“重复鉴定”问题，但通过司法鉴定管理制度改革，提高鉴定的公开性和透明度，可以减少或者降低“多头鉴定”带来的“重复鉴定”。❶

从司法鉴定作为证据的视角来看，对同一事实或者现象只能有一个确定的唯一正确的答案。对同一事实或者现象认识越深刻，越能够获得相对稳定的鉴定意见。这取决于鉴定人的能力与水平及其对科学利用的深度。《决定》仅仅解决了统一登记管理和统一准入条件的问题，其准入条件是否达到鉴定高质量、高标准要求的条件与能力，仍有待于探讨。如果鉴定机构和鉴定人的准入未达到上述要求，即使严格按照法定准入条件，实施严格的管理制度，坚持严格追责措施，也难以达到证据对鉴定高标准的要求，难以杜绝因鉴定机构和鉴定人标准与能力低带来的“重复鉴定”的问题。目前，我国有关司法鉴定管理的多数法规或者规范性文件的有关内容对鉴定质量作出规范，例如，2020年公安部修改的《公安机关办理刑事案件程序规则》第二百五十三条的规定。❷2020年《最高人民法院关于人民法院民事诉讼中委托鉴定审查工作若干问题的规定》有关“不予委托”的规定等。❸ 这些规定均涉及鉴定机构和鉴定人准入条

---

❶ 此问题是个积重难返的难题，在理论与实践上多有讨论，参见：夏渝．“多头鉴定”“重复鉴定”之我见［J］．人民检察，2001（9）；郭金霞．“多头鉴定、重复鉴定”问题探析［J］．中国司法鉴定，2005（5）；潘溪．论司法鉴定的多头鉴定、重复鉴定问题［J］．江苏警官学院学报，2008（2）．

❷ 参见2020年7月4日第三次部务会议审议通过的《公安机关办理刑事案件程序规定》第二百五十三条规定：“犯罪嫌疑人、被害人对鉴定意见有异议提出申请，以及办案部门或者侦查人员对鉴定意见有疑义的，可以将鉴定意见送交其他有专门知识的人员提出意见。”

❸ 参见《最高人民法院关于人民法院民事诉讼中委托鉴定审查工作若干问题的规定》（法〔2020〕202号），2020年9月1日实施。

件和标准的问题，属于对“重复鉴定”的围追堵截，尽管可以发挥治标的作用，但对此问题的治理还不能从根本上解决，只有提高鉴定机构和鉴定人的准入条件和标准是其根本，通过制度和程序将低质量的鉴定机构和鉴定人拦挡于鉴定门外，才能促进高质量鉴定，但这种治理模式却无法治理“人情鉴定”“金钱鉴定”“虚假鉴定”。因为鉴定是鉴定人的行为，必然存在一些人为的因素，这些不是鉴定能力解决的问题，这些因素不是司法鉴定制度改革能够完全革除的，也非鉴定制度不科学造成的，是因违反司法鉴定制度酿成的，可以通过严格追责制度和程序控制来消解。如果解决问题的方式不对路或者超越制度与程序，将其纳入“非制度化”行政治理或者部门垄断，难免不断衍生新问题。

（二）鉴定实践衍生“新问题”的原因解读与思考

司法鉴定中的多头鉴定、重复鉴定和虚假鉴定的“旧问题”未能彻底解决，实践中又衍生出了“金钱鉴定”“人情鉴定”的新问题。这些新问题在一定程度上刺激了司法鉴定投诉、举报等行为，给鉴定信访带来了压力，影响了司法鉴定行业形象和公信力。这些“新问题”主要表现为“鉴定人私自接受委托”“违反鉴定人负责制，按照委托人的意图或者特定目的提供鉴定意见”“支付回扣、介绍费、进行虚假宣传、违规设立接案点等不正当行为”“故意提高或降低伤残等级等虚假鉴定”“出租、出借、转让执业许可证”以及“违规收费等”，特别是“鉴定黄牛”在司法鉴定和诉讼中嵌入和勾结，使得原本复杂的问题更加复杂。以上问题均可因“金钱鉴定”“人情鉴定”引发。为此，2020 年司法行政部门启动司法鉴定行业清理整顿工作，通过严查“金钱鉴定、人情鉴定、虚假鉴定”等违法违规行为的专项治理，进一步加强执业监督和规范执业行为。

基于鉴定机构或者鉴定人的利益关系或者利害关系，也会导致“金钱鉴定”“人情鉴定”。市场经济体制下，鉴定机构和鉴定人仅仅依靠鉴定收费来维持运营而国家没有任何合理投入，生存于市场环境中的司法鉴定在不完善的市场机制下极易出现鉴定“寻租”或者监管“套利”和其他不正当竞争行为，因其公益属性未能获得保障，“金钱鉴定”也就无法消除。司法部办公厅于2016年下发的《司法部办公厅关于规范司法鉴定机构开展亲子鉴定业务有关工作的通知》（司办通〔2016〕40号）要求：

司法鉴定机构不得委托其他司法鉴定机构或单位、个人代为受理亲子鉴定委托，不得利用中介组织或个人招揽业务。司法鉴定机构应当要求当事人本人到场，在机构内提取检材。当事人确有困难无法到场的，司法鉴定机构可以指派至少二名工作人员去现场提取检材，其中至少一名应为该鉴定事项的鉴定人。此外，严禁司法鉴定机构通过邮寄、快递、当事人自行送检等方式获取亲子鉴定的鉴定材料，严禁委托其他鉴定机构或其他单位、个人代为提取鉴定材料。

然而，因民间的非法送养和被拐卖儿童办理出生证、办理户籍的亲子鉴定需要，有些鉴定机构采用虚假材料代办“亲生关系”的司法亲子鉴定。[1] 为此，2020年司法部办公厅又下发了《司法部办公厅关于开展“亲子鉴定”专项整治活动 严厉打击“司法黄牛”的通知》。如果鉴定管理与鉴定使用未能有效衔接或者出现不完全严格履行应当履行的职责，则会为“人情鉴定”留下滋生的空隙，在人情社会浓厚的气氛中“人情鉴定”也不会消除。因此，健全司法鉴定管理制度，最大限度阻隔或减轻“关系化、利益化、权力

[1] 程亚龙．司法亲子鉴定造假调查：无血缘关系变亲生［N］．新京报，2020-09-12（A05）．

化”对司法鉴定行业的冲击，是促进司法鉴定行业健康发展的必由之路。通过程序抑制“虚假鉴定”，是解决“金钱鉴定、人情鉴定”的最佳途径。尽管我国没有对“金钱鉴定”“人情鉴定”作出界定，但《决定》和《刑法》对“虚假鉴定”的行政责任和刑事责任作出了规定。法律之所以对“虚假鉴定”作出规定，不仅在于司法鉴定无论改革前还是改革后可能始终存在此种情形，❶还在于“金钱鉴定、人情鉴定”最终会聚焦在“虚假鉴定”问题上，解决虚假鉴定对于消弭“金钱鉴定、人情鉴定”具有重要价值。因为制度和程序可以阻断“虚假鉴定”发挥作用的渠道，压缩其生存空间致使其市场萎缩，通过相应的民事、行政和刑事责任使“金钱鉴定、人情鉴定”结果无价值，因此，解决“虚假鉴定”是根本，但需要厘清“金钱鉴定”与所谓“天价鉴定”的关系。目前，有些司法鉴定机构与“司法黄牛”“诉讼掮客”结成利益同盟，让司法鉴定沦为谋取团体利益的工具，成为纯粹商业化机构，出现了所谓的“天价司法鉴定费”。这些问题会加重当事人的经济负担，也会为不得不付出高昂代价获得的鉴定证据而“绑架”当事人的合法权益。尽管这些行为仅仅属于个别现象，却引起高层的特别关注，❷对司法鉴定带来的负面影响也是深刻的。

就司法鉴定的问题而论，《决定》主要解决的是我国司法鉴定机

---

❶《决定》第十三条规定：“鉴定人故意作虚假鉴定，构成犯罪的，依法追究刑事责任；尚不构成犯罪的，依照前款规定处罚。”

❷2017 年 3 月 12 日第十二届全国人民代表大会第五次会议在人民大会堂举行第三次全体会议前，时任司法部部长张军在“部长通道”回应“四川天价鉴定费”问题。就四川一位律师代理的民事诉讼案件中，鉴定一个指纹、两枚印章、一个签名，被司法鉴定所要求交费 17 万元人民币的所谓任性的“天价鉴定费”作出了回应，并表示要提高司法鉴定质量的管理标准，建立司法鉴定人行业协会加强自律管理，建设司法鉴定国家标准机构，统一鉴定标准。刘旭，周欣媛．司法部长张军回应“天价鉴定费”：年内解决［EB/OL］．（2017-03-12）［2021-05-29］.http：//www.rmzxb.com.cn/c/2017-03-12/1408813.shtml.

构的管理体制存在的问题。这些问题“主要是：鉴定人和鉴定机构的登记制度不统一，造成鉴定资源配置不合理，重复浪费；鉴定从业人员的标准和条件掌握不统一，专业技能、道德素养良莠不齐，有的鉴定质量低下，甚至出现虚假鉴定；司法鉴定与审判工作职能不分，存在自审自鉴、影响判决公正性等问题”。[1]《决定》通过对一定范围的鉴定和鉴定机构实行登记管理，明确鉴定人和鉴定机构的条件，调整司法机关和司法行政部门设立的鉴定机构，以及规定鉴定人和鉴定机构权利、义务与法律责任解决了当时存在的上述“问题”。但在何为统一、统一什么、如何统一及统一到何种程度等解决“鉴定人和鉴定机构的登记制度不统一”问题上依然还有艰难的道路需要开拓。《决定》解决了鉴定从业人员的标准和条件掌握不统一的问题，对“专业技能”“鉴定质量低下”的问题不仅需要鉴定人的标准和条件的统一，更需要高标准和高资质条件的立法设定。司法机关和司法行政部门不再设立鉴定机构，但在鉴定行政管理和鉴定诉讼管理上的界限模糊对“判决公正性”的影响远未消除。这就需要进一步深化司法鉴定制度改革，需要通过将有益的实践经验和有效的改革成果上升为新的鉴定法律规范，以此来解决“新的问题”，以免原有规定解决新的问题出现不对路引发更难解决的影响司法鉴定的客观性、科学性和准确性以及司法公正的新问题。

三、司法鉴定制度改革思路与设想

我国司法鉴定已经纳入公共法律服务体系，加快推进公共法律服务体系建设对规范司法鉴定活动和推进健全司法鉴定管理制度具

---

[1] 全国人大常委会法制工作委员会刑法室.《全国人民代表大会常务委员会关于司法鉴定管理问题的决定》释义［M］.北京：法律出版社，2005：1.

有重要意义。我国司法鉴定制度改革历经十七年发展与变化，无论“旧问题”还是“新问题”均需要创新改革和转变治理模式来解决，但《决定》确定的统一司法鉴定管理体制作为改革的目标不可放弃，需要在原有的道路上不断推进司法鉴定制度改革，与此同时，在创新改革理念、理论观点框架下对偏离《决定》的举措予以纠正并在监管上采用现代信息化技术，实现司法鉴定领域治理能力的现代化。

（一）修改《决定》并上升为司法鉴定法

我国司法鉴定制度不同于英美法系国家的专家证人制度，也不同于大陆法系的鉴定制度，其本身不仅仅是一个行政管理制度，更为重要的是司法制度的组成部分，并与诉讼程序密切相连。由于这种复杂的关系结构涉及公检法机构职权的配置，它不仅“直接影响司法机关之审判品质，”[1]也关乎公民诉讼权利的保障，仅仅依靠管理制度改革难以完成重任。因为有些问题涉及司法体制领域，“我们指望刑事司法体制内的职业人员去纠正制度存在的问题是错误的”[2]。目前，公检法以及司法行政部门出台了多部关于司法鉴定的规定，其推进改革的效果不甚明显，需要走出美国吉姆·佩特罗等所言的“如果司法体制存在问题，体制内的职业人士将会改善它们”的“司法迷信之八”迷宫，走出长期纠缠于17年前颁布的《决定》规定而制约司法鉴定改革的藩篱，在立法上也不应采用仅仅涉及司法行政管理而制定司法鉴定管理法。因司法鉴定涉及诉讼制度、证据制度，所以需要全国人大常委会制定超越司法鉴定管理制度的带有综合性的司法鉴定法。

---

❶ 朱富美．科学鉴定与刑事侦查［M］．北京：中国民主法制出版社，2006：8.

❷ 吉姆·佩特罗，南希·佩特罗．冤案何以发生：导致冤假错案的八大司法迷信［M］．苑宁宁，陈效，等译．北京：北京大学出版社，2012：324-325.

目前，我国司法鉴定在立法中又一次遇到《决定》出台前（2005年前）多部地方鉴定立法并存的情景。《决定》出台前，最早制定专项地方鉴定法规的是1994年1月15日吉林省第八届人民代表大会常务委员会第七次会议通过的《吉林省司法医学鉴定管理条例》，而作为全面的管理法规则属于1998年12月12日黑龙江省第九届人民代表大会常务委员会第六次会议通过的《黑龙江省司法鉴定管理条例》。这些法规为司法鉴定制度改革创立了地方经验。随后，重庆（1999年）、吉林（1999年）、河南（2001年）、湖北（2002年）、江西（2002年）、四川（2002年）、河北（2002年）、山西（2002年）、宁夏（2004年）等省市出台地方性司法鉴定管理法规。由于司法实践的需要、司法制度改革的诉求，以及地方立法的不统一，而鉴定作为证据却是全国统一的，如何疏解两者之间的矛盾提上了日程，解决此问题需要立法，《决定》便成为解决这些问题的必然。而《决定》实施后，再次出现了大量的地方司法鉴定法规。这些地方法规主要包括以下省市自治区：贵州（2005年）、浙江（2009年）、陕西（2010年）、山东（2011年）、青海（2014年）、福建（2014年）、云南（2016年）、广西（2016年）、江苏（2016年）、安徽（2017年）、西藏（2018年）、辽宁（2018年）、天津（2019年）、上海（2019年）、北京（2020年）、广东（2021年征求意见）。[1] 如此多的地方立法，折射出《决定》的规定已经不足以解决现实问题，需要修改《决定》，并在此基础上制定司法鉴定法完成《决定》应当完成而现在仍未完成的任务。

---

[1] 2005年后废止与修订地方司法鉴定条例的省市有：吉林（2007年废止）；黑龙江（2005年6月废止旧条例，2015年重新立法，2020年修正）；重庆（2007年修正）；河南（2001年修订）；湖北（2014第一次修订，2019年第二次修订）；河北（2015年修订）；江西（2019修订）。贵州（2005年11月立法，2011年第一次修订，2012年第二次修订）四川（2020年修订）。

另外，我国司法鉴定的有些问题需要进一步严格规范和提高准入标准，有些问题基于司法改革的成果需要对《决定》予以补充。目前，我国司法制度改革成果不断丰富、司法实践出现新的需求，以及地方司法鉴定立法探索经验，制定统一的司法鉴定法成为解决司法鉴定工作存在问题的基本出路，特别是面对众多的地方法规及司法鉴定对冤假错案的影响，需要健全完善司法鉴定统一管理机制和司法保障体制，借助法律的力量来提高鉴定机构和鉴定人的准入门槛，使其与诉讼证据的高标准相适应，并对鉴定实行全过程、全方位的现代信息化有效管理，确保司法鉴定“行为公正、程序规范、方法科学、数据准确、结论可靠”，否则，司法鉴定会因立法滞后而影响司法鉴定制度改革的深化，影响鉴定作为证据的质量，最终影响实体真实的发现。

（二）司法鉴定制度改革应当侧重公益属性

司法鉴定纳入公共法律服务建设体系，应当遵循司法鉴定本质规律并在其框架下对其属性的比例含量进行调整，充分显示其作为证据的中立地位与客观立场。从司法鉴定或者鉴定人的起源、作用、制度及在诉讼中扮演角色来看，鉴定人是作为弥补办案人员知识不足的诉讼参与人，被视为办案人员的辅助人或者辅佐人，仅仅对科学与事实负责，因回避制度体现出其内在的中立性，而中立性本身蕴含了公益属性，不受委托人的影响，不受经济因素干扰。鉴定机构仅是鉴定人依附的机构，履行行政性的公共服务职责，因其涉及公益属性，从而有责任保证鉴定人的独立性。司法鉴定机构作为“法院的辅助机关”，其性质不因投资主体或者设置主体不同而发生性质变化，以及提供服务职能的改变，也不因收取鉴定费的多寡而丧失其中立客观的立场。这就需要国家扶持，以便重点培育一批司法鉴定学科专业领军人才，[1] 促进鉴定技术共享和跨领域、跨部门、跨地区的合作交流，建设司法鉴定科学技术重点实验室，进一步加强司法鉴定公共服务属性，更好地满足办案机关和人民群众对鉴定的高质量需求，提升国家执法为民的公信力，从而保持司法鉴定公正客观的可持续发展。

（三）司法鉴定制度完善自身协调和加强与其他制度的衔接

司法鉴定制度的完善存在制度自身完善和与其他制度有机衔接的问题。其中，自身完善，除需要深化司法鉴定制度改革外，更需要自身能力的提升，能力提升需要制度保障，同时需要与之相配套制度的支撑。自身完善也需要外在力量的赋能，探索司法鉴定管理机关与司法鉴定行业协会相结合的统一管理机制的新形式、新方法、新途径，充分发挥行业协会在行业管理和鉴定技术交流的积极作用。目前，亟须推进全国司法鉴定行业协会的成立，建立国家、省、市三级司法鉴定行业协会体系，完善司法鉴定行业协会的自律监督机制。同时，还需要完善司法鉴定管理与使用相衔接的外部运行机制，厘清司法鉴定行政管理与诉讼管理的界限，借助外在机制阻断“虚假鉴定”市场，继而倒逼“人情鉴定、金钱鉴定”的消退。只要“虚假鉴定”存在市场，其监管寻租的“人情鉴定、金钱鉴定”就难以解决。对此问题理论上已有较多的论述。[2] 目前理论对此研究的不深刻和对策的不对路难逃干系。

---

[1] 2022 年 2 月 17 日司法部公示了“全国司法鉴定专家库拟入选专家名单”。

[2] 2005 年以来的主要论文有：陈永生 . 中国司法鉴定体制的进一步改革：以侦查机关鉴定机构的设置为中心［J］. 清华法学，2009（4）；郭华 . 司法鉴定制度改革的基本思路［J］. 法学研究，2011（1）；陈如超 . 司法鉴定管理体制改革的方向与逻辑［J］. 法学研究，2016（1）；陈如超，陈鲜瑜 . 司法鉴定制度变迁四十年及其改革趋势［J］. 证据科学，2019（3）.

鉴定意见是诉讼中的重要证据种类，对诉讼结果往往起到至关重要的作用。因为“鉴定错了，裁判就会发生错误，这是肯定无疑的”。[1]“对司法鉴定活动中存在的问题，既需要通过加强和完善对鉴定人和鉴定机构的管理加以解决，也需要在条件成熟时进一步修改有关的诉讼程序加以解决。”[2]司法鉴定问题的解决有赖于完善司法鉴定立法，也需要提高司法鉴定准入门槛，更需要加快司法鉴定监管模式转换，并在公共法律服务体系下健全司法鉴定制度，借助其公益属性促进司法鉴定行业管理与行政管理的结合及其有效衔接，保障司法鉴定作为科学证据的本质属性。通过创新司法鉴定制度改革，建立现代化、智能化、智慧化的司法鉴定管理制度，将管理制度改革放置在鉴定质量的控制上，建立统一的鉴定机构能力资质认定体系、司法鉴定实验室的能力验证体系，以及司法鉴定机构质量保证体系，从根源上减少因鉴定可靠性危机带来的非制度化的“多次鉴定”。因此，需要从完善程序方面压缩“人情鉴定”“金钱鉴定”和“虚假鉴定”生长土壤和生存空间，[3]避免因司法鉴定管理制度改革出现偏差，防止制度退出或者转向付出较高的成本，甚至使整个司法制度为司法鉴定制度改革的偏差付出高昂而沉重的不应有代价。

---

[1] 勒内·弗洛里奥.错案［M］.赵淑美，张洪竹，译.北京：法律出版社，2013：137.

[2] 全国人大常委会法制工作委员会刑法室.《全国人民代表大会常务委员会关于司法鉴定管理问题的决定》释义［M］.北京：法律出版社，2005：4.

[3] 2018 年的《刑事诉讼法》、2017 年的《民事诉讼法》及 2017 年《最高人民法院关于审理医疗损害责任纠纷案件适用法律若干问题的解释》、2019 年 10 月 14 日最高人民法院审判委员会第 1777 次会议通过的《最高人民法院关于修改〈关于民事诉讼证据的若干规定〉的决定》、2020 年 11 月 16 日发布的《最高人民法院关于知识产权民事诉讼证据的若干规定》（法释〔2020〕12 号）等从程序和证据等方面对司法鉴定问题作出了规定。

第一章 司法鉴定制度改革与创新

司法鉴定制度改革历经了统一司法鉴定管理体制的建立、完善与健全，其原有的“重复鉴定”问题不仅没有消失，又衍生出“鉴定黄牛”，司法鉴定管理也陷入处理不断“反复投诉”与管理范围扩缩的困境。司法鉴定制度改革在健全统一司法鉴定管理体制的背景下，需要推进以鉴定证据制度作为中心的鉴定实施制度、鉴定使用制度的改革，通过司法鉴定的立法保障司法鉴定制度改革于法有据，进而助力司法鉴定制度改革的实质性深化和突破性发展。健全统一司法鉴定管理制度既包括内部机制的完善和鉴定管理制度的创新，也包括与鉴定制度的完善与其他制度间衔接的合理。其基本思路是借助于司法鉴定管理与使用相衔接机制的反转效应促进统一司法鉴定管理制度的创新。司法鉴定管理制度的完善包括鉴定人出庭制度的完善、鉴定准入与淘汰机制，以及鉴定委托与接受程序的完善。司法鉴定管理制度的创新主要包括鉴定人鉴定资质制度、首席鉴定人制度，以及司法鉴定登记管理制度。在依法治国的背景下关键是制定司法鉴定法来深入推进。

一、司法鉴定制度改革与司法鉴定立法推进

从党的十五大到党的十八大以来，中央在司法改革上的表述分别采用了“推进司法体制改革”“深化司法体制改革”和“进一步深化司法体制改革”的术语，而司法鉴定管理体制也历经了从“建立统一司法鉴定管理体制”到“完善统一司法鉴定管理体制”再到“健全统一司法鉴定管理体制”的词语变迁。从司法鉴定制度改革来看，无论是“建立”还是“完善”抑或是“健全”始终如一地沿着“统一司法鉴定管理体制”展开。尽管这一改革取得了效果，但司法鉴定原有的问题并未消失，又衍生出“鉴定黄牛”或者管理上的分歧与争议。这些问题与现象难免会让人们产生一些疑惑，“统一司法鉴定管理体制”为何如此难以健全？进而衍生出司法鉴定问题是否就是一个统一司法鉴定管理体制问题？面临司法鉴定出现的新问题，能否仅仅依靠统一司法鉴定体制改革解决这些问题？如何寻找突破口贯彻落实好中央政策和解决司法鉴定存在的现实难题，已成为研究司法鉴定制度和推进司法鉴定制度改革不得不思考及不得不反思的重要问题。

（一）司法鉴定制度改革的原有思路与反思

我国的司法鉴定是基于司法实践需要形成的职权鉴定制度。这种制度在司法实践中发挥了重要的作用，但在司法改革中也遇到了带有瓶颈性的体制机制方面的问题。1998 年 6 月 24 日，《国务院办公厅关于印发司法部职能设置内设机构和人员编制规定的通知》（国办法〔1998〕90 号）赋予司法部“指导面向社会服务的司法鉴

定工作”的职能。这种司法鉴定管理主体的增加尽管没有动摇原有职权鉴定管理主体的职权和地位，但因管理中出来的“面向社会服务的司法鉴定”对职权鉴定产生了一定影响，甚至在司法实践中对职权鉴定权威带来了挑战。最为典型的例子是黄静案。该案由于面向社会服务的司法鉴定机构的参与，不仅使得职权鉴定受到影响与冲击，同时还带来了因职权性质不同的多头鉴定造成的“重复鉴定”，而重复鉴定引发的鉴定意见分歧进一步加剧了职权鉴定管理制度的内在矛盾和长期的积弊，使得司法鉴定存在的诸多问题不断凸显与升级。这些与司法鉴定管理制度有关的问题因涉及不同职权机关，需要通过解构实践中形成的职权鉴定管理体制和重新构建新的鉴定管理体制来完成，改革司法鉴定管理体制也就成为司法鉴定制度改革的突破口。

1. 司法鉴定制度改革的逻辑：鉴定管理体制改革

司法鉴定制度与证据制度、诉讼制度具有关联性，因此对司法鉴定制度的改革必然触及证据制度、诉讼制度。诉讼制度与司法鉴定制度和证据制度同步进行一体化改革相对难度较大，况且当时的证据制度和诉讼制度已经进行了改革，特别需要的是鉴定制度如何与之改革相协调和配套。司法鉴定制度包括司法鉴定管理制度、司法鉴定实施制度和司法鉴定使用制度。由于司法鉴定使用制度与诉讼制度关联最为紧密，而司法鉴定实施制度主要涉及司法鉴定技术问题，与鉴定体制问题关联较远，因此，改革司法鉴定管理制度就成为司法鉴定制度改革的必然选择。由于司法鉴定管理制度改革仅仅涉及管理权限的配置，在诉讼制度不发生变动情况下进行改革也易于获得成功，特别是在我国诉讼制度已经发生变化需要司法鉴定制度配合的情况下更具有改革的优势，[1] 司法鉴定制度改革先行于其他制度的改革也就顺理成章。

从制度安排的层面上来看，我国司法鉴定管理制度是基于多年司法实践形成的一种非制度性安排的职权机关分设体制。尽管理论和实务界将其称为司法鉴定管理制度，究其实质而言，当时的制度还不是严格意义或者规范意义上的制度，而是在实践中满足诉讼需要的非制度的产物，其本身需要制度化，也需要从司法制度上作出重新安排。从我国司法改革实践来看，司法鉴定制度改革应当遵循司法改革以问题为导向的基本诉求，司法鉴定存在的问题主要是“重复鉴定”，而“重复鉴定”又根源于鉴定机构设置上的“自立门户”和管理上的“各自为政”。因此，司法鉴定管理制度作为改革路径符合“问题导向”的实用主义的改革思路。

从司法鉴定改革的难易程度来看，司法鉴定管理制度与诉讼制度更为间接，特别是国家对鉴定人员和鉴定机构的管理不涉及诉讼制度问题，改革司法鉴定管理制度的阻力与障碍相对较小。不仅如此，司法鉴定管理制度的改革还会导致其他制度的重新安排和利于其他制度环境的改善，并且其本身的改革还有促进其他制度功能的发挥与产生实效。这种司法鉴定管理制度的改革先于其他制度改革符合成本低、阻力小及极易成功的逻辑推理。

2. 司法鉴定管理制度改革的思路：统一司法鉴定管理

《司法体制改革和工作机制的初步意见》要求：“建立统一司法鉴定管理体制。根据侦查工作需要，公安机关、国家安全机关、检察机关可以保留必要的司法鉴定机构，为侦查工作提供鉴定服务，但不得面向社会提供鉴定服务。人民法院、司法行政部门不再保留

[1] 霍宪丹，郭华．司法鉴定制度改革的逻辑反思与路径探究［J］．法律科学（西北政法大学学报），2010（1）．

司法鉴定机构。”为了落实上述改革要求，《决定》以法律性文件的形式初步架构了统一司法鉴定管理体制的基本框架。《决定》确定的统一司法管理体制即“国务院司法行政部门主管全国鉴定人和鉴定机构的登记管理工作”“人民法院和司法行政部门不得设立鉴定机构”“侦查机关根据侦查工作的需要设立的鉴定机构，不得面向社会接受委托从事司法鉴定业务”。这种架构可称为“一主管、二禁止和一限制”模式。但是，这种模式是否是统一司法鉴定管理体制的内在结构还是临时性的权限调整，从司法改革的整体结构和目标来看，是值得讨论的问题。由于司法行政部门管理仅仅限定在鉴定人和鉴定机构的登记工作，这种统一司法鉴定管理体制实质上就是为司法鉴定多头管理寻找一个最为合适的由“一头”管理的“婆婆”，[1] 但其带来的价值远不限于此。此后，职权机关之间的纷争和自我变相改变，足以为证。

在《决定》制定的调研过程中，“按照党的十六大关于推进司法体制改革的要求，借鉴国外经验，拟订了《全国人民代表大会常务委员会关于司法鉴定管理问题的决定（草案）》。”[2] 当时的国外经验主要是英国司法改革经验，在管理主体上，英国司法鉴定统一管理机构是由内政部、检察院、警察局共同成立的法庭科学管理委员会，负责对全国司法鉴定工作进行指导。鉴定科学服务局（the Forensic Science Service Ltd.，FSS）自 1991 年从内政部剥离出来，独立于警察、皇家公诉人办公室、法院等系统，成为面向社会服务的专门的鉴定机构。鉴定机构属于民间性质的私营公司，接受社会委

---

[1] 郭华．司法鉴定发展的多维度分析与改革建议［C］// 杜志淳．司法鉴定论丛：2017 年卷．北京：法律出版社，2017：107.

[2] 参见 2002 年全国人大内务司法委员会“全国人大内务司法委员会关于提请审议《全国人民代表大会常务委员会关于司法鉴定管理问题的决定（草案）》的议案。”

托，“其身份也已转变为经营性的市场主体”[1]。英国的司法鉴定改革经验无疑被我国当时视为一种成功的经验，在建立统一司法鉴定管理体制上影响深刻。由于对司法鉴定管理制度与诉讼制度之间的内在逻辑关系估计不足，尤其是对诉讼对抗带来的司法鉴定管理和诉讼使用的紧张关系未能一体考虑，其原有设计为后来的推进统一司法鉴定管理体制的健全埋下了隐患。

3. 司法鉴定管理体制改革的途径：鉴定人出庭制度

《决定》实施后，不仅统一司法鉴定管理体制没有健全，有些制度改革不到位、不完善、不协调、不配套，在鉴定机构和鉴定人社会化过程中出现“鉴定黄牛”。由于法官审理案件有时过分倚重鉴定意见，未尽综合审查和评定鉴定意见职责而影响判决结果，又引发了穿梭于司法鉴定管理与鉴定机构之间的“反复投诉”问题，致使司法鉴定作为解决诉讼的问题转变成在诉讼中制造问题的缘由，甚至成为动摇司法鉴定公正的不稳定因素。这些诸多问题与现象引起了中央和司法机关高层及法律界的极大关注。为了改变这一困境，修改的《刑事诉讼法》《民事诉讼法》《行政诉讼法》对鉴定人出庭专门作出了规定，即经法院依法通知，鉴定人不出庭作证的，鉴定意见不得作为定案依据；同时允许当事人向法庭申请有专门知识的人出庭对鉴定意见或者专业问题提出意见。这些新变化不再限于司法鉴定管理体制问题，更多涉及诉讼制度，因此，推进司法鉴定制度改革需要侧重于司法鉴定使用制度。

党的十八届四中全会通过的《中共中央关于全面推进依法治国若干重大问题的决定》提出：“推进以审判为中心的诉讼制度改革，确保侦查、审查起诉的案件事实证据经得起法律的检验。全面贯彻

---

[1] 全国人大常委会法制工作委员会刑法室．《全国人民代表大会常务委员关于司法鉴定管理问题的决定》释义［M］．北京：法律出版社，2005：78-80.

证据裁判规则，严格依法收集、固定、保存、审查、运用证据，完善证人、鉴定人出庭制度，保证庭审在查明事实、认定证据、保护诉权、公正裁判中发挥决定性作用。”最高人民法院、最高人民检察院、公安部、国家安全部、司法部《关于推进以审判为中心的刑事诉讼制度改革的意见》（法发〔2016〕18号）也强调，“完善对证人、鉴定人的法庭质证规则。落实证人、鉴定人、侦查人员出庭作证制度，提高出庭作证率”。鉴定人出庭制度，可以使鉴定意见接受当事人双方的质证和法庭审查，通过“证实”与“证伪”的方式来解决鉴定意见的争议和保障鉴定意见客观、科学的问题。2016年司法部与最高人民法院联合出台了《关于建立司法鉴定管理与使用衔接机制的意见》（司发通〔2016〕98号）。该意见主要从加强沟通协调、完善工作程序、加强保障监督、严处违法违规行为等方面作出了规定，旨在推动建立和形成司法鉴定管理工作与审判工作的衔接机制，推动司法鉴定使用制度的改革，但收效甚微。

以上这些司法鉴定改革措施和解决问题的思路本身没有错误，但因司法鉴定制度改革不仅涉及司法鉴定管理体制，还涉及诉讼制度问题，由于诉讼制度涉及鉴定内容改革较少，现有的设计多是制度机制的叠加，致使整个司法鉴定制度改革停滞不前。再加上司法鉴定管理制度带有浓厚的职权色彩，而诉讼制度改革多是移植当事人主义做法，难免在这些制度之间产生当事人与鉴定人之间的冲突，导致当事人对鉴定不断投诉，甚至诞生出异化当事人主义的“鉴定黄牛”。这是司法鉴定管理体制改革出现的新问题。

（二）司法鉴定管理体制改革的困境与诠释

对健全统一司法鉴定管理体制的讨论，需要从体制“尚未健全”背后发现深层次问题，通过揭示问题本质，发现改革道路选择上的偏差或偏向，从中寻找司法鉴定制度改革应当遵循的带有规律性问题。

1. 司法鉴定行政管理机制改革与思考

司法鉴定的基础性问题是鉴定机构和鉴定人准入问题，因为它关系到鉴定的质量。可以说，在司法鉴定制度中合格的鉴定人和鉴定机构至关重要。没有合格的鉴定人，再完善的司法鉴定管理制度都不具有价值，因为鉴定无法产生客观科学的鉴定证据。司法行政部门面对鉴定反复投诉和行政复议、行政诉讼的压力，在鉴定管理制度不变的背景下存在两条所谓改革的道路：一是减少鉴定机构和鉴定人的数量，压低鉴定机构之间的不良竞争空间；二是减少鉴定种类，使得争议较大且投诉较多的鉴定事项取消。降低数量的措施必然是提高准入门槛。《决定》规定了准入的条件，如果擅自提高鉴定准入门槛，难免有不依法行政之嫌，而通过“严格准入”，可起到相同功能。为此，2017 年司法部颁布了《关于严格准入 严格监管 提高司法鉴定质量和公信力的意见》（司发〔2017〕11 号），即所谓“双严”的意见在准入范围上要求对没有法律、法规依据的，一律不予准入登记。在准入条件上，申请人必须有必备的、符合使用要求的仪器设备，有开展司法鉴定业务必需的通过计量认证或者实验室认可的检测实验室；要确保鉴定人身体健康，能够胜任鉴定活动和出庭作证工作任务；辞职的公务员或者公务员退休的，原系领导班子成员的公务员及其他担任县处级以上职务的公务员辞去公职未满 3 年，其他公务员未满 2 年的，不得接受原任职务管辖地区和业务范围内的鉴定机构的聘任。同时，支持依托大专院校、科研院所设立集教学、科研、鉴定于一体的鉴定机构的发展。支持大中型鉴定机构加大投入、扩大规模、做大做强，大幅度降低鉴定人数较少的鉴定机构数量。然而，减少鉴定管理的种类并不会消灭其他鉴定种类的实践诉求，对减少的种类放之不管或管理不严格，会衍生纠缠司法鉴定秩序的问题，会使得问题会更加严重，纠偏会更加困难。

2. 人民法院司法鉴定使用机制改革

为落实《关于健全统一司法鉴定管理体制的实施意见》，最高人民法院于 2018 年建立了“人民法院对外委托专业机构专业人员信息平台”“人民法院专家库信息平台”和“暂予监外执行组织诊断工作信息平台”。人民法院对外委托专业机构专业人员信息平台按专业机构属地原则，汇集全国各高级人民法院、中级人民法院审查通过的对外委托鉴定、评估、审计、破产管理人等备选专业机构和专业人员信息。信息平台整合全国各地专业机构和专业人员信息，实现资源共享，有利于解决地方法院因信息不对称而难以寻找适格专业机构开展工作的问题；便于人民法院、律师、当事人等对具体案件鉴定人的专业资质和能力进行在线审查，有效落实鉴定人回避等制度；也有利于人民法院在委托工作中对专业机构专业人员及其实施鉴定、评估等行为，进行全程动态监管，监督专业机构和专业人员规范执业，保障诉讼活动顺利进行。这“三大信息平台”被自誉为在丰富人民法院诉讼资产网的功能和内容上迈出了司法技术工作信息化建设的关键一步，为实现人民法院司法技术工作公开、公平、公正奠定了坚实基础。[1]最高人民法院基于《关于健全统一司法鉴定管理体制的实施意见》要求人民法院要进一步规范委托鉴定，加强技术性证据审查等工作，2020 年 8 月 14 日出台了《最高人民法院关于人民法院民事诉讼中委托鉴定审查工作若干问题的规

[1] 江澜 . 开通人民法院专家库等三大信息平台　以信息化提升司法技术规范化水平［N］. 人民法院报，2018-06-27（01）.

定》。针对在民事案件审理过程中对鉴定申请审查把关不严、对鉴定活动监督不够、对鉴定意见过度依赖、鉴定泛化，甚至以鉴代审等情况，以及部分鉴定机构、鉴定人在执业活动中以利益为导向，违法违规鉴定，严重影响司法公正等问题，对鉴定事项、鉴定材料、鉴定机构鉴定人、鉴定意见的审查和对鉴定活动的监督作出规定，是对《民事诉讼法》和2019年修正的《最高人民法院关于民事诉讼证据的若干规定》的进一步细化，对于规范人民法院委托鉴定工作，引导鉴定人规范开展鉴定活动，解决委托鉴定工作中存在的突出问题，具有重要作用。

3. 人民检察院司法鉴定运行机制改革与思路

随着人民检察院侦查职务犯罪职能的转隶，原有因侦查工作需要设立的鉴定机构也应当进行职能上的调整，通过专门知识的人参与办案转变鉴定机构原有职能。2018年出台了《最高人民检察院关于指派、聘请有专门知识的人参与办案若干问题的规定（试行）》。该规定明确了检察院可以指派、聘请有鉴定资格的人员或者经本院审查具备专业能力的其他人员作为有专门知识的人参与办案。检察院办理刑事案件需要收集证据的，可以指派、聘请有专门知识的人在检察官的主持下进行勘验或者检查，就需要鉴定但没有法定鉴定机构的专门性问题进行检验。在审查起诉时，发现涉及专门性问题的证据材料对定罪量刑有重大影响的，与其他证据之间存在无法排除的矛盾，就同一专门性问题有两份或者两份以上的鉴定意见且结论不一致，当事人、辩护人、诉讼代理人有异议，以及其他必要的情形时，可以指派、聘请有专门知识的人进行审查，出具审查意见。在法院决定开庭后，可以指派、聘请有专门知识的人，协助公诉人做好准备工作。在法庭审理中，可以申请法院通知有专门知识的人出庭，就鉴定人作出的鉴定意见提出意见，协助公诉人出示、播放、演示涉及专门性问题的证据材料。另外，在对公益诉讼案件决定立案和调查收集证据时，就涉及专门性问题的证据材料或者专业问题协助开展相关工作。公益诉讼案件法庭审理中，可以申请法院通知有专门知识的人出庭，就鉴定人作出的鉴定意见或者专业问题提出意见等。

另外，国家文物局、最高人民法院、最高人民检察院、公安部、海关总署于2018年联合印发了《涉案文物鉴定评估管理办法》（文物博发〔2018〕4号）；2018年住房和城乡建设部发布了《建设工程造价鉴定规范》（第1667号）；2020年5月国家知识产权办公室印发了《关于开展知识产权侵权纠纷检验鉴定技术支撑体系建设试点工作的通知》（国知办函保字〔2019〕455号）；国家卫生健康委员会于2021年1月6日发布了《国家卫生健康委员会关于加强医疗损害鉴定管理工作的通知》（国卫医函〔2021〕1号），根据通知，中华医学会制定了《医学会医疗损害鉴定规则（试行）》（医会鉴定发〔2021〕33号）等。

以上这些改革措施，以及涉及司法鉴定问题的规定，从形式上看基本上不涉及司法鉴定管理体制问题，仅仅是从便利各自职权行使条件下的自我改良，甚至在机制上的创新也不明显，实际上是在对《决定》安排的制度进行分化和肢解，以至于设计初衷良好的内部改革措施在实施过程中被迫变味甚至走向反面，有的则完全没有发挥作用，并转而成为深化体制改革的障碍。这些障碍致使我国原有设计的统一司法鉴定管理体制在实践中发生了偏离，特别是《涉案文物鉴定评估管理办法》出台再次折射出《决定》“根据诉讼需要由国务院司法行政部门商最高人民法院、最高人民检察院确定的其他应当对鉴定人和鉴定机构实行登记管理的鉴定事项”规定的实践逻辑错误，致使司法鉴定实践与审判需求鉴定之间冲突与争议时隐时现，在一定程度上影响了司法公正。鉴定事项在诉讼中是否需要，只有司法机关熟悉，有无必要纳入登记管理理应由司法机关“商”司法鉴定管理机关，致使司法机关对诉讼需要的鉴定事项没有与司法行政机关沟通的法定渠道，从而造成司法机关自我进行诉讼管理的问题。应有思路为，对司法机关在诉讼中需要的鉴定事项，当其向鉴定主管部门申请时，登记机构还需要根据实践中是否有在这类鉴定事项的专门知识的人及是否存在相应技术标准等决定是否纳入登记，能否作出行政许可。从另一个角度反映出原有规定的缺陷，因此修改《决定》迫在眉睫。

（三）司法鉴定制度改革的根本与出路

我国的司法鉴定制度如何深化改革？有学者针对有些法官盲目相信司法鉴定意见的原因进行深层次剖析，并认为，除了对司法鉴定的本质属性存在认识偏差及混淆了鉴定意见与事实裁判、鉴定活动与科学活动的相互关系外，还在对鉴定活动的法律规制出现根本错位，忽视了对法官自由裁量权的监督与约束，缺乏对法官误判、错判的法律责任追究机制。在我国以自由心证为主导的制度环境尚不具备的前提下，构建司法鉴定规则应重在规范法官的裁判行为。[1]也有学者认为，现行司法鉴定规则的宗旨是规范鉴定机构和诉讼当事人，这是根本性错位。司法鉴定中，法官是司法鉴定程序和鉴定意见的唯一控制者和权力行使者，司法鉴定规则应着眼于规范法官的行为，细化法院委托鉴定规则和鉴定意见的质证规则，确立鉴定意见不得与其他证据和常理相冲突原则、鉴定意见零瑕疵采信原

---

[1] 郑谊英．构建规范法官裁判行为的司法鉴定规则体系［J］. 甘肃社会科学，2015（6）.

则。[1]更有学者认为，"对于鉴定问题，如果只是从资格、机构设置和鉴定程序方面去考虑问题，不能解决鉴定的根本问题，在鉴定结论的运用上，我们仍会遇到很多难以解决的问题，甚至会被宣布此路不通"。[2]上述观点不仅深刻精准，更是直击要害，值得改革者反思。即便鉴定准入制度再严格，对鉴定机构和鉴定人严格要求，其鉴定也会存在争议和一些不合格的鉴定问题，难免出现虚假鉴定。由于这些问题不是司法鉴定登记管理能够解决的问题，如果一味着力解决不属于自身解决或者自身无法解决的问题，其结果只能适得其反。因此，改革司法鉴定使用制度，才是深化司法鉴定制度改革的真正出路。

1. 司法鉴定制度改革的规律：立法和改革决策相衔接

司法鉴定制度改革不仅应遵循鉴定规律，也应当遵循其改革的经验和规律。司法鉴定制度改革从统一司法鉴定管理体制的提出，到统一司法鉴定管理体制确立，再到统一司法鉴定管理体制的健全，历经了中央政策、制定法律、中央政策发展的过程，推进深化司法鉴定制度改革需要司法鉴定立法来完成。这符合政策指引、法律确定与政策再指引、法律再确定的司法鉴定制度改革规律。由于鉴定制度改革不仅涉及侦查机关、人民法院和司法行政机关的职权配置，还涉及证据制度和诉讼制度。对于前者，可通过健全司法鉴定管理体制的改革解决，完善《决定》即可完成；对于后者，因涉及诉讼制度，基于《立法法》第八条规定的诉讼和仲裁制度，只能制定法律的要求，只能通过制定鉴定法来完成。由于我国刑事诉讼法、民事诉讼法和行政诉讼法有关鉴定问题的

---

[1] 孟勤国．司法鉴定规则应重在规范法官行为：最高法院（2011）民一终字第41号判决书研读［J］．法学评论，2013（1）．

[2] 王敏远．刑事证据法中的权利保护［M］．北京：中国人民大学出版社，2006：13-14.

规定较少，特别需要通过专门的鉴定立法对诉讼法没有规定或者无法规定的内容予以丰富与补充。因此，通过完善《决定》来制定司法鉴定法成为司法鉴定制度改革的必经之路。这样不仅可以实现立法和改革决策相衔接，也能够做到重大改革于法有据。在司法鉴定立法中，有些省市已经颁布了司法鉴定地方法规，司法鉴定立法对此应当给予充分的尊重。

2. 司法鉴定制度改革的深化：鉴定证据制度中心主义

在我国推进以审判为中心的诉讼制度改革的当下，司法鉴定制度改革应以司法鉴定证据制度为中心，建构诉讼制度、证据制度和司法鉴定制度的层次性制度结构，坚持鉴定证据中心主义，围绕鉴定作为证据的根本，对司法鉴定实施制度和使用制度进行改革。对于鉴定实施制度，由鉴定协会或者专业委员会制定，保障技术的独立性，职权机关尽可能不干涉，但可以进行必要的引导。对司法鉴定程序问题，将鉴定程序通则内容予以简化并纳入司法鉴定法，削减一些涉及专门事项的规定。不同鉴定种类的鉴定程序应当分别由鉴定专业委员制定。对于司法鉴定使用制度，不仅需要改革其衔接机制和建立信息平台，更重要的是注重管理与使用的职权边界，明晰鉴定使用的审查机制和审查责任，使不合格或者不科学，以及虚假的鉴定在审查程序被排除，而非是要求鉴定机构予以撤销鉴定意见。这样，可以减少鉴定审查和监督问题上的相互推诿或者降低人为制造的鉴定投诉。对鉴定的准入实行符合鉴定种类的严格条件和鉴定意见作为证据在使用上的严格证据标准。从行政管理上严格准入限制和诉讼审查上严格排除使用的“双严机制”，确保作为定案根据的鉴定意见的客观和科学。

3. 司法鉴定体制改革的现代化：机制运行的数据化

由于统一的司法鉴定体制不健全，鉴定工作机制因受到体制的局限也难以有效运行，司法鉴定应有的证据功能得不到全面释放，因此司法鉴定的证据作用最终会受到影响。司法鉴定体制改革可以通过目前去中心化的区块链底层技术实现司法鉴定管理、实施和使用上的数字化和智能化。保障司法鉴定管理、使用活动和鉴定行为的可追溯性和可视化，继而减轻鉴定机构和鉴定人担负的监管责任和投诉风险，压缩不合格和虚假鉴定的生存空间。司法鉴定管理借助于高科技创新技术，在管理上实行数字化、智能化的技术创新，通过监管的数据化影响和改变传统的司法鉴定管理制度，使得多年来制约、阻碍司法鉴定管理的因素因高科技的介入而破解，也能够使司法鉴定管理在多重制度“围剿”中走出困境，进而加快推进司法鉴定使用制度改革的速度。

小　结

司法鉴定制度改革在不同时期和不同阶段应有不同的侧重点，即使在体制不变的情况下，其机制改革在不同时期和不同阶段也各有侧重，这些侧重应当始终保持与证据制度和诉讼制度改革相一致，但改革中不可放弃公正在改革中位置，不宜制度机制叠床架屋式不断垒高和无限聚合。无论鉴定制度如何进行改革，均不能离开司法鉴定作为证据的本质属性仅进行形式上的“创新改革”。否则，司法鉴定制度改革就会偏离方向，甚至出现邯郸学步，丢掉自身，也会使得健全统一司法鉴定管理体制改革在步履艰难中出现停滞不前甚至萎缩。由于司法鉴定本身携带高科技含量，司法鉴定管理在司法制度改革中属于与科技打交道最近最深的工作，利用科技来改变司法鉴定制度尤其是现代信息技术应用，进而影响证据制度、诉讼制度改革，可以说有着得天独厚的天然优势，对于司法鉴定制度改革也能够展示出广阔的发展前景。

二、健全统一司法鉴定管理体制与创新思路

党的十八届四中全会提出了健全统一司法鉴定管理体制。在全面推进依法治国的背景下如何健全统一司法鉴定管理体制，在统一司法鉴定管理体制初步形成的基础上[1]如何提出健全统一司法鉴定管理体制的实施方案。这些问题不仅关乎司法鉴定管理体制改革的成功，还影响统一司法鉴定管理体制能否健全。对于这些问题不仅需要借助于改革实践予以推进，也需要理论对此予以探索，旨为健全统一司法鉴定管理体制的创新提供理论指导。针对上述问题，结合司法鉴定的实践和部分省市的创新经验，从理论层面提出一些观点与看法。

（一）如何健全统一的司法鉴定管理体制

建立统一的司法鉴定管理体制架构下的“统一的司法鉴定人和鉴定机构的登记管理制度”，尽管在实践中发挥了一些作用，促进了鉴定人和鉴定机构的规范化，但与建立统一的司法鉴定管理体制的要求仍存在较大的距离。目前这一任务不仅未能得到充分全面的贯彻落实，且随着诉讼制度的改革又遭遇到新的问题，以至于党的十八届四中全会提出“健全统一司法鉴定管理体制”的改革要求。

---

[1] 我国自 2005 年司法鉴定体制改革后，2010 年司法部认为统一司法鉴定管理体制已初步形成。参见：周斌 . 统一司法鉴定管理体制已初步形成我国社会鉴定机构达 4600 余家司法鉴定人 5.2 万名［N］. 法制日报，2010–02–24（1）. 截至 2020 年年底，全国共有司法鉴定机构 3100 余家，司法鉴定人 3.8 万余名。参见：白阳 . 我国已建立五级公共法律服务实体平台逾 56 万个［EB/OL］.（2021–04–03）［2021–07–13］.http：//www.gov.cn/xinwen/2021–04/03/content_5597655.htm.

1. 统一司法鉴定登记制度尚未全面落实

《决定》第三条规定："国务院司法行政部门主管全国鉴定人和鉴定机构的登记管理工作。"就目前而言，国务院司法行政部门仍未能有效地对侦查机关的鉴定人和鉴定机构登记管理行使"主管"权力，也未能杜绝有些法院对鉴定的"册中册"和"册外册"的登记管理，以至于司法鉴定体制改革前"如何理顺鉴定机构管理体制的问题一直是司法体制改革研究工作中的一个问题"❶，在改革之后仍是司法体制改革研究工作中的一个问题。

对侦查机关的鉴定人和鉴定机构的登记管理问题，2008 年中央政法委下发的《关于进一步完善司法鉴定管理体制遴选国家级司法鉴定机构的意见》（政法〔2008〕2 号）要求侦查机关所属鉴定机构和鉴定人接受司法行政部门的备案登记。为此，2008 年 12 月最高人民法院、最高人民检察院、公安部、国家安全部和司法部联合下发的《关于做好司法鉴定机构和司法鉴定人备案登记工作的通知》（司发通〔2008〕165 号）并规定侦查机关所属鉴定机构和鉴定人在 2009 年 1 月底接受司法行政部门的登记管理。如 2014 年 11 月，重庆市高级人民法院、人民检察院、公安局、国家安全局、司法局联合印发了《重庆市侦查机关司法鉴定机构和司法鉴定人备案登记管理办法》明确司法鉴定备案登记行为规范，建立了以司法行政机关为主导，审判机关、检察机关、公安机关、国家安全机关共同参与的司法鉴定备案登记工作机制，为推进司法鉴定统一管理方面取得了新进展。但是，上述规定不仅在某些省市仍未得到落实，而且已落实的省市业已停滞，在一定程度上影响了鉴定的规范化。以历经 9 次庭审，4 次死刑判决，

❶ 全国人大常委会法制工作委员会刑法室.《全国人民代表大会常务会关于司法鉴定管理问题的决定》释义［M］. 北京：法律出版社，2005：7.

6次最高人民法院批准延期的念斌案的鉴定为例。[1]

福建省高级人民法院认为，两被害人系中毒死亡，但原判认定致死原因为氟乙酸盐鼠药中毒依据不足，认定的投毒方式依据不确实，毒物来源依据不充分，与上诉人的有罪供述不能相互印证，相关证据矛盾和疑点无法合理解释、排除，全案证据达不到确实、充分的证明标准，不能得出系上诉人念斌作案的唯一结论。因此，原判认定上诉人念斌犯投放危险物质罪的事实不清，证据不足，原公诉机关指控上诉人念斌所犯罪名不能成立。

该案件中，关于铝壶、高压锅的提取送检的现场勘验检查笔录记载的提取送检时间为“7月28日”，与检验鉴定委托书记载的“8月9日”相矛盾。现场勘验检查笔录记载的提取送检时间为“7月28日”，与检验鉴定委托书记载的“8月1日”相矛盾，检验时间又载明是“7月31日”。鉴定受理登记表记载，侦查机关送检铝壶及里面的3500毫升水，但现场勘验检查笔录未记载提取铝壶时壶中有水。鉴定机构在对铝壶水、高压锅和铁锅表面残留物检材的检验过程中，未按照专业规范要求进行“空白”对照检验，以防止假阳性检验结果，因此难以排除该3份检材被污染的可能。综上，铝壶水、高压锅和铁锅的提取送检过程不清，检材来源相关证据间的矛盾和疑点得不到合理解释，检验过程不规范，检验结论可靠性存疑，理化检验报告不足以采信。这些不规范、得不到合理解释等问题不仅给司法带来难以估量的负面效应，还折射出司法鉴定体制改革不到位的问题。

实践中还存在地方法院编制鉴定机构名册与司法行政机关编制司法鉴定名册并存的问题，甚至还建立了所谓的与审判制度改革相

---

[1] 参见2014年8月22日福建省高级人民法院刑事附带民事判决书（2012）闽刑终字第10号。

适应的以“审鉴分立、统一对外委托司法鉴定案件、建立鉴定人名册”为核心的司法鉴定制度，致使《决定》需要解决的“司法鉴定与审判工作职能不分”等“影响判决公正性等问题”依然存在。[1]以媒体暴露出“天价鉴定费”为例。[2]

在一起车祸中，霍先生妻子的玉镯被撞碎。法院审理中，玉镯价值多少？法院告知霍先生对镯子的破碎申请赔偿，首先由鉴定机构评估价值。鉴定机构某检验认证集团北京有限公司收到了法院的委托司法鉴定函和鉴定费用2万元。9月初，鉴定结果出来，霍先生妻子玉镯的价值在1.5万到2万元之间。

该案不宜简单以鉴定事项的价值来衡量鉴定费用，但对鉴定费用需要控制在合理的范围，否则，社会公众对鉴定费过高难以接受。该案不仅折射出司法鉴定改革不到位的问题，更为严重的是，有些法官利用职务之便，为司法鉴定腐败行为牵线搭桥，尤其是在“两套名册”管理体制中予以“套利”，导致有些鉴定机构为进入法院名册而贿赂法官，出现了一些利用鉴定费用的司法腐败问题。司法鉴定中，“司法掮客”时常露出身影，他们也被称为“司法黄牛”。比如在交通事故发生后，马上就有人找到受害人，答应帮受害人打官司、搞鉴定，甚至出钱垫资“买断官司”，最终胜诉后从中分成，这种情况通常占胜诉额的一半左右。这些人揽上业务后，一方面“搞定”鉴定人，使鉴定人做出偏离事实真相的不公正鉴定，导致了“谁出钱就帮谁说话”的现象；另一方面“搞定”法官，使法官“糊涂官判糊涂案”，最终使司法与公平正义渐行渐远，因此造成司法腐败、司法不公、司法公信力偏低、司法权威不高

[1] 全国人大常委会法制工作委员会刑法室.《全国人民代表大会常务会关于司法鉴定管理问题的决定》释义［M］.北京：法律出版社，2005：1.

[2] 罗京运.2万元玉镯 司法鉴定要价2万［N］.北京青年报，2014-09-21（A07）.

等。[1]以上问题已经引起一些法院的关注，如天津市第二中级人民法院探索破除司法鉴定的地域壁垒，建立了由纠纷发生地以外的鉴定机构进行鉴定的异地鉴定工作机制，保证司法鉴定结果客观公正发挥了重要作用。[2]

但是，这种做法仍不能从机制上解决问题，因为这种影响统一司法鉴定管理体制的根源除了经济利益外，还源于司法鉴定的管理与使用之间机制的不衔接。加之，法官对鉴定意见作为证据的性质与地位认识模糊及对鉴定意见的过度依赖，实践中的“以鉴代审”在一定程度上异化法院的审判，导致鉴定在纠纷处理过程中衍生出“案中案”。对此，法院对鉴定意见要严格审查判断，而不是简单接收和采纳，司法审判不能演变为“鉴定审判”，对于不采纳的鉴定意见，应当说明理由并反馈给监管部门或业务主管部门，供监管部门或业务主管部门评价考核鉴定机构和鉴定人时参考。就目前司法鉴定而言司法行政机关应当将鉴定机构及其鉴定人员的评估状况及时通报人民法院，供人民法院审查判断鉴定意见时参考，形成人民法院和司法行政机关在监管上的互动机制。[3]由于司法鉴定管理与使用未能形成有效的衔接机制，致使上述问题多发、频发，司法鉴定作为“证据之王”在不衔接机制中演变为“是非之王”。

2. 司法鉴定争议的投诉率不断攀升

鉴定意见在诉讼中发挥着其他证据不可替代的作用。由于鉴定意见作为证据证明的事实涉及当事人的利益，决定着当事人诉讼的胜败，当事人基于利益的考虑必然会将“打官司”演变为“打鉴定”，以获取诉讼的成功。当事人对不利已的鉴定有异议可以说是

---

[1] 汤维建．严惩“司法黄牛”对司法腐败说“不”[N]. 人民政协报，2015-01-29(3).
[2] 朱虹．天津二中院：异地司法鉴定 减少人情干扰[N]. 人民日报，2013-03-22(11).
[3] 汤维建．严惩“司法黄牛”对司法腐败说“不”[N]. 人民政协报，2015-01-29(3).

顺理成章的，其异议应当在法庭上通过质证程序来解决。然而，我国鉴定人出庭率较低。有关研究资料显示，刑事诉讼中的司法鉴定人出庭率基本在5%。鉴定意见争议没有通过法庭中当事人质证鉴定人解决，必然会引向法庭之外解决，从而导致司法鉴定的投诉率不断攀升，并出现了所谓的“闹鉴”现象。[1]

据某鉴定中心的工作人员介绍，外地法院委托的一个案件，因为其中一方不满鉴定结果，跑到鉴定中心来闹，要求鉴定中心收回鉴定结论。来闹事的人扬言，鉴定中心不撤回鉴定结论，就与中心工作人员同吃同住。中心工作人员多次对其劝说无果后报警，警察认为，没发展到打架斗殴治安或刑事案件，没法出警。最后，鉴定中心不得不撤回鉴定结论，以求恢复正常的工作秩序。

由于司法鉴定管理体制仅仅顾及司法鉴定的行政管理，未能将司法鉴定的管理与使用有机衔接，致使司法鉴定管理与使用机制不相协调。鉴定意见作为证据本应经过法庭质证来检验其质量，借助于鉴定人出庭来解决鉴定争议，但这些未进入法庭解决的鉴定争议必然在庭外转化为投诉、复议与行政诉讼。对此，有些地方在探索解决司法鉴定投诉问题的方法。贵州省在司法鉴定条例中明确了司法行政部门统一管理司法鉴定工作的职能，完善了司法行政机关的管理与人民法院司法鉴定使用之间有机衔接；2014年浙江省高级人民法院和浙江省司法厅联合下发了《关于进一步规范司法鉴定工作若干事项的意见》（浙司〔2014〕69号），旨在通过进一步规范鉴定委托程序、完善鉴定人出庭作证制度、加强司法鉴定监督管理、完善法院和司法行政部门的沟通协作机制等方面发挥作用。尽管这些规定在实践中起到了一定的缓解作用，但因司法鉴定管理与使用的

---

❶ 焦红艳．司法鉴定怪现状调查：一起诉讼多份鉴定令法官难辨［N］．法治周末，2010-01-21（6）．

衔接机制未能有效建立，即使存在一些文件性规定，因不是法律而在实践不具有执行力和约束力。

面对这些司法鉴定实体问题与程序问题相互纠缠、鉴定瑕疵与主观质疑重叠混杂，尤其是行政管理与诉讼活动、科学活动相交织等需要法庭解决的问题在脱离诉讼程序后，会使得司法鉴定的投诉更为复杂，影响了司法鉴定的权威性和公信力，使人们对司法鉴定体制改革的方向产生了怀疑，推进统一司法鉴定管理体制障碍重重。

3. 司法鉴定立法呈现《决定》颁布前的镜像

在司法鉴定体制改革之间，因司法鉴定存在重复鉴定、多头鉴定以及"多龙治鉴"的痼疾，在《决定》颁布实施前先后有 5 个省市地方人大制定了司法鉴定的地方性法规，这些地方法规对于推进司法鉴定体制改革和《决定》的制定与颁布起到不可低估的作用。《决定》颁布实施后，各地相继出台了司法鉴定方面的地方性法规，很好地弥补了鉴定立法的缺陷，对进一步规范鉴定管理、明晰职责也起到了重要作用，[1]但因地方司法鉴定法规的效力层级问题，在一些需要补充与完善的方面仍无法予以突破，如鉴定启动权合理配置、鉴定机构的设置、质量监控标准、鉴定人的资格、鉴定的标准、鉴定时间、鉴定责任等，这些问题不能得到彻底解决，只能是对现行问题修修补补，对更广领域的司法鉴定却无力也无权规范[2]，以至于地方司法鉴定立法的形式意义仍然大于实质意义，在实践中的效果不明显。

地方司法鉴定条例的相继出现，一方面反映出《决定》已经不

---

[1] 程军伟 . 论司法鉴定的性质与监管：从《陕西省司法鉴定管理条例》谈起［J］. 西北大学学报（哲学社会科学版），2013（2）.

[2] 郭文婧 . 司法鉴定乱象需统一立法规制［J］. 人民法治，2015（21）.

能满足司法鉴定管理和实践的需要；另一个方面也加剧了统一司法鉴定管理体制再次转化为省市统一司法鉴定管理体制，架空了全国统一司法鉴定管理体制改革目标。由于司法鉴定的地方性法规与《决定》存在不一致甚至超出其范围的地方，在一定意义上折损了体制应有的权威。这种省市在司法鉴定立法上各显其能尽管是谋求推进司法鉴定体制改革的尝试，却出现了类似《决定》颁布前司法鉴定地方立法的镜像，在健全统一司法鉴定管理体制下如何解决是一个值得反思与检视的问题。

《决定》实施后尽管推行了国家级鉴定机构的遴选，因鉴定人的来源没有得到很好的解决，致使有些鉴定人的鉴定水平难以满足诉讼的需要，出现了司法鉴定管理与使用之间的紧张关系，再加上一些鉴定机构过分追求利益至上，利用鉴定与委托人共同谋取利益，甚至在某些鉴定领域成了鉴定“黄牛”活跃的多发区，如交通事故纠纷的“人伤索赔黄牛”通过与医疗机构、物业公司、鉴定机构，甚至一些交警串通造假，“黄牛”能向法庭提供各类虚假的工作证明、居住证明和虚构伤残等级的鉴定报告以支持其虚高的索赔诉请，“赚取”巨额的赔款差额或者根据与受害人事先约定的风险比例获取代理服务费，[1] 给司法鉴定制度带来严重的负面影响。

上述司法鉴定体制深化过程中衍生的问题，不仅吞噬着司法鉴定的应有权威，也影响到诉讼的公平公正，在某些方面促使统一司法鉴定管理体制走向碎片化，改革的部分与统一司法鉴定管理体制之间的冲突也会不断加剧，其深层次制约着统一司法鉴定管理体制的健全，甚至已健全的机制也在不断被冲突肢解，这并非是危言耸听。

---

[1] 周寒梅．立法杜绝“掮客”让鉴定向利益说“不”［N］．上海法治报，2015-02-02（A02）．

（二）统一司法鉴定管理体制如何健全

目前司法鉴定的乱象与衍生的问题足以说明我国现行的司法鉴定管理体制与诉讼运行机制的断裂，司法实践与社会诉求的紧张，同时也折射出仅仅依靠落实《决定》来健全统一司法鉴定管理体制在法律依据上的力不从心。由于现行的鉴定制度不仅存在改革不到位、不完善、不协调、不配套的现象，还远远滞后于诉讼改革的步伐，以至于影响和制约了司法鉴定的客观与公正，甚至影响到维护社会公平正义目标的实现。全面落实司法鉴定管理体制改革各项任务和措施，应当尽快完善公安机关、检察机关所属的鉴定机构的登记；严把司法鉴定机构准入制度和退出制度；建立司法鉴定机构退出机制，坚决淘汰那些非法操纵鉴定结果和不符合要求的鉴定机构。因此，健全统一司法鉴定管理体制需要落实党的十八届四中全会推进依法治国的基本方略，以及紧随司法制度改革步伐。当然，健全统一司法鉴定管理体制最为有效的方式是通过制定司法鉴定法来进一步推进，但因司法鉴定法的制定不可一蹴而就，仍需要一个较长的过程，在其过程中践行健全统一司法鉴定管理体制的试点工作不失为推进立法进行的路径选择。基于以上问题及面对司法改革机遇，在健全统一司法鉴定管理体制的试点工作中至少应当考虑以下问题。

1. 完善司法鉴定管理与使用衔接机制是健全统一司法鉴定管理体制的基础

统一司法鉴定管理体制尽管自身具有内在价值，就其功能而言，主要还是为诉讼提供具有可靠性和可信性的鉴定证据，为查明案件事实和公正裁判提供其他证据难以发挥的作用。但是，可靠性和可信性鉴定意见的获得却离不开对鉴定科学程序的维护和公正体制的保障。基于此，《决定》将人民法院和司法行政部门不得设立鉴定机构作为建构统一司法鉴定管理体制的决定性因素，旨在通过禁止性规定解决影响判决公正性的问题。党的十八届四中全会通过的《中共中央关于全面推进依法治国若干重大问题的决定》要求，“推进以审判为中心的诉讼制度改革，确保侦查、起诉的案件事实证据经得起法律的检验。全面贯彻证据裁判规则，严格依法收集、固定、保存、审查、运用证据，完善证人、鉴定人出庭制度，保证庭审在查明事实、认定证据、保护诉权、公正裁判中发挥决定性作用。”随之，中央文件又要求建立完善司法鉴定管理与使用相衔接运行机制。从一定意义上说，完善司法鉴定的管理与使用相衔接的运行机制是健全统一司法鉴定管理体制的基础。完善司法鉴定的管理与使用相衔接的运行机制又需要解决以下问题。

（1）完善司法鉴定的启动程序是健全统一司法鉴定管理体制的前提。

基于我国的职权主义诉讼模式，司法鉴定的启动需要依职权或者由职权机关进行委托，但是，实践中存在着当事人自行委托尤其是当事人单方在诉讼前委托的情形。当事人自行委托鉴定一定程度上可以维护当事人合法权益，充分保障当事人的诉权，甚至与当事人举证责任相吻合。但是，如果鉴定完全由当事人决定，鉴定人因基于服务当事人的考虑，鉴定人的回避制度就会架空，其鉴定意见就显现一定的倾向性，必然会引发另一方当事人的不满甚至在社会上引起一些非议，极易导致重复鉴定、多次鉴定的尴尬局面。“诉讼中当事人各自选定鉴定人而双方的鉴定人作出的鉴定结论常常又针锋相对，围绕鉴定能够出现被形容为‘鉴定大战’那样剧烈的当事人对抗的局面。”[1]

基于此，健全统一司法鉴定管理体制应当弥补法律在此方面规定的不足，不仅需要明确鉴定委托、受理与实施各环节的程序，更应当规范各环节的活动，保障司法鉴定活动在诉讼制度中运行，而不是只寻求司法行政管理部门的监管。为此，完善司法鉴定的启动程序应当重点在以下方面进行。

一是司法鉴定的委托应当由办案机关进行。办案机关委托鉴定应当保障鉴材的客观性，对于存在争议的鉴材，办案机关应当作出说明。鉴定人依法鉴定后，向办案机关提供鉴定意见，其作为证据的鉴定意见一旦送达办案机关即发生效力。除了办案机关要求补充鉴定外，鉴定机构不得撤回。如果鉴定人发现鉴定存在错误或者瑕疵，可以通过补充的形式更正其内容；对于无法补充的，可以排除适用，也不得撤销。对于鉴定意见存在异议的，当事人可申请鉴定人出庭并通过法庭质证来解决。

二是不排斥当事人单方委托的鉴定，但对其与办案机关委托的鉴定意见作为证据的性质予以区别。对由当事人自行委托提供的所谓“鉴定意见”采取“鉴定报告”的形式，不视为法定证据之一的鉴定意见，而视为当事人陈述，与《最高人民法院关于适用〈中华人民共和国民事诉讼法〉的解释》（以下简称《民事诉讼法解释》）（法释〔2022〕11号）第一百二十二条规定的“具有专门知识的人在法庭上就专业问题提出的意见，视为当事人的陈述”相衔接，这种当事人陈述实质上是对当事人陈述的补充与说明，弥补当事人对专门性问题认识能力的不足，却能规制当事人自行委托鉴定带来的负效应。

---

[1] 王亚新．对抗与判定：日本民事诉讼的基本结构［M］．北京：清华大学出版社，2002：172.

（2）完善鉴定人出庭是司法鉴定管理与使用衔接机制的关键。

完善鉴定人出庭制度关键是如何促进应当出庭的鉴定人依法出庭，以及如何规范出庭的鉴定人出庭依法作证并提供作证的良好环境。就目前的情况而言，鉴定人出庭作证率不高，这不仅给法院查清事实带来一定困难，也降低了当事人对涉及查明案情相关专门问题的鉴定意见的认可度，不利于从源头上化解鉴定纠纷。

我国法律对当事人争议的鉴定意见作出相应的规定。《刑事诉讼法》第一百九十二条第三款规定："公诉人、当事人或者辩护人、诉讼代理人对鉴定意见有异议，人民法院认为鉴定人有必要出庭的，鉴定人应当出庭作证。经人民法院通知，鉴定人拒不出庭作证的，鉴定意见不得作为定案的根据。"《民事诉讼法》[1]第八十一条规定："当事人对鉴定意见有异议或者人民法院认为鉴定人有必要出庭的，鉴定人应当出庭作证。经人民法院通知，鉴定人拒不出庭作证的，鉴定意见不得作为认定事实的根据；支付鉴定费用的当事人可以要求返还鉴定费用。"人民法院应当建议有关部门或者组织对拒不出庭作证的鉴定人予以处罚。由于法律和司法解释未对有必要出庭作出细化性规定和解释，致使鉴定人出庭必要性完全由法官自由裁量，难免带来鉴定人与法院及当事人之间发生不同认识，成为影响鉴定人出庭的障碍。有学者认为，法院认为鉴定人有必要出庭，实际上是法院在决定是否通知鉴定人出庭之前，已经加入了对鉴定意见证明力的判断；如果法院认为可以确定鉴定意见真实性的，则决定鉴定人不需要出庭；如果法院认为无法确定鉴定意见的真实性时，才有可能通知鉴定人出庭作证。这相当于在将鉴定意见交付证据能力规则进行审查排除之前，先进行一个证明力的判断，导致这一证据能力规则，在某种程度上异化

---

[1] 以下所引用《民事诉讼法》的内容均为 2021 年 12 月 24 日十三届全国人大常委会通过，2022 年 1 月 1 日起施行的条款。

为一种证明力规则。[1] 由于当事人不能在法庭上询问鉴定人，对鉴定意见有疑问不能当庭质证，当事人对鉴定意见不服的，只能反复申请重新鉴定，这不仅浪费了法院和当事人的资源，而且容易导致案件久拖不决。鉴定人不出庭就无法对鉴定意见的科学性和真实性作出说明，极易导致当事人对鉴定人的公正性和鉴定意见的科学性产生怀疑，进而对司法公正性造成消极影响。鉴定人不出庭在某种程度上侵犯了当事人的质证权，有损于司法鉴定的公信力。因此，亟待制定全国统一的司法鉴定人出庭作证办法来规范鉴定人出庭作证，同时，应为鉴定人出庭作证提供保障措施。最高人民法院与司法部应当通过制定鉴定人出庭的规范性文件来充分保障鉴定人依法出庭、规范作证，如 2020 年 5 月 27 日《司法部关于进一步规范和完善司法鉴定人出庭作证活动的指导意见》（司规〔2020〕2 号）。在此方面，有些地方法院也进行了尝试，如 2011 年 5 月 21 日《青海省高级人民法院关于鉴定人出庭作证若干问题的规定（试行）》（青高法〔2011〕106 号）；2018 年 2 月 26 日《辽宁省高级人民法院关于刑事案件证人、鉴定人出庭作证若干问题的联席会议纪要》（辽高法〔2018〕18 号）；2019 年 7 月 12 日浙江省高级人民法院《关于民事案件鉴定人、有专门知识的人出庭若干问题的规定》（浙高法〔2019〕108 号）；2021 年《福建省司法鉴定人出庭作证若干规定》（闽司规〔2021〕4 号）等。

（3）保障当事人质证鉴定意见的权利是司法鉴定管理与使用衔接机制的核心。

司法实践中，常常出现一方当事人申请鉴定并提出鉴定意见后，另一方当事人以对鉴定意见有异议或者不服鉴定意见为由要求再次鉴定，法院对此应当履行审查职责决定是否有重新鉴定的必

---

[1] 胡星昊．论鉴定人不出庭鉴定意见排除规则［J］．西部法学评论，2013（5）．

要。对一些有缺陷的鉴定意见，可以通过补充鉴定、重新质证或者补充质证等方法解决的，不得重新鉴定。对于需要重新鉴定的，应当依法重新鉴定，原鉴定意见应视为无效。对有争议的鉴定意见应当引入法庭在质证中予以解决，并不断推进鉴定人的诉讼地位由"辅助人"诉讼角色向"专家证人"诉讼地位演变，使法院逐渐脱离对鉴定人名册的管理和对鉴定意见的过分依赖。法庭在鉴定人出庭作证的案件中应当充分保障当事人能够充分有效地进行质证，对当事人申请专家辅助人的应当允许，借助于专家辅助人在法庭上协助质证，疏解当事人对鉴定意见的不满情绪，以免庭内质证不充分或者"庭内压制"专家辅助人发表不同意见，导致庭内不足庭外补等庭外爆发不满状况，并将庭上的怨气迁怒于鉴定人、鉴定机构或者司法鉴定行政管理部门，出现"闹鉴"上访等不正常现象。

法庭充分保障当事人质疑鉴定意见的权利，让当事人充分表达对鉴定意见的看法、观点和意见，既可通过程序吸收当事人对鉴定意见的不满，也可使鉴定人在出庭作证的压力和挑战下提高鉴定水平，保障鉴定质量，进而降低鉴定人出庭作证的频率，最大限度地节约司法资源，也有利于法庭全面了解案情，正确分析判断鉴定意见的证据价值，确定鉴定意见的可靠性和证明力，还会在一定程度上减少司法鉴定的投诉率、行政复议、行政诉讼，以及上访率。完善司法鉴定的管理与使用相衔接机制，还需要司法行政部门与司法机关建立法院委托鉴定和鉴定人出庭作证的信息平台，就鉴定意见采信情况进行通报，保障机制运行的有效性。

2. 完善司法鉴定管理机制是健全统一司法鉴定管理体制的核心

健全统一司法鉴定管理体制除了完善司法鉴定的管理与使用相衔接机制外，还应当强化司法鉴定现代化管理，尤其是根据司法改革的重点内容推进以审判为中心的诉讼制度改革来反制司法鉴定管理制度的不断完善。一方面，完善鉴定人和鉴定机构的准入与退出机制，特别是退出机制；另一方面，需要在司法鉴定管理试点中进行司法鉴定制度的创新。

（1）完善鉴定人和鉴定机构的准入与退出机制。

《决定》规定了鉴定人从事司法鉴定业务和设立鉴定机构的条件。这些条件仅仅是可以申请成为鉴定人的条件，并不是鉴定人准入的标准，更不是从事鉴定业务的应然性资格。对此不能混淆。同时，对于违规违法的鉴定人应当予以淘汰，借助退出机制纯洁鉴定人队伍。由于《决定》第十三条规定的不尽全面、科学，司法行政管理部门对此条的适用顾虑重重，尤其担心引发行政复议或者行政诉讼，以至于真正从事鉴定的鉴定人因违规违法退出鉴定行业的微乎其微。但是，在健全统一司法鉴定管理体制下需要在《决定》的基础上严格鉴定人和鉴定机构的资格条件，保证准入的鉴定人和鉴定机构具有高起点、高水平，确实建立起专家型的司法鉴定队伍，并不断将一些实力强的优质专家资源吸收到司法鉴定行业中来，禁止一些不具备鉴定能力的人流入鉴定行业。同时，完善司法鉴定的退出和淘汰机制，将一些不符合鉴定资质要求的鉴定机构和鉴定人淘汰出局，确保鉴定行业满足现代化诉讼的需要。

（2）建立鉴定人的资质等级制度与首席鉴定人制度。

《决定》第八条规定："各鉴定机构之间没有隶属关系。"这是基于科学面前平等原则而言的，同时意味着鉴定机构之间不受任何行政命令的影响，鉴定机构不受其设立机关或者部门的行政等级影响，鉴定人和鉴定机构在提供鉴定意见时只服从科学。在实践中，鉴定事项的复杂和难易程度不同，有些难度较大的鉴定只有在其他相关事项作出判断的基础上才能作出鉴定意见，这种作出最终鉴定的人可以作为首席鉴定人对鉴定意见负责。《司法鉴定程序通则》

第三十四条规定："对于涉及重大案件或者特别复杂、疑难、特殊技术问题或者多个鉴定类别的鉴定事项，办案机关可以委托司法鉴定行业协会组织多个司法鉴定机构进行鉴定。"司法鉴定行业协会组织多个鉴定机构进行鉴定的，可以实行首席鉴定人制度，这是有效落实该条规定的基本出路。在上述问题上，目前需要解决的问题为：

一是探索鉴定人的资质等级制度。我国对鉴定机构进行了资质的评定，如国家级司法鉴定机构遴选委员会遴选了十家国家级司法鉴定机构；有些地方立法在司法鉴定机构问题上进行尝试。例如，《陕西省司法鉴定管理条例》第四十条规定："省司法行政部门应当建立司法鉴定机构资质等级评估、司法鉴定质量评估、司法鉴定人诚信评估、鉴定业务档案管理等制度，规范司法鉴定管理工作。"但对鉴定人的资质等级未作出评定。这种鉴定人资质等级仅仅代表在相关鉴定事项的鉴定条件、鉴定能力达到了特定的资质条件和能力要求，代表对某些鉴定事项具有鉴定资格，并不代表其提供的鉴定意见的效力大于其他资质等级鉴定人作出的鉴定意见。

二是探索首席鉴定人制度。为了落实《决定》第十条规定的"司法鉴定实行鉴定人负责制度，鉴定人应当独立进行鉴定"的规定，结合目前我国司法改革中的法官员额制、员额检察官制、主办侦查员制的经验，实行首席鉴定人与鉴定人相区分和鉴定人与鉴定辅助人相区别制度，建立首席鉴定人对复杂疑难鉴定事项鉴定或者鉴定事项需要不同专业鉴定人配合和协作鉴定的负责制，力求建立专业化、精英化、权威性的鉴定人专家队伍。

另外，还需要在推进环境损害司法鉴定事项纳入统一司法鉴定登记管理的同时，结合地方司法鉴定立法的现实，促使一些社会关注度高、人民群众反映强烈、司法审判亟需且技术相对成熟的"其他类”纳入统一登记管理范围，特别是2021年《中华人民共和国监察法实施条例》规定的“涉及的财务会计资料及相关财物进行的会计鉴定”。目前这些鉴定种类除上述司法会计外，还有建筑工程造价、建筑工程质量、知识产权、资产评估、交通事故车损、涉案物价格以及文物鉴定等。

小 结

在《决定》颁布前，司法鉴定管理体制存在的问题主要是职权机关基于各自设立鉴定机构的权力间的博弈；而在《决定》实施后，有些问题依然未能得到解决的根源与《决定》仅仅局限于司法鉴定体制改革有着密切的关系。况且，现在的统一司法鉴定管理体制面临的问题不同于2005年司法鉴定管理体制改革时的问题，如果健全统一司法鉴定管理体制仍抱残守缺，仅仅依靠落实《决定》来推进，其体制健全未必能取得进步。因为司法鉴定问题已经不是法院、检察院、公安机关和司法行政部门中的某个机关或者部门的事情，仅仅依靠他们之间的协调难以解决现实中的问题，应由全国人民代表大会在《决定》的基础上，结合地方立法经验和司法实践中遇到的鉴定问题，制定司法鉴定法无疑是最为有效的途径。由于立法需要一个过程，在立法过程中需要积累一些经验，对于司法鉴定中的重点问题进行创新试点不失为推进统一司法鉴定管理体制改革深化的良策。我们认为，未来的司法鉴定法律体系应是以司法鉴定法为主轴，以司法鉴定程序条例为中心，以司法鉴定各领域技术规范为依托的效力等级分明、体系严密的鉴定法律法规规章体系。

三、司法鉴定制度改革与公共法律服务诉求

诉讼在探究事实真相过程中，专家的作用越来越显著。“法律学必须果断地把属于科学支配的领域让给科学去承担，不应当在规范科学的名义下侵犯已经明确了的自然科学的领域。”❶ 这种科学对法律的入侵却带来了在“铁面无私的法庭上，起决定作用的不再是《圣经》中的上帝提出的律条，亦不是传统力量的约束，而是‘专家们’的一纸鉴定”。❷“在少数案件中，‘打官司’成了‘打鉴定’。”❸ 这些论断不仅折射出鉴定在诉讼中至关重要的位置，还反映出对法官裁判的深刻影响，因此，在其制度设计上需要疏远法官与鉴定人的距离，从而消减法官对鉴定的过度依赖，保持法官判断鉴定意见的中立，同时还需要从制度上充分保证当事人能够平等享有和公平使用鉴定的权利，通过公共法律服务体系建设来促进鉴定在诉讼中的均等化。目前，我国司法改革将司法鉴定管理制度纳入公共法律服务体系建设，旨在通过司法鉴定供给侧的结构性改革来实现司法公正。对此问题的研究应将司法鉴定管理制度纳入公共法律服务体系建设的基本定位出发，探讨这种改革如何彰显我国司法鉴定管理制度的鲜明特色和独有优势，并借助于对科学、鉴定与证据的重新解读，确立司法鉴定促进司法公正的司法改革目标实现的路径。

---

❶ 上野正吉，等.刑事鉴定的理论和实践［M］.徐益初，肖贤富，译.北京：群众出版社，1986：4.

❷ 汉斯·波塞尔.科学：什么是科学［M］.李文潮，译.上海：上海三联书店，2002：2.

❸ 全国人大常委会法制工作委员会刑法室.《全国人民代表大会常务委员会关于司法鉴定管理问题的决定》释义［M］.北京：法律出版社，2005：1.

（一）基本定位：基于公共法律服务体系建设的理论分析

司法鉴定制度作为与证据制度和诉讼制度相互配合的一项司法制度，因其本身存在一些与现代诉讼观念和证据要求难以相容的因素，致使其与其他制度在相互配合时经常出现一些紧张关系，甚至对司法的程序公正和实体公正带来了一些消极影响。司法鉴定制度是解决诉讼涉及的专门性问题、帮助办案机关查明案件事实的司法保障制度。那么，司法鉴定制度如何帮助办案机关查明案件事实？如何解决当事人日益增长的司法鉴定作为公共产品、公共服务需求同司法鉴定作为公共产品供给短缺、公共服务不均衡之间的矛盾？尤其是如何满足人民群众对鉴定的需要并通过保障当事人利用司法鉴定来促进司法公正，无疑成为新时代司法鉴定管理制度改革亟须解决的问题。

党的十八大报告指出，要加快形成政府主导、覆盖城乡、可持续的基本公共服务体系。2014年，习近平总书记对司法行政工作作出重要指示，要求要紧紧围绕经济社会发展的实际需要，努力做好公共法律服务体系建设。党的十八届四中全会从推进全面依法治国的战略高度提出了推进覆盖城乡居民的公共法律服务体系建设。国务院《“十三五”推进基本公共服务均等化规划》对推进公共法律服务体系建设提出更高的要求。2018年，司法部制定了《关于加快推进司法行政改革的意见》，2019年又发布了《全面深化司法行政改革纲要（2018—2020）》，旨在整合律师、公证、司法鉴定、仲裁、司法所、人民调解等法律服务资源，构建覆盖城乡的公共法律服务网络体系，从而不断满足人民群众和社会多层次、多领域、多样化、高品质的法律服务需求。2021年12月6日中共中央政治局第三十五次集体学习强调“加快发展律师、公证、司法鉴定、仲裁、调解等法律服务队伍”。基于以上改革政策的要求和将司法鉴定管理纳入公共法律服务体系建设的改革方向，深化司法鉴定管理制度改革需要考虑以下问题。

1. 推进司法鉴定供给侧结构性改革，保障人民群众享有与办案机关均等化的司法鉴定服务

公共法律服务既是公共服务，也是具有公共性的法律服务，是两者的交集。我国的公共法律服务具有特殊内涵，它不仅具有社会公有、社会共享、社会公用等特征，还具有政府主导性、全覆盖性、可持续性等特点。一方面是享有司法鉴定服务的机会和过程的公平性。这主要是指不论服务对象是人民群众还是办案机关抑或是犯罪嫌疑人、被告人，一律享有同样质量的鉴定及平等的鉴定服务，不因是办案机关与普通公民或者犯罪嫌疑人、被告人的不同而提供优劣各异的司法鉴定服务。另一方面是享有司法鉴定服务的内容和质量的公平性。这主要指司法鉴定服务对象的全体性和服务过程的公正性，也就是说，司法鉴定服务必须惠及全民并充分体现程序正义。因而需要推进司法鉴定供给侧结构性改革，保障司法鉴定供给的均等化，解决客观上司法鉴定服务体系的不健全和司法鉴定社会化的市场化倾向，以免在一定程度上影响法律权益的真正实现。但是，这种司法鉴定供给的均等化并不等于绝对平均化，并不是强调所有公民都享有完全一致的司法鉴定的公共服务，而是在承认办案机关及当事人在不同诉讼阶段或者地区、城乡存在差别的前提下，保障所有公民都享有符合标准的基本司法鉴定服务，更多地体现在司法鉴定上的机会均等、制度共享。这就需要司法鉴定在管理制度上创新管理的形式，并促进司法鉴定供给侧结构性改革，形成全覆盖、便利性、低成本的司法鉴定服务网络化、智能化体系。

2. 强化司法鉴定的社会公共属性和政府的主导性，政府应当积极引导与社会服务相结合的司法鉴定供给制度体系

公共法律服务体系应当体现“政府主导性”，这是公共服务体系自身的属性所决定的。司法鉴定服务体系就必然具有公益性、普惠性、非赢利性和非竞争性等特点，因此，政府不仅需要提供司法鉴定服务和实践操作机制，还需要建立一系列有关服务内容、服务形式、服务机制和服务政策等的制度安排和政策引领。这就需要通过政府投资与政策引导纠正司法鉴定的逐利性或者市场化倾向，使鉴定机构成为“独立享有权利和承担义务的社会服务性组织”[1]，解决以往司法鉴定管理制度改革只注重管理，轻视服务的观念，通过管理促进鉴定不断发展，能够让所有社会成员特别是社会弱势群体在面对司法鉴定时能够得到平等的司法鉴定服务，以免因司法鉴定制度安排造成有些社会成员无法享受到平等的司法鉴定服务，出现司法鉴定供给上的不公。改变这种现状，首先要改革政府对司法鉴定的投资方向，保障作为服务的司法鉴定能够承担起公益性的责任；其次是司法鉴定的管理重在维护鉴定秩序，为司法鉴定服务人民群众和诉讼活动提供优质的环境，而非是只进行限制性管理。

3. 坚持司法鉴定作为公共法律服务的开放性，充分体现现代社会的科技化、信息化、智能化的成果

公共法律服务不仅包含公共服务的特性，而且还兼具法律服务的属性，属于由政府提供、以满足公民的基本法律服务需求作为出发点的一种公共服务。司法鉴定公共服务体系必须满足全体民众基本鉴定服务需求，体现开放性的特点。一是要打破司法鉴定的部门化，改变过度重视司法鉴定的国家权力属性与工具属性，以及限制

---

[1] 全国人大常委会法制工作委员会刑法室.《全国人民代表大会常务委员会关于司法鉴定管理问题的决定》释义［M］. 北京：法律出版社，2005：58.

当事人利用鉴定参与诉讼的制度功能，优化整合司法鉴定资源，建立政府投资的司法鉴定公共实验室，以最大限度地降低司法鉴定的成本，提供优质司法鉴定环境的高层次服务的本质，而非是简单地为司法鉴定主体或者其他涉及司法鉴定的主体提供一些所谓“方便式”服务；二是鉴定制度改革应当以司法鉴定证据制度为中心，形成诉讼制度、证据制度和司法鉴定制度的层次性结构，不断加强司法鉴定管理和使用相衔接的科技含量和智能化程度，建设司法鉴定管理与使用衔接机制的智能化平台，[1] 建立司法鉴定信息公开化、科技化与智能化体系，为人民群众提供便捷、优质的服务。

4. 强调司法鉴定公共法律服务的全程性，不遗漏任何提供鉴定服务的环节和阶段

司法鉴定管理制度改革应当立足于公共法律服务的基本属性，推进司法鉴定行业体系化建设，持续提高司法鉴定制度整体性、系统性和协同性，建立健全具有中国特色的公正权威、规范有序、优质高效、监管有力的司法鉴定统一管理体制，为促进公正司法、防止冤假错案、维护公民合法权益和社会公平正义提供可靠保障和优质服务。这种服务不得遗漏需要司法鉴定服务的环节，以免因未鉴定带来事实认定的错误，造成冤假错案。有学者统计，“在 20 起冤案中，其中，有 15 起案件，即 75% 的案件在鉴定方面存在问题。其中，有 7 起案件（占 35%）本来能够也应当做 DNA 鉴定，但由于种种原因，办案人员都没有进行鉴定”。[2] 因此，鉴定应当体现全过程。

公共法律服务体系建设是公共服务体系建设的重要组成部分，

---

❶ 郭华 . 司法鉴定管理改革的创新与监管智能化模式［J］. 中国司法，2018（12）.

❷ 陈永生 . 刑事冤案研究［M］. 北京：北京大学出版社，2018：10.

是保障和改善民生的重要举措，是推动经济社会发展、繁荣公共法律服务的必然要求，是建设中国特色社会主义法治体系、建设社会主义法治国家，推进国家治理体系和治理能力现代化的重要基础性、服务性和保障性工作。这就要求司法鉴定管理制度改革转向建设布局合理、结构优化、有效运行、适应需要、社会共享、持续发展的司法鉴定公共服务体系上来。一方面，通过司法鉴定管理制度改革发挥政府在公共法律服务体系构建中的主导作用，增加对司法鉴定服务的投入，建立更多的具有普惠性和公益性的服务型鉴定机构；另一方面，还要动员和鼓励社会各界力量参与司法鉴定服务，通过国家财政补贴等方式，降低司法鉴定成本费用，提升司法鉴定公益性的比重，淡化其营利性的色彩，从而实现司法鉴定作为公共法律服务的作用，化解司法鉴定在公共法律服务中的供求矛盾，构建满足社会需求的具有高资质水平的司法鉴定服务体系。

（二）理论立场：基于科学、鉴定与证据的解读

我国已进入现代信息化社会并凸显出工业社会的特征，而“工业社会的内在发展机制将使人类社会可能行进到一切都必须按照科学技术专家所提出的原则来进行管理的技术统治时代，或者行进到直接由科学技术专家统制一切的专家政治时代”[1]。司法鉴定不仅具有科学性，无论是鉴定对象、实施主体还是鉴定实验室、鉴定方法等均离不开科学元素，而且还涉及技术问题，是科学技术的具体运用。例如，在亲子关系的鉴定中，鉴定是按照 DNA 的知识和理论，依据孟德尔遗传定律，采用提取、扩增、检验 DNA 上碱基序列的方法，完成个体同一性识别而作出的判断。由于科学与技术不同，科

---

[1] 乌尔里希·贝克．从工业社会到风险社会：关于人类生存、社会结构和生态启蒙等问题的思考（上）［J］．王武龙，编译．马克思主义与现实，2003（3）．

学本身与科学运用也存在不同，科学运用获得的结果与诉讼要求的证据也存在一定的差异。基于此，厘清科学、鉴定与证据的关系，对司法鉴定制度改革获得理论上的支持具有特别重要的意义。

1. 厘清科学与鉴定的关系

鉴定是鉴定人运用科学技术或者专门知识对诉讼涉及的专门性问题进行鉴别和判断并提供鉴定意见的活动。鉴定是否科学，不仅取决于鉴定人运用科学技术或者专门知识的能力与水平，更为关键的是运用的科学技术或者专门知识本身是否是真科学。因为实践中存在真科学、准科学、非科学和伪科学。科学活动立足反复实践证明是正确的科学知识、科学原理、科学方法和现实的物质技术基础。基于此，鉴定的科学应当具有可重复性或者可检验性即在同等条件下能够重复出现。为此，美国法庭检验专家证言是否具有可采性上采用以下判断方法：一是该科学理论是否得到了实验检验（the known can and has been tested）；二是作为专家证言基础的理论或技术是否已发表且经同行严格复查的检验（the science has been subjected to peer review and publication）；三是作为专家证言基础的研究方法或技术的出错概率有多大（the known or potential error rat of the science）；四是就专家证言基础的技术、方法和理论而言，在某个特定的科学领域中有多少学者能加以认同和接受（the general acceptance of the science in relevant scientific community）。[1]即使如此，作为鉴定的科学还存在科学知识、技术知识和特别经验等确定性程度不同的问题。[2]以上问题充分折射出科学的不确定性。

科学的不确定性可分为，科学技术理论层面的不确定性、科学

[1] United States v. Scheffer, 523 U. S. 303（1998）.

[2] 郭华 . 美国专家证言的可采性研究：以美国判例与立法的互动为中心［J］. 北方法学，2008（2）.

技术功能的不确定性，科学技术研究的不确定性和人类主观意志的不确定性，而科学技术的不确定性可能带来风险的时候，事实是把多个不确定性混杂在一起，使得问题不那么清晰。❶科学的不确定性不仅应成为科技界关注的问题，也是司法鉴定等法律界需要警惕的问题。因为科学的不确定性是任何对难以达到的完全决定论的偏离。然而，这种科学的不确定性，不是科学的无能，恰恰是科学的精确。❷在鉴定问题上不仅科学具有不确定性，鉴定人在运用具有可检验特征的普遍定理、规律和原理解释事实构成的变化及其内在联系时也会出现偏差，可以说，鉴定存在偏差甚至错误属于一种“正常现象”，不能要求绝对的准确或者确定。可以说，鉴定存在偏差或者存在不一致的结论也属于一种正常现象，应当理性地看待司法鉴定问题。

2. 区分鉴定与证据的关系

司法鉴定“认识对象的复杂性，是科学的不确定性的最基本的来源。概率论、测不准原理和复杂性科学，都表明了事物固有的，以及主客观互动必然带来的不确定性。认识主体有诸多局限性：人的感官功能是有限的；知识结构使认识具有主观色彩；人的认识并不同整个世界发生关系，认识总是具体的、有限的”❸。确定性与不确定性是人类认识活动中普遍存在的一对矛盾，是由其客体类属边界和形态差异的模糊性所决定的。基于此，鉴定人接受委托或聘请对专门性问题进行检验、鉴别和评定后，可能会得出肯定性或者否定的结论，甚至无法得出结论。其中，也不乏遇到不能予以肯定或

---

❶ 叶立国．科学技术的四种不确定性及其风险规避路径［J］．中国石油大学学报（社会科学版），2018（2）．

❷ 亨利·N. 波拉克．不确定的科学与不确定的世界［M］．李萍萍，译．上海：上海科技教育出版社，2005：11.

❸ 徐凌．科学不确定性的类型、来源及影响［J］．哲学动态，2006（3）．

否定的情形。对此仅仅提出了倾向性意见。然而，这种未置可否的不确定的意见却与诉讼对证据的要求不相符合。

面对科学在证据上遭遇的窘态，许多学者探索利用概率的理念与方法研究科学证据和确证问题，出现了所谓的可接受性理论。“当‘可接受性’作为一个描述某种特征或属性的词语被用于形容一个假说时，人们通常认为会有两种结果出现：假说具有或不具有可接受性。这种定性的描述受到高概率论者的欢迎。因为，对假说进行‘非是即否’的可接受性判断，暗示了一个概率的分界点的存在，即高概率的起点。‘高概率’的支持者解释为，如果证据使假说具有高概率，或者说使假说的概率超过了某个高概率的起点，那么假说即具有了可接受性；反之，如果证据没有使假说具有高概率，或者说没有使假说的概率超过某个高概率的起点，那么假说不具有可接受性。”❶ 由于在假说所具有的概率中不可能找出一个明确的分界点，以至于可接受性理论高概率受到了正相关理论的挑战。正相关理论认为，“如果证据使假说的概率比没有该证据存在时更高，那么证据就使假说具有了更高的可接受性程度；如果证据无法使假说的概率比没有该证据存在时更高，那么该证据就没有使假说具有更高的可接受性程度。”❷ 然而，正相关不是证据的充要条件，证据之为证据，必须能够使假说的概率在出现证据之后有所提高，即证据必须与假说的概率正相关。按照传统的证据观点，高概率不足以使证据之为证据。一般来说，某鉴定所依据的特征特定性强、稳定性大、反应性高，或者说该客体与其他客体的界限清晰、差异明显，那么它就属于确定性鉴定结论；反之，则属于非确定性鉴定结论。

---

❶ 方轻 . 论科学证据的两种概率解释［J］. 河南科技大学学报（社会科学版），2012（6）.
❷ 同上。

在一些科学领域，专家得出的结论并非简单的“是”或“不是”，而是以匹配概率为基础地肯定同一或否定同一的可能性。例如，DNA 检验得出的匹配概率不可能达到百分之百，最佳条件下也只是 99%。实践中常“把肯定同一的匹配概率定为 93%，把否定同一的匹配概率定为 80%。凡是物证检材与样本检材的匹配概率高于 93%的就可以肯定同一，而低于80%的就可以否定同一”❶。当匹配概率在 80% ~ 93% 时如何作出判断则是需要考虑的问题。鉴定意见的确定性结论与倾向性结论均具有科学性，并非倾向性结论不科学，对待科学问题不宜作出非此即彼的判断，只要符合科学要求，能够帮助审判者理解证据，并非一定不能作为证据，这涉及证明对象问题。

3. 厘清科学、鉴定与证据的关系

科学的不确定性是知识系统的主要变量，如何进行可靠的定量确实是一个难题。“专家不仅提供知识，对特定案件事实进行认定，而且还要根据其所提供的知识和事实认定，推导出相应的结论。”❷鉴定人需要根据相关领域的普遍原理和稳健科学的鉴定技术方法，根据观察到的案件事实——包括依据他自身专业知识观察到的及不是依据他自身专业知识观察到的——独立地做出专业判断，最终提供专业意见。从鉴定作为证据的视角来分析，鉴定意见应当是确定性的。从大陆法系国家对鉴定的要求来看，无论是德国法中第三种鉴定方式还是《日本刑事诉讼法》第二百二十三条第一款的规定，其鉴定均应具有结论性。为了保障这种结论性具有客观性，需要对科学解释从以下方面做出判断：（1）推论条件，既要从解释的现象到解释条件的推论都必须正确；（2）定律条件，解释条件必须至少含有一条普遍定

❶ 何家弘 . 当今我国刑事司法的十大误区［J］. 清华法学，2014（2）.

❷ 克劳思·罗科信 . 刑事诉讼法［M］. 吴丽琪，译 . 北京：法律出版社，2003：261.

律；（3）特征条件，解释条件必须带有经验内容；（4）真理条件，组成解释条件的句子必须真实。[1] 基于以上科学、鉴定与证据的紧张关系，对其可作以下理解。

一是鉴定因科学的不确定性，对专门性问题的鉴定存在不同意见是一种正常现象，因为“由多位专家从各自角度提出见解，被认为更有利于锁定争议问题”。[2] 对于鉴定的争议不宜否定其科学本质或者对其产生偏差，以免媒体过度放大其缺陷，影响鉴定应有的科学性。即使鉴定意见是确定性的，并非一定准确，也非是一定确实的。科学具有不确定性，而鉴定本身也存在一些不确定的介入因素，其得出的结论是确定的，因其本身存在不确定的可能，即使鉴定意见作为证据在形式上符合证据的确定性要求，其实质依然是存在问题的，甚至成为问题证据，影响司法公正。

二是鉴定人针对不同专门问题采用专门知识不同，而专门知识的可检验性及可靠程度也存在差异，在一定程度上影响鉴定意见的可靠程度，但这不影响其作为特殊证据的科学性本质。因为在这种背景下由鉴定人作为专门知识的人的判断得出的鉴定意见与不具有专门知识的法官的判断相比可靠性较强，但不能因鉴定的专门知识的不同对鉴定意见可靠性分级。科学是没有等级之分的，但对不同鉴定的规范与审查判断规则应当各有侧重。因此，既不要迷信鉴定意见，也不要按照鉴定人的资质确定鉴定意见的证明效力。

三是对于鉴定意见作为证据考量需要证据的一般原理，更需要体现其在科学上的特点，采用证据的相关性理论，使之对鉴定意见的审查判断与采纳更符合鉴定的本质特征。例如，2000 年美国修正

---

[1] 汉斯·波塞尔．科学：什么是科学［M］．李文潮，译．上海：上海三联书店，2002：32-33.

[2] 小田司．鉴定制度の现状と课题［J］．法律时报，2015（8）．

的《联邦证据规则》第七百零二条将“如果科学、技术或其他专业知识有助于事实裁判者理解证据或决定争议事实，一个因知识、技能、经验、训练或教育而具备专家资格的证人，就可以意见形式作证，否则就不能够”修改为“如果科学、技术或其他专业知识将有助于事实审判者理解证据或确定争议事实，凭其知识、技能、经验、训练或者教育具备专家资格的证人，可以通过意见或其他方式作证，如果：（1）证言基于充分的事实或数据；（2）证言是可靠原理与方法的结果；（3）证人忠实地将该原理与方法运用于案件事实”。2011年，美国联邦又对此条款再次进行修改，即“在下列情况下，因知识、技能、经验、训练或者教育而具备专家资格的证人，可以以意见或者其他的形式就此作证：（a）专家的科学、技术或者其他专门知识将会帮助事实审判者理解证据或者确定争议事实；（b）证言基于足够的事实或者数据；（c）证言是可靠的原理和方法的产物；以及（d）专家将这些原理和方法可靠地适用于案件的事实”。[1]这种不断的修改也反映出美国专家证人制度弊端之所在。在制度建设上，尽管国外的制度可供比勘对照，但在制度改革上更应循名求实，体现更多的中国特色。

（三）基本思路：基于追求司法公正的改革目标

波普尔曾经说：“科学是有错误的，因为我们是人，而人是会犯错误的。因此，错误是可以原谅的。只有不去尽最大的努力避免错误，才是不可原谅的。但即便犯了可以避免的错误，也是可以原

---

[1] 王进喜，美国《联邦证据规则》（2011年重塑版）条解［M］.北京：中国法制出版社，2012：212.

谅的。”[1] 对于鉴定而言，存在不同意见抑或错误意见属于一种不正常的“正常现象”，通过科学的制度或者正当的程序选择了不科学甚至错误的意见也不宜横加指责，但未通过正当的程序或者恣意选择了错误的鉴定意见则是无法原谅且应当追责的。因此，我国司法鉴定制度改革应当努力避免错误和消除一些影响司法公正的消极因素，建构保证司法鉴定的可靠性和可信性的司法鉴定制度，从而发挥其查明事实和促进司法公正的作用。[2]

1. 健全统一司法鉴定管理制度，以需求为导向，保障鉴定的科学和鉴定人的鉴定能力

司法鉴定体制中主要存在三个密切相关的制度即司法鉴定管理制度、实施制度和使用制度。在这三个制度中，管理制度是基础，实施制度是核心，使用制度是关键。司法鉴定管理制度对于提高鉴定质量和满足鉴定需求及实现鉴定的均等化具有关键性意义。司法鉴定管理制度应当在以下两个方面努力。

一是健全统一司法鉴定的管理制度，解决与司法鉴定统一管理上的“管理不统一”及其统一管理体制下机制不健全的问题。基于此，需要在深层次上理解健全统一司法鉴定管理体制，在司法体制改革的整治高度认识统一管理的意义，同时摒弃部门利益和相互不信任的部门观念，通过将司法鉴定作为公共法律服务的政治立场来健全统一司法鉴定管理体制。

二是健全符合诉讼要求的鉴定机构和鉴定人资质制度。如果鉴定人不具有鉴定能力，司法鉴定管理再有效也无法促进司法公正。

[1] 波普尔．科学知识进化论：波普尔科学哲学选集［M］．纪树立，编译．北京：生活·读书·新知三联书店，1987：1.

[2] 郭华．司法鉴定制度改革的基本思路［J］．法学研究，2011（1）；郭华．我国司法鉴定制度改革的困境与出路［J］．政法论坛，2009（6）．

在此方面，需要对不同鉴定采用与其要求相一致的鉴定机构和鉴定人准入条件和标准。

司法鉴定管理制度不健全，即使鉴定是科学的或者鉴定人具有鉴定能力，也会因为制度的不科学影响鉴定的科学性，甚至又衍生出屡禁不止的“鉴定黄牛”问题，出现虚假鉴定。因此，健全统一司法鉴定管理体制尤其重要。

2. 遵循科学证伪的本质，以问题为导向，完善鉴定人出庭作证制度

鉴定意见作为证据易失真，如何防止失真的鉴定意见流入法庭作为定案根据最为关键。尊重科学的规律，统合鉴定人出庭作证、抗辩双方的质证等程序可以使失真或者瑕疵鉴定得以暴露。基于此，应当遵循科学证伪的本质，通过程序挤压“鉴定黄牛”活动的空间，从而保证鉴定的公正性。目前，我国鉴定人出庭率低的原因是多方面的，主要的原因是法官过于依赖或者迷信鉴定的科学性，在未经双方当事人充分质证甚至未质证的情况下认定了鉴定意见的证据效力。

另外，改变鉴定人充当幕后法官的传统惯习。因为“专家永远都应当是帮助法院发现事实的仆人，法官才是事实认定的主人；反之，则有损司法正义，更损及社会正义”。[1] 鉴定人出庭作证作为平衡专家垄断事实与法官判断权力，以及保障科学证据真实、可靠性的程序，有利于改变法官目前的做法和抑制法官的主观随意性。由于科学不确定性和需要证伪的内在规律，通过强化专家辅助人对鉴定意见的质疑，借助于程序的力量从就鉴定人做出的鉴定意见提出意见。证伪的视角针对可能存在的合理怀疑或专业偏见提出意见，对鉴定的理论知识、基本原理、引用的标准、运用的方法、鉴定的过程等展开争论，法庭从检材收集到检测试验及鉴定人的观察对比、

[1] 史长青 . 科学证据的风险及其规避［J］，华东政法大学学报，2015（1）.

解释论证与评判等方位获得一个清晰的认识。因此，完善鉴定人出庭制度是改变侦查中心主义做法和降低法官对鉴定过度依赖最好的突破口，对此不宜小觑。

3. 架构司法鉴定的审判中心地位，以目标为导向，发挥司法鉴定作为公共法律服务的功能

鉴定人利用科学技术或者专门知识通过鉴定来弥补法官的认识不足，扩充法官的认识对象，以此来帮助其作出公正的判决。“单纯从专门性事实的认定来看，专家似乎比法官更能看清事实真相，因此，这里的风险显然不在于对实体正义的损害，而是程序正义受到了挑战。”❶ 基于此，推进以审判为中心的诉讼制度改革，架构司法鉴定在审判中心的证据地位，通过开启申请专家辅助人出庭质证，使法官选择的鉴定意见更加可靠和可接受。“过度信赖专家会纵容他们把我们置于黑暗中，并且他们还可能提倡强化自己权力与地位的思想。当我们对专家如何获得他们的知识一无所知时，我们就会失去某些独立判断的能力。”❷ 而专家辅助人提供也需要作为公共法律服务的一项内容，通过架构符合公正的庭审现代化方式，如鉴定人远程作证及专家辅助人远程质证等，体现司法鉴定制度作为司法保障制度的价值，继而促进司法公正，实现司法鉴定制度改革的目标。司法鉴定制度改革也应当围绕这一目标而展开。

小 结

由于鉴定意见在诉讼活动中的特殊功能和居于证据中的重要地

❶ 史长青. 科学证据的风险及其规避［J］. 华东政法大学学报，2015（1）.

❷ 劳伦斯·纽曼. 社会研究方法：定性和定量的取向［M］. 郝大海，译. 北京：中国人民大学出版社，2007：6.

位，在一定程度上会影响诉讼的质量，也会影响司法公正的实现程度。对于科学需要持有一定的怀疑态度，使其接受正当的审视和有理有据的批评及证伪检验。对于司法鉴定制度的改革只有将司法鉴定纳入公共法律服务建设，才能充分保障当事人利用司法鉴定的权利，体现以人民为中心的发展思想和司法鉴定改革的政治站位，驱动社会内在诉求与政府的自觉选择。只有推动办案机关和当事人在司法鉴定利用上的均等化，通过外生性力量推动司法的程序公正，以免在缺失公共法律服务的环境中复活司法鉴定的“权威——依附——服从”的权力机制导向。在此问题，应以健全统一司法鉴定管理制度作为统领，保持鉴定的科学立场，建构发挥鉴定意见的证伪功能的程序，避免问题鉴定或者瑕疵鉴定作为定案的根据，保障司法的实体公正。司法鉴定制度改革的定位决定其改革的立场，其改革的立场影响改革的思路，只有对司法鉴定制度改革的定位、立场与思路一体研究，才有可能突破目前健全统一司法鉴定管理制度的瓶颈和解决改革徘徊的问题。

四、司法鉴定管理制度创新与智能化监管

司法鉴定制度作为司法制度的组成部分已经成为推进全面深化司法体制改革的内容之一。司法鉴定管理制度改革的深度，尤其是监管方向是否符合司法改革的方向和规律，直接影响实践中司法改革的实际效果。司法鉴定管理制度作为司法改革的配套制度，如何在新时代司法改革配套措施中发挥应有的作用，破除司法鉴定制度改革中体制机制上的障碍，成为新时代司法改革的重要内容。立足于新时代，贯彻新理念，构建大数据、人工智能等高科技手段监管的现代信息化鉴定监督模式，实现司法鉴定管理的智能化。

（一）司法鉴定管理制度改革理念的更新

统一司法鉴定管理体制旨在通过加强对鉴定人和鉴定机构的管理，满足办案机关和自然人、其他组织进行诉讼的需要，充分保障诉讼活动的顺利进行。健全统一司法鉴定管理体制，要适应以审判为中心的诉讼制度改革，完善工作机制，严格执业责任，强化监督管理，加强司法鉴定与办案工作的有机有效衔接，不断提高司法鉴定质量和公信力，促进司法公正。随着诉讼制度改革理念的创新和法律对司法鉴定有关规定内容的不断拓宽，特别是新时代社会发展的需要，需要司法鉴定管理制度改革更新观念，树立与诉讼理念变迁和社会发展相协调的理念。

1. 司法鉴定管理制度改革应保持与诉讼制度改革相统一的新理念

《决定》作为司法鉴定体制的改革性的法律文件，主要是针对刑事诉讼活动而言，其规定的“三大类”鉴定事项也侧重于刑事案件。我国司法鉴定管理体制改革与1996年《刑事诉讼法》相适应，而1996年修改的《刑事诉讼法》改变了1979年《刑事诉讼法》的行政治罪观念，实行了所谓“对抗式”诉讼模式。2012年《刑事诉讼法》的修改增加了刑事和解程序作为特别程序，2018年修改的《刑事诉讼法》又增加认罪认罚从宽制度，加大了诉讼协商的内容与成分。这些内容的增加在一定程度上表明我国刑事诉讼理念从单纯“打击”到程序“对抗”再到诉讼“协商”的变化，因此，司法鉴定管理制度改革也要体现这一理念的变化，与诉讼制度改革理念保持变化上的同步性，扩大其作为司法保障制度的基本功能，保障诉讼的顺利进行。

2. 司法鉴定管理制度改革应满足诉讼活动与社会诉求相协调的新理念

《决定》规定，司法鉴定是指在诉讼活动中鉴定人运用科学技术或者专门知识对诉讼涉及的专门性问题进行鉴别和判断并提供鉴定意见的活动。其中，在诉讼活动中的规定凸显司法鉴定的司法意义。然而，后来的法律基于实践的需要增添了非诉讼活动中的司法鉴定内容。例如，《中华人民共和国精神卫生法》第三十二条规定："接受委托的鉴定机构应当指定本机构具有该鉴定事项执业资格的二名以上鉴定人共同进行鉴定，并及时出具鉴定报告。"这种鉴定机构受理的精神障碍鉴定则不限于诉讼活动。再如，2018 年 10 月 1 日施行的《医疗纠纷预防和处理条例》第三十四条规定："医疗纠纷人民调解委员会调解医疗纠纷，需要进行医疗损害鉴定以明确责任的，由医患双方共同委托医学会或者司法鉴定机构进行鉴定，也可以经医患双方同意，由医疗纠纷人民调解委员会委托鉴定。"人民调解委员会调解医疗纠纷不属于诉讼活动。《中会人民共和国监察法实施条例》第一百四十五条规定："监察机关为解决案件中的专门性问题，按规定报批后，可以依法进行鉴定。鉴定时应出具《委托鉴定书》，由二名以上调查人员送交具有鉴定资格的鉴定机构、鉴定人进行鉴定。"监察机关作为专责机关，其办案活动不属于诉讼活动，但需要鉴定作为办案的手段。从上述法律法规对鉴定机构的规制来看，司法鉴定不再限于诉讼活动，对于《决定》规定的"在诉讼活动中"需要有一个新的认识，其理念也需要按照法律法规的不同要求作出适当调整。

3. 司法鉴定制度改革应当树立与《关于健全统一司法鉴定管理体制的实施意见》指导性改革文件的方向相一致的新理念

司法鉴定制度是解决诉讼涉及的专门性问题，帮助办案机关查明案件事实的司法保障制度。因此，司法鉴定制度改革在提高鉴定质量的目标背景下还需要为其提供条件和扫清障碍。为此，2017 年 12 月司法部颁布了《关于严格准入 严格监管 提高司法鉴定质量和公信力的意见》（司发〔2017〕11号）。该意见要求，“对没有法律、法规依据的鉴定事项，司法行政机关一律不予准入登记”。由于有些省市的地方法规对“四类”外鉴定事项存在规定，对此理解应当关注以下问题。

一是何为“法规”，该法规是否包括地方性法规。根据《立法法》的规定，法规不仅包括国务院制定和颁布的行政法规，也包括省、自治区、直辖市人大及其常委会制定和公布的地方性法规，还包括设区的市、自治州制定的地方性法规（需报省、自治区的人大及其常委会批准）。那么，对于省、自治区、直辖市人大及其常委会制定有关司法鉴定条例规定了“四类”外的鉴定事项则是一个需要妥善处理的问题。根据《立法法》第七十三条的规定：“地方性法规可以就下列事项作出规定：（一）为执行法律、行政法规的规定，需要根据本行政区域的实际情况作具体规定的事项；（二）属于地方性事务需要制定地方性法规的事项。除本法第八条规定的事项外，其他事项国家尚未制定法律或者行政法规的，省、自治区、直辖市和设区的市、自治州根据本地方的具体情况和实际需要，可以先制定地方性法规。在国家制定的法律或者行政法规生效后，地方性法规同法律或者行政法规相抵触的规定无效，制定机关应当及时予以修改或者废止。”那么，司法鉴定登记管理权是中央事权还是中央与地方的共同事权？如果是中央事权且不属于地方性事务，地方性法规不宜规定，除非法律特别授权，如司法鉴定的收费的授权。否则，根据《立法法》第九十六条的规定，法律、行政法规、地方性法规、自治条例和单行条例、规章有“超越权限的”，由有关机关依照本法第九十七条规定的权限予以改变或者撤销。

二是对地方性法规规定司法鉴定问题的处理。《立法法》第九十五条规定：“地方性法规、规章之间不一致时，由有关机关依照下列规定的权限作出裁决:（一）同一机关制定的新的一般规定与旧的特别规定不一致时，由制定机关裁决;（二）地方性法规与部门规章之间对同一事项的规定不一致，不能确定如何适用时，由国务院提出意见，国务院认为应当适用地方性法规的，应当决定在该地方适用地方性法规的规定；认为应当适用部门规章的，应当提请全国人民代表大会常务委员会裁决;（三）部门规章之间、部门规章与地方政府规章之间对同一事项的规定不一致时，由国务院裁决。根据授权制定的法规与法律规定不一致，不能确定如何适用时，由全国人民代表大会常务委员会裁决。”实质上，对于司法鉴定的严格要求，旨在切实加强司法鉴定管理和监督，也应严格体制的要求，提高司法鉴定质量和公信力。

（二）司法鉴定管理制度的创新要求

司法鉴定管理制度改革应在持续深入推进司法改革和提升司法行政工作水平改革进程中，充分发挥司法鉴定保障司法及促进与实现司法公正的功能，为诉讼活动提供可靠、可信的鉴定意见。这是司法鉴定制度改革应当重视且不可推卸的职责。司法鉴定管理制度改革应当满足创新的需求，并通过创新来推进司法鉴定制度改革走向深入。

1. 司法鉴定资格统一管理制度改革创新的要求

在统一鉴定人、鉴定机构登记管理制度的基础上要求实行司法行政部门统一司法鉴定名册登记管理制度，司法行政部门对从事法医类、物证类、声像资料类、环境损害类司法鉴定，以及根据诉讼法需要由国务院司法行政部门商最高人民法院、最高人民检察院确定的其他应当实行登记管理的鉴定事项的鉴定人员和鉴定机构统一编入鉴定人和鉴定机构名册并公告，保障鉴定人和鉴定机构名册的统一性。在司法鉴定资格统一管理制度方面特别突出司法鉴定资格的统一的管理，这种资格在一定意义上则是一种资质能力，因此这种资格统一管理不仅能够解决实践中司法行政部门与侦查机关司法鉴定名册分别编制带来的鉴定人和鉴定机构在要求上的不统一的问题，也解决了诉讼活动中司法鉴定名册存在的“册中册”“册外册”使用鉴定不规范问题，还为办案机关、当事人使用与评价司法鉴定提供了统一的依据，同时避免了名册以外的所谓“鉴定人和鉴定机构”的存在，避免司法鉴定不正当竞争或“寻租”的问题出现。

基于司法鉴定的科学性与法律性相结合的特质，《决定》规定了不同类别司法鉴定人和鉴定机构实行统一的通用性准入标准，为鉴定准入条件的统一奠定了基础。由于不同类型、不同类别鉴定人和鉴定机构的特点，确立了不同类别鉴定人和鉴定机构不同准入条件，从而实现鉴定人和鉴定机构的专业化，保障司法鉴定人和鉴定机构准入条件符合鉴定类别和鉴定事项的专业化标准与鉴定应有能力的要求，同时为淘汰那些未达到专业化条件的鉴定人和鉴定机构提供了依据，保障了鉴定符合其作为证据的高标准要求。这些要求需要建立与完善鉴定人执业能力考核制度和鉴定机构准入专家评审制度。在鉴定人和鉴定机构准入的审核登记上不再仅限于鉴定人的外在条件审核，转而侧重司法鉴定内在能力的考核，同时引入专家评审制度，使得鉴定人和鉴定机构的准入进入专业的实质化的审核，使得审核登记更为严格和科学。

2. 借助司法鉴定责任制倒逼鉴定机构和鉴定人依法依规鉴定的创新要求

司法鉴定责任制是倒逼鉴定人和鉴定机构依法依规实施鉴定的重要制度之一。司法鉴定实行过错损害赔偿制度。由于鉴定错误是鉴定人的主观上故意或者严重不负责任造成的，且这种鉴定在使用过程被遮蔽而无法发现，致使案件当事人受到损害，应当由鉴定人和鉴定机构承担损害赔偿责任。实行司法鉴定责任制并非是不分原因如何，对于错误鉴定一律由鉴定人和鉴定机构负责赔偿。鉴定过错损害赔偿不仅需要分清错误鉴定的原因，还需要判断错误鉴定应当发现的环节，以及错误鉴定带来的后果等诸多因素。对于因鉴定利用确定的科学技术等问题带来的鉴定错误造成的损害不纳入赔偿范围。目前有些省市出台了关于严格司法鉴定责任追究的实施办法，这对于通过司法鉴定责任制倒逼司法鉴定机构和鉴定人依法依规鉴定具有积极的意义，同时也需要按照依法治国的基本要求规范责任形式，保持责任追究与法律法规要求的协调。

为了保证鉴定人和鉴定机构能够优胜劣汰，其诚信评价制度至关重要。加强鉴定的诚信管理是现代管理的重要手段，通过诚信教育、管理、评价等制度建设，建立鉴定人和鉴定机构的诚信档案，并将其诚信情况向社会适时公布，从而对失信的鉴定人和鉴定机构构成威慑，这不仅可为办案机关和自然人委托鉴定提供参考依据，而且对于鉴定人和鉴定机构严格依法依规进行鉴定具有规范意义，同时还会使一些鉴定质量不高或者违法违规的鉴定人和鉴定机构自然被淘汰，减少失信行为，进而不断提高鉴定质量。这一制度改革可以通过落实鉴定人负责制与出庭制度来促进鉴定人提高鉴定质量，通过保障当事人的诉权来发现有瑕疵的鉴定意见甚至错误的鉴定意见，从而最大程度保障作为定案根据的鉴定质量，促进司法的实体公正与程序公正。

3. 司法鉴定管理通过动态的事后监管对监管机制的创新要求

司法鉴定监管机制创新：一方面，跳出传统的审核登记管理的静态模式实行动态的监管模式。这体现的不仅仅是管理，重点在事中事后的监督，这为司法鉴定监管带来了新的课题，也需要监管机制的创新来实现；另一方面，司法鉴定监管不仅仅在于处罚还在于激励。其中，激励机制的建立不仅会给司法鉴定管理制度带来监管方法的创新，也体现了司法鉴定管理的新理念，对于促进司法鉴定行业的有序发展具有重要意义。

根据司法鉴定规律，在强调统一司法鉴定程序的基础上需要根据不同类型、不同类别制定不同的鉴定程序，同时制定相应的鉴定程序，形成通用程序和特别程序在鉴定程序上的体系性，保障司法鉴定的程序公正与鉴定质量。这些改革需要司法鉴定专业委员会来保障，因此，需要成立国家司法鉴定标准委员会。这不仅能够保障司法鉴定有全国的统一标准，而且还保障制定标准的统一性和科学性，避免相同鉴定类型与类别标准之间因制定主体不同存在差异甚至“打架”，特别是因鉴定标准不科学、不统一影响鉴定意见作为证据的要求，从而保障司法鉴定的实体公正。

4. 司法鉴定职业责任保险制度的创新要求

司法鉴定职业责任保险制度主要是相对司法鉴定职责设立的制度，主要目的是为鉴定机构及鉴定人提供职业风险保障，提高司法鉴定行业的抗风险能力，有利于减轻鉴定机构、鉴定人的执业风险。随着司法鉴定行业的发展，其职业责任风险逐渐显现，职业责任约束不断强化，建立司法鉴定职业责任保险制度是未来抵御职业风险的主要模式。另外，还可以建立司法鉴定职业风险基金制度。这种制度改革的创新更应关注负担风险的合理配置。

（三）司法鉴定管理制度创新与监管智慧化模式

新时代深化司法鉴定制度改革不仅为司法鉴定管理制度改革提出新要求，也为探索司法鉴定监管模式提出了新任务。司法鉴定管理制度改革需要为司法配套措施改革及推进司法体制改革提供引领和方向。基于时代的要求，开创司法鉴定监管的新模式需要考虑以下问题。

1. 探索司法鉴定管理制度改革促进鉴定质量的智能化模式

司法鉴定制度改革应当注重鉴定的质量，努力推进“高资质、高水平”鉴定机构建设，走出“做优”“做强”“做大”的发展模式，将高水平的“优”作为保障鉴定质量第一顺序的改革发展道路。这就需要借助评估机制和监督机制加大高资质、高水平的鉴定机构建设，不断推动鉴定机构和鉴定人向专门化、专业化、专家化发展，充分体现鉴定意见作为证据的本质，注重体现司法鉴定作为诉讼制度尤其是证据制度的保障制度的功能。

司法鉴定管理需要借助科技创新手段，在管理上实行数字化、智能化的技术创新，通过监管的数据化影响和改变司法鉴定管理制度，使得多年来制约、阻碍司法鉴定管理的因素因高科技的介入被破解，也使得司法鉴定管理在多重制度“围剿”中走出困境，进而有效助推司法体制的改革。这种现代化、信息化和技术化的管理不仅可以提高鉴定监管的准确度，也会降低司法鉴定管理的行政成本，从而提高监管效率，符合现代行政的基本方向。

2. 建设司法鉴定管理与使用衔接机制的智能化平台

司法鉴定制度改革需要明晰司法鉴定管理与使用上的职责界限，在科学合理分工的基础上保障司法鉴定管理与使用在各自程序有效运行并获得有效衔接，为司法鉴定管理主体与使用主体之间分工负责、相互衔接、相互监督提供经验。司法鉴定管理与使用衔接机制不仅仅限于衔接，更为重要的是管理与使用职能上的分工，特别是消解相互推诿和职能上交叉替代，厘清司法鉴定管理的行政权和司法鉴定作为证据在诉讼程序上司法权的界分，明晰各自应履行的责任，促进司法鉴定执法监督和司法鉴定的司法机制上的衔接，对推动司法鉴定统一管理的法治化具有非常重要的意义。诉讼制度改革以审判为中心，而鉴定制度改革应当以司法鉴定证据制度为中心，形成诉讼制度、证据制度和司法鉴定制度层次性结构，强化司法鉴定管理和使用相衔接的科技含量和智能化程度。基于此，司法鉴定管理制度改革在落实《关于健全统一司法鉴定管理体制的实施意见》同时，也要不断创新与“人民法院对外委托专业机构专业人员信息平台”“人民法院专家库信息平台”和“人民法院组织诊断工作信息平台”三大平台建设的衔接机制，以便维护正常的司法鉴定秩序。

3. 创建完备的智能化司法鉴定公共法律服务体系

公共法律服务作为司法行政机关的基本职责任务是进一步整合司法行政业务职能和法律服务资源，统筹提供优质、便捷、精准的司法鉴定服务。在行政改革“放管服”背景下，司法鉴定制度改革应当不断尝试利用新技术、新机制加强司法鉴定监管体制的创新，不断尝试智能化、智慧化的信息化管理措施，在司法鉴定管理上走出一条适合中国的智能化监管发展道路。在“放”的方面，2015 年修正的《决定》关于司法鉴定收费问题进行修改，司法部和国家发展改革委不再制定出台新的收费管理规定，由各地依法制定出台本地区的司法鉴定收费管理规定和收费标准。在“管”问题，不仅要注重准入的登记管理，同时加强了登记后的事后监管，不断加强对司法鉴定环境的治理，重点打击司法鉴定的“黄牛”行动，为优化司法鉴定的环境提供支持。在“服”方面，司法鉴定管理部门应当侧重提供优质司法鉴定环境的高层次服务的本质，而非是简单地为司法鉴定主体或者其他涉及司法鉴定主体提供一些所谓“方便式”服务。

4. 加快刑事司法协助鉴定制度的智能化建设

根据2018年10月26日第十三届全国人大常委会通过的《中华人民共和国国际刑事司法协助法》的规定，结合2018年《刑事诉讼法》修改增加的缺席审判制度，在中国反腐败国际合作和追逃追赃工作法治化水平不断提升的同时，积极探索鉴定配合国际刑事协作的制度机制，特别是对“向外国请求安排证人、鉴定人作证或者协助调查的”，需要确立鉴定人权利义务、保护措施、相应补助等制度，建构刑事司法协助鉴定制度的智能化体系，充分体现司法鉴定的智能化与国际化水平。对此应当加大理论研究与探索的力度。

小　结

司法鉴定制度改革应当对部分省市自治区在司法鉴定管理上创新的做法、积累的经验和探索给予特别关注，抓住司法体制改革的机遇，将部分省市自治区作为健全统一司法鉴定管理体制的“实验田”或者“试点地区”，积极培育和大力支持司法鉴定管理上的机制创新，以管理的信息化为基础，以管理的智能化为手段促使司法鉴定管理现代数据化模式引领司法鉴定管理制度改革不断健全，通过试点总结经验并将经验转化为立法确认，适时制定司法鉴定法，保证司法鉴定制度改革与司法改革深化的配合，同时推动鉴定管理的技术化与信息化、数据化的发展。

第二章

司法鉴定的证据诠释与疏解

一、《民事证据规定》修订鉴定的背景

2019 年 12 月 25 日，最高人民法院发布《关于修改〈关于民事诉讼证据的若干规定〉的决定》（以下简称“新《民事证据规定》”）。新《民事证据规定》保留了 2001 年《最高人民法院关于民事诉讼证据的若干规定》（法释〔2001〕33 号）（以下简称“原《民事证据规定》”）的 11 个条款，修改了 41 个条款，新增了 47 个条款。这不仅超过原《民事证据规定》的数量，而且修改的幅度之大、内容之多也实属罕见。此次修改不仅仅是一次全面修订，其条款的内容也今非昔比，这种变化是对民事证据的重新布局，实质上是民事证据规定的“旧瓶装新酒”。然而，在新《民事证据规定》中涉及鉴定的条款就有 26 条（包括有专门知识的人），占该规定条文数量的 1/4，其中，新增鉴定条款又约占整个鉴定条款的 60%，这种大幅度的修订，彰显出鉴定在民事证据中的重要地位与实践中的突

出作用。基于此，有必要对鉴定问题作专门的诠释，以便充分揭示新《民事证据规定》对鉴定规制的含义，从而保证鉴定能够发挥协助当事人和法官发现案件真相的功能，同时又可消解因对鉴定规定的解释偏差影响鉴定本质的风险，避免不断重复的“鉴定争议”的出现。[1]

（一）《民事证据规定》修订鉴定的背景

自 2001 年颁布原《民事证据规定》到 2019 年修订新《民事证据规定》历经 18 年之久，尽管其在司法实践中发挥了重要作用，但有些规定却不能适用现代诉讼，有些内容甚至与法律规定存在冲突。为此，最高人民法院决定修订。从 2015 年启动修订工作到经最高人民法院审判委员会第 1777 次会议讨论通过历时 4 年。期间几易其稿，多次征求意见，历经了 83 条的原《民事证据规定》到 125 条的征求意见稿再到 100 条的新《民事证据规定》，不仅条款的数量上发生了重大变化，而且在司法解释的名称上出现了“关于民事诉讼证据的解释”与“关于民事诉讼证据的若干规定”的不断反复。其中的不断变化反映了司法机关内部对此问题存在分歧，以及在司法改革背景下如何作出内容调适的难度。因此，对新《民事证据规定》的解读需要对其修改的历程与变化，尤其是背景有所了解，准确把握其内容，避免引起适用上的困惑与争议。

1. 司法改革对新《民事证据规定》鉴定内容的影响

司法改革尤其是审判方式改革是民事证据规则发生变化的缘由。1998 年 7 月 6 日，最高人民法院出台的《最高人民法院关于民事经济审判方式改革问题的若干规定》（法释〔1998〕14 号）对当

---

[1] 郭华. 民事诉讼证据中有关鉴定的诠释与规则适用探讨［J］. 证据科学，2020（2）.

事人举证和法院调查收集证据等问题作出了具体规定（2019 年 7 月 20 日不再适用）；1999 年 10 月 20 日，最高人民法院印发了《人民法院五年改革的纲要》（法发〔1999〕28 号），并提出“在总结经验的基础上，2000 年底前，对证据适用规则作出规定”。2001 年 12 月 6 日，最高人民法院审判委员会第 1201 次会议通过了原《民事证据规定》。原《民事证据规定》在一定范围内扩大了民事诉讼中有关证据的范围并突破了法律的一些规定。党的十八届四中全会审议通过的《中共中央关于全面推进依法治国若干重大问题的决定》对人民法院审判工作提出了新的更高的要求。2015年2月4日，《最高人民法院关于全面深化人民法院改革的意见——人民法院第四个五年改革纲要（2014—2018）》（法发〔2015〕3 号）中的“建立以审判为中心的诉讼制度”规定了完善民事诉讼证明规则，严格落实证人、鉴定人出庭制度。

2019 年 7 月 22 日，最高人民法院办公厅《关于北京市司法局就登记管理的鉴定机构均进入北京法院专业机构名册意见的复函》（法办函〔2019〕604 号）认为，“行政管理部门要求将其登记的所有社会鉴定机构全部纳入人民法院对外委托名册没有法律依据”。为了坚决贯彻中央决定精神，进一步落实民事诉讼法的规定，回应民事审判实践的需要，尤其是伴随司法责任制的施行，修订了原《民事证据规定》。因“绝大多数鉴定机构自负盈亏，个别机构逐利性较强，盲目追求案件数量，机构内部管理不规范、鉴定程序不规范、违规收费、超范围执业及不正当竞争等问题都不同程度存在”[1]，修订原《民事证据规定》时强化了鉴定人的责任。从民事诉讼的诚实信用原则出发，在要求当事人具结、证人签署保证书的

[1] 宋春雨，潘华明．民事诉讼证据司法解释修改中的若干问题［C］// 杜万华．民事审判指导与参考（总第 67 辑）．北京：人民法院出版社，2017：91–113.

基础上强调鉴定人的“承诺”，以至于5个条款（第三十三条、第三十五条、第四十条、第四十二条和第八十一条）作出了退还鉴定费用，以及第三十八条的出庭费用自行承担的规定。强化鉴定人经济责任的条款占新增鉴定条款的40%，再次折射出通过规定鉴定人责任倒逼司法改革的方向。

2. 司法鉴定制度改革对新《民事证据规定》鉴定条款的浸染

我国司法鉴定体制的改革源于1999年国务院“三定”方案赋予了司法部“指导面向社会服务的司法鉴定工作”的职能。人民法院针对司法鉴定制度改革问题不断出台了相关规定：2001年最高人民法院颁布了《人民法院司法鉴定工作暂行规定》（法发〔2001〕23号）；2002年最高人民法院下发了《人民法院对外委托司法鉴定管理办法》（法释〔2002〕8号）和2004年将其配套文件《人民法院司法鉴定人名册制度实施办法》（法发〔2004〕6号）下发；2007年最高人民法院颁布了《最高人民法院对外委托鉴定、评估、拍卖等工作管理规定》（法办发〔2007〕5号）。2016年10月9日，最高人民法院、司法部《关于建立司法鉴定管理与使用衔接机制的意见》（司发通〔2016〕98号）。2017年中央全面深化改革领导小组第37次会议审议通过并由中办、国办下发了《关于健全统一司法鉴定管理体制的实施意见》。2018年最高人民法院的“三大司法技术工作信息平台”正式上线，分别为人民法院对外委托专业机构专业人员信息平台、人民法院专家库信息平台和人民法院组织诊断工作信息平台。人民法院委托鉴定工作实行对外委托名册制度。[1] 由于民事案件涉及法律之外的技术性、专业性的问题，需要鉴定的情况很多。人身损害赔偿，通常要求进行鉴定，而伤残程度的鉴定意见

---

[1] 参见最高人民法院办公厅《关于北京市司法局就登记管理的鉴定机构均进入北京法院专业机构名册意见的复函》（法办函〔2019〕604号）。

作为裁判的重要依据如果不能准确地确定受损害的程度，法院就难以作出公正的裁判。人民法院基于《决定》不再设立鉴定机构后不断强化司法技术辅助和司法鉴定人名册的管理。从加强鉴定管理的视角出发，新《民事证据规定》增加了对鉴定委托的管理、鉴定人承诺和故意作虚假鉴定的制裁，以及鉴定人撤销鉴定意见的后果等方面的严格规定，旨在进一步规范民事诉讼中的鉴定活动，充分发挥鉴定在民事诉讼中的应有作用。[1] 全国人大法工委《关于 2018 年备案审查工作情况的报告》指出：根据公民审查建议，对湖南省司法厅《关于“四大类”外司法鉴定事项管理有关问题的通知》（湘司发通〔2017〕58 号）有关问题进行研究，认为该通知关于“四大类”外司法鉴定事项登记管理有关规定，与《决定》相抵触，并督促湖南省人大常委会依法予以纠正，建议司法部督促地方政府司法行政部门立即停止办理“四大类”外司法鉴定机构的登记工作。

3. 新《民事证据规定》对相关法律、司法解释的补充

我国《民事诉讼法》历经了 2007 年、2012 年、2017 年、2021 年的四次修改，其修改涉及鉴定的主要条款共 4 条（第七十九条、第八十条、第八十一条、第八十二条和第一百六十六条），《民事诉讼法解释》涉及鉴定的条文数量亦不多（第一百二十一条、第一百二十二条、第一百二十三条、第一百二十四条和第二百二十七条），实践中反映出来的有关鉴定的相关问题在其规定中未能得到充分解决。为此，新《民事证据规定》“根据 2012 年《民事诉讼法》和 2015 年《民事诉讼法解释》的规定，补充、增加了一些新的制度和规则。对于一些已经吸收到《民事诉讼法解释》中的原《民事诉

[1] 姜佩杉 . 规范民事诉讼秩序 促进公正高效司法：最高人民法院民一庭负责人就《关于修改〈关于民事诉讼证据的若干规定〉的决定》答记者问［N］. 人民法院报，2019-12-27（3）.

讼证据规定》的内容，新《民事证据规定》也有所调整。因此，在贯彻执行过程中，要注意其与已有司法解释的不同，注意分析变化的原因及内在逻辑，做到准确理解、正确适用。由于新《民事证据规定》对于《民事诉讼法解释》中已经作出规定的内容原则上不再规定，在适用时要注意结合民事诉讼法和《民事诉讼法解释》的内容。”[1]“从长期的民事审判实践来看，鉴定在一定程度上存在着不规范的情况，影响鉴定意见的质量和案件查明事实的准确性，也影响案件审理的效率和当事人权利的保障。”[2]基于此，新《民事证据规定》针对鉴定作出了数量较多的规定，以期解决司法鉴定不规范的问题。新《民事证据规定》作为对鉴定的专门性规定，需要与作为一般性规定的《民事诉讼法解释》在适用中充分协调。如人民法院依职权委托鉴定，应需符合《民事诉讼法解释》规定的涉及可能损害国家利益、社会公共利益的，涉及身份关系的及公益诉讼等情形（第九十六条）。同时，新《民事证据规定》作为一般性证据规定，需要与其他专门性规定保持适用上的衔接。如与《最高人民法院关于审理企业破产案件若干问题的规定》的衔接：“处理破产财产前，可以确定有相应评估资质的评估机构对破产财产进行评估，债权人会议、清算组对破产财产的评估结论、评估费用有异议的，参照最高人民法院《关于民事诉讼证据的若干规定》第二十七条的规定处理。”[3]

从以上的变化可以发现，将新《民事证据规定》条款置于上述

---

[1] 江必新．关于理解和适用新民事证据规定的几个问题［N］．人民法院报，2020-01-09（5）．

[2] 姜佩杉．规范民事诉讼秩序 促进公正高效司法：最高人民法院民一庭负责人就《关于修改〈关于民事诉讼证据的若干规定〉的决定》答记者问［N］．人民法院报，2019-12-27（3）．

[3] 需要说明的是，原《民事证据规定》第二十七条的规定现为新《民事证据规定》第四十条。

三大背景之中并结合该规定的目的对其加以诠释，可以避免简单、机械地理解条文或者僵化地适用条文，可以更好地发挥民事诉讼法保护当事人行使诉讼权利，保证人民法院查明事实，分清是非的功能。

二、新《民事证据规定》修订鉴定的变化与诠释

原《民事证据规定》的第二十五条至第二十九条对鉴定问题作出原则性规定。新《民事证据规定》的变化共有 26 条涉及鉴定，针对原《民事证据规定》而言，新增 15 条、修改 9 条、删除 2 条。基于以上修订鉴定的内容，综观新《民事证据规定》关于鉴定问题规定之整体结构，需要从条款的修改、新增和删除方面予以理论上的诠释与理解上的说明。

（一）新《民事证据规定》对鉴定修改内容的解读

新《民事证据规定》修改的条款分别为第二十七条、第三十一条、第三十二条、第三十六条、第四十条、第四十一条、第八十条、第八十二条和第九十八条共 9 个条款，在修改的条款中保留了根据当事人的申请和具体情况，人民法院可以采取鉴定方法进行证据保全（第二十七条），鉴定人不具备相应资格的，鉴定程序严重违法的，鉴定意见明显依据不足的等情形的重新鉴定（第四十条）、对鉴定人合法权益依法保护及对鉴定人打击报复的，依照《民事诉讼法》第一百一十三条、第一百一十四条的规定进行处罚等内容。同时，保留了原有的“鉴定书”称谓，没有采用《司法鉴定程序通则》的“司法鉴定意见书”。其具体修改的内容主要体现在以下方面。

一是新《民事证据规定》将当事人申请鉴定应当在举证期间内提出修改为在人民法院指定期间内提出（第三十一条）。这一条文是在《民事诉讼法解释》第一百二十一条第一款的意涵之内，在原《民事证据规定》（第二十五条）的基础上修改而来的。当事人申请鉴定的期限不再局限于举证期限内，这既符合司法实践的情况（因为在审判过程中也会发现），且与鉴定材料应当经过质证相协调，符合立案庭与审判庭的衔接，也与《民事诉讼法解释》第一百二十一条规定的当事人申请鉴定，“可以”在举证期限届满前提出的规定保持一致。实践中，当事人申请鉴定的情形有的在庭前，有的在庭审中或庭审后，如果硬性规定申请鉴定仅限于在开庭前的举证期限内提出，不仅实践中难以操作，还可能会造成诉讼拖延。由于新《民事证据规定》规定了法院对鉴定的释明义务，鉴定的申请更需要在开庭过程中予以把握，对案件后续审理中发现需要鉴定的事项亦应特别关注，这样更有利于促进诉讼活动查明事实真相。指定期间具有一定的灵活性，但也存在一定的随意性，尤其是指定期限的长短无明确规定，这就需要法院从维护当事人权利的视角考虑，体现对鉴定释明的义务本质，为当事人咨询专家预留合理空间。对此，指定期限一般不应少于 3 日。同时，依本条第二款鉴定的申请主体为对待证事实负举证责任的当事人，在对其释明时，须结合原被告双方提供证据的证明情况作出具体说明，以免对该主体究竟为证据的持有方还是质疑方产生分歧与争议。

二是将当事人协商确定的鉴定人由原来的有鉴定资格的鉴定机构、鉴定人员修改为具备相应资格鉴定人（第三十二条），这与《民事诉讼法》仅仅规定鉴定人没有规定鉴定机构保持一致，扩充了鉴定人的范围，不再限于法定资格制。这里的鉴定人不仅包括以个人名义接受法院委托从事司法鉴定的鉴定人，也包括接受法院委托从事司法鉴定的鉴定机构（第三十六条）。这一规定得以有效执行的前提，需存在可供选择的名册且名册包括鉴定人专业情况和鉴定实践的介绍，否则协商确定鉴定人就会存在盲目性。同时还需要对《司法鉴定程序通则》第十一条规定的司法鉴定机构应当统一受理办案机关的司法鉴定委托及实践中法院要求当事人通过摇号选择鉴定人作出解释。鉴定机构统一办理的是接受委托从事司法鉴定业务，而非是委托的办案机关确认的或者依职权确定的鉴定人。“司法机关或者诉讼当事人无论出于何种原因希望确定由某个鉴定人提供鉴定意见的，也必须通过该鉴定人所在的鉴定机构办理委托手续。”[1] 当事人协商确定鉴定人是指其在名册中协商确定鉴定人，而非超出名册范围自由选择，但法院提供鉴定人名册不得有限制。例如，2020 年 12 月 29 日《最高人民法院关于审理医疗损害责任纠纷案件适用法律若干问题的解释》（2020 修正）（法释〔2020〕17 号）第九条规定：“当事人申请医疗损害鉴定的，由双方当事人协商确定鉴定人。当事人就鉴定人无法达成一致意见，人民法院提出确定鉴定人的方法，当事人同意的，按照该方法确定；当事人不同意的，由人民法院指定。鉴定人应当从具备相应鉴定能力、符合鉴定要求的专家中确定。”2020 年 11 月 16 日《最高人民法院关于知识产权民事诉讼证据的若干规定》（法释〔2020〕12 号）第二十一条规定：“鉴定业务领域未实行鉴定人和鉴定机构统一登记管理制度的，人民法院可以……确定具有相应技术水平的专业机构、专业人员鉴定。”法院指定鉴定人的，应当根据鉴定的事项确定鉴定人，不宜再由当事人机械地摇号确定。指定鉴定人是法院职责之所在，为了敦促其积极履行职责，防范其逃避因指定鉴定人可能带来的问题，则需要确定指定鉴定

[1] 全国人大常委会法制工作委员会刑法室.《全国人民代表大会常务委员会关于司法鉴定管理问题的决定》释义［M］. 北京：法律出版社，2005：23.

人的方式或者方法，确保指定的鉴定的高质量。

三是明确了鉴定的委托主体是法院，而非当事人。这一问题在“人民法院在确定鉴定人后应当出具委托书，委托书中应当载明鉴定事项、鉴定范围、鉴定目的和鉴定期限。”（第三十二条第三款）及“人民法院对鉴定人出具的鉴定书，应当审查是否具有下列内容：（一）委托法院的名称……”（第三十六条）再次得到确认。这些有关鉴定的规定充分体现了职权主义诉讼模式，强调当事人仅仅是申请鉴定、协商选择鉴定人及缴纳鉴定费用的主体。鉴定意见作为法定的证据种类，基于职权主义诉讼模式，只有法院委托鉴定人或者鉴定机构出具的意见才是《民事诉讼法》第六十六条确定的八大法定证据种类中的鉴定意见，以至于新《民事证据规定》将原《民事证据规定》第二十八条规定的“一方当事人自行委托有关部门作出的鉴定结论，另一方当事人有证据足以反驳并申请重新鉴定的，人民法院应予准许”修改为“对于一方当事人就专门性问题自行委托有关机构或者人员出具的意见，另一方当事人有证据或者理由足以反驳并申请鉴定的，人民法院应予准许”（第四十一条）。从将“鉴定结论”修改为“意见”，以及将“申请重新鉴定”修改为“申请鉴定”来看，放弃了一方当事人自行委托有关部门出具的意见作为法定证据种类的鉴定意见，即使是一方当事人自行委托的有关部门是纳入名册的鉴定机构或者鉴定人也是如此。例如，有关涉及工程价款的鉴定案件。公司 A 作为承包人提起诉讼，对工程造价的基本事实承担举证责任。公司 B 作为发包人一审已提交自行制作的造价汇总表。在公司 A 不能依合同约定提交结算资料，又不能与公司 B 就工程造价达成一致的情况下，其应依法申请鉴定。然而，为证明自己的主张，公司 A 选择一审判决后单方自行委托鉴定，并于二审期间提交了有关“工程造价咨询报告书”。由于该鉴定意见缺少公司B的参与，与公司B制作的造价差异明显，公司B二审明确表示不予认可。此种情况下，二审法院庭审询问公司A是否申请鉴定，但公司A仍不申请鉴定，因此承担了单方自行委托的鉴定不被采信时未完成举证责任的不利后果。二审法院综合案件情况，对该单方鉴定不予采信，并认为公司A不申请鉴定应承担工程造价无法认定的不利后果。我国《民事诉讼法》对鉴定适用与大陆法系国家一致，对于涉及专门性问题的事实，法院收集、调查相关证据的主要手段是委托具有相应资格的鉴定人对专门性问题提出鉴定意见。同样，只有法院委托鉴定人出具鉴定意见的诉讼活动，才是民事诉讼法上的鉴定。这种规定清晰地区分了诉讼外专家意见与民事诉讼过程中的司法鉴定，弱化了当事人在鉴定问题上提供证据或者举证的意义，但这些规定与新《民事证据规定》新增的"退还鉴定费用"的规定存在一定冲突。

根据上述规定，当事人自行委托或者其他机关委托的鉴定人作出的意见不同于民事诉讼的鉴定意见，但该规定并未否定当事人自行委托相关鉴定机构或者鉴定人获得意见的行为。这种意见在性质上仅是协助当事人说明情况的书面证据材料，可视为当事人陈述。也有观点认为，当事人单方委托鉴定获得意见在证据性质上属于私文书证，[1]但是，私文书证是相对公文书证而言的，仅仅是存在争议证明方式与制作主体的不同，其同样属于书证的一种。书证是对案件情况的客观记载，而单方委托有关机构或人员出具的意见是通过其自身知识对专门性问题所作的主观结论性陈述，属于言词证据，二者在性质上存在不同，不宜混为一谈。一方当事人自行委托获得的意见在性质和功能上类似于《民事诉讼法》第八十二条规定

[1] 最高人民法院民事审判第一庭.最高人民法院新民事诉讼证据规定理解与适用（上）[M].北京：人民法院出版社，2020：314.

的专家辅助人意见，其功能是辅助当事人就专门性问题进行说明。《民事诉讼法解释》第一百二十二条规定："当事人可以依照民事诉讼法第八十二条的规定，在举证期限届满前申请一至二名具有专门知识的人出庭，代表当事人对鉴定意见进行质证，或者对案件事实所涉及的专业问题提出意见。具有专门知识的人在法庭上就专业问题提出的意见，视为当事人的陈述。"具有专门知识的人具有相应鉴定资格，依照鉴定规则提出意见，可以弥补当事人专门知识的不足，协助当事人有效参与相关诉讼活动。因此，将一方当事人自行委托获得的意见作为当事人陈述的补充顺理成章。如果另一方当事人没有证据或者理由足以反驳的，即使申请鉴定，法院一般也不准许，对于这种反向理解值得考虑。如果鉴定是有权机关委托的，符合法律的规定且鉴定意见由具有相应资格的鉴定人按照技术规范和法定程序提出，则出具的意见不因法院委托或者其他有权机关委托而存在本质上的差异。除法院以外的办案机关基于职权依法委托的鉴定，其鉴定意见在民事诉讼中应作为鉴定意见。例如，人民调解委员会、仲裁委及纪检监察部门依法委托鉴定人进行鉴定而获得的鉴定意见进入民事诉讼后，一般应当将其视为民事诉讼法中的鉴定意见，以保持诉前纠纷解决与诉讼解决在证据上的衔接，保持民事诉讼与刑事诉讼、行政诉讼及其他法律活动对待鉴定意见的同等性，不可一概排除其作为鉴定意见的法定证据性质。

四是新《民事证据规定》对鉴定人出庭作出了适当的程序限制，将鉴定人书面答复作为鉴定人出庭作证的前置程序。一方面，要求法院在向当事人送达鉴定书时，应当指定对鉴定书的异议期间。当事人应当在指定异议期间内以书面方式提出异议，否则被视为对鉴定书的内容无异议，但该异议不具有直接引起鉴定人出庭作证的程序效力。同时，当事人在指定异议期间内向法院提交的异议书，应载明异议内容及依据、理由，以供鉴定人有针对性的答复。鉴定人针对异议进行解释、说明或者补充等作出的答复，足以把当事人的异议解释清楚的，无需通知鉴定人出庭作证。另一方面，若鉴定人的书面答复不能消除当事人的异议且当事人要求鉴定人出庭作证或者法院存在疑问的，法院应当通知鉴定人出庭作证，接受质证或者质询。如果异议涉及鉴定意见的专门性问题，在申请鉴定人出庭作证时必须考虑同时申请具有专门知识的人出庭，对鉴定意见进行质证或者提出意见。从其规定来看，鉴定人庭外答复应当为常态，鉴定人出庭作证为例外。另外，新《民事证据规定》增添鉴定人出庭作证“可以在庭审结束后书面答复”（第八十条），使其与新增的第三十七条对异议鉴定书的解释、说明或者补充相衔接。对鉴定意见存在瑕疵的，规定了可以通过补正、补充鉴定或者补充质证、重新质证等方法解决（第四十条），旨在最大限度控制不应有的重新鉴定问题，也有利于防止重新鉴定转化为“重复鉴定”，进而造成久鉴不决。

（二）新《民事证据规定》对鉴定新增内容的诠释

新《民事证据规定》通过第二十四条、第三十条、第三十三条到第四十二条、第七十九条、第八十一条、第八十三条、第八十四条、第九十三条、第九十九条等新增了鉴定人签署承诺书、当事人和法院协作启动鉴定、不配合鉴定和鉴定超期的法律后果、鉴定书异议的程序及法院对鉴定书内容的审查尤其是委托鉴定的内容、要求和鉴定所依据的原理、方法等内容，这些内容集中体现在以下方面。

1.新《民事证据规定》在一定范围内规范了法院在民事诉讼中的职责

通过法院依法履行职责，保证正确认定案件事实，公正、及时审理民事案件；保证鉴定材料真实、客观、充足而不被损坏、污染的职责。人民法院调查收集可能需要鉴定的证据，应当遵守相关技术规范，确保证据不被污染（第二十四条）。不仅如此，人民法院应当组织当事人对鉴定材料进行质证，未经质证的材料，不得作为鉴定的根据（第三十四条）。将这两条结合起来理解，法院不仅保障需要鉴定的证据不被污染，保持鉴定证据的客观真实，而且还需要经过当事人对鉴定材料质证，为进行鉴定奠定坚实的基础。对此需要从三个方面进行解读：①法院调查收集可能需要鉴定的证据是否就是"鉴定材料"与"专门性问题"是同一个问题？"鉴定的证据"与质证的"鉴定材料"和"鉴定的根据"之间究竟存在何种逻辑关系？由于提供主体存在差别，不同法律与司法解释对鉴定实务中的"检材"作出了相异的规定。由当事人提供但未被采纳作为证据的称为"证据材料"，法院收集的则作为证据。同时，专门性问题在不同程序或者阶段具有不同称谓，如"证据""证据材料"，在鉴定程序中称为"检材"。②法院收集可能需要鉴定的证据，需要委托具有专门知识的人协助进行。否则，鉴定材料需要达到的证据要求及提取、保管与转交等各个环节的技术规范难以遵循，确保证据不被污染难以实现。因此，人民法院调查收集可能需要鉴定的证据，应当对收集、移交和保存的技术规范等作出说明。③基于未经质证的材料，不得作为鉴定的根据。法院调查收集可能需要鉴定的证据也应组织当事人进行质证，以免因不得作为鉴定的根据引发新的纠纷。基于此，法官在鉴定问题上应履行下列职责。

（1）法官释明待证事实需要鉴定的职责。法院在审理案件过程中认为待证事实需要通过鉴定意见证明的，应当向当事人释明，并指定提出鉴定申请的期间。这种释明是法官应尽的一项举证指导义务，所以采用应当向当事人释明。经过释明后，是否对待证事实申请鉴定仍属诉讼当事人的一项权利，当事人有权放弃。这一规定是对其他司法解释的吸收。例如，2018 年 10 月 29 日最高人民法院审判委员会第 1751 次会议通过的《最高人民法院关于审理建设工程施工合同纠纷案件适用法律问题的解释（二）》（法释〔2018〕20 号）（现已失效）第十四条第一款规定："当事人对工程造价、质量、修复费用等专门性问题有争议，人民法院认为需要鉴定的，应当向负有举证责任的当事人释明"，明确了法院对建设工程领域相关鉴定事项的释明义务。司法实践涉及需要通过鉴定意见证明的待证事实纷繁复杂，当事人或者诉讼代理人可能难以认识到自己需要申请鉴定，或者无法提出准确的鉴定事项。如果法官在诉讼中未对鉴定问题进行适当引导，当事人极有可能无法提出恰当的鉴定申请，导致其因未能承担相应举证责任而无法实现司法正义。因此，法官认为待证事实需要鉴定的，应当履行释明义务。法官就待证事实证明问题的释明，应当明确地向负有举证责任的一方当事人进行，告知其享有申请鉴定的权利及不提出申请的不利后果。法官释明后由当事人自主决定是否接纳释明内容，如果当事人不申请鉴定、申请超过指定期限或者逾期未预交鉴定费用的，视为放弃申请。

我国司法解释借鉴了德、日等国的立法例，将法官释明相关规定的表述为"应当"，法官必须履行。如果法官未履行释明义务或者释明存在错误，致使事实不清或者裁判不当的，也应当承担发回重审的法律后果。例如，《最高人民法院关于审理建设工程施工合同纠纷案件适用法律问题的解释（二）》（现已失效）第十四条第二款规定："一审诉讼中负有举证责任的当事人未申请鉴定，虽申请鉴定但未支付鉴定费用或者拒不提供相关材料，二审诉讼中申请鉴定，人民法院认为确有必要的，应当依照民事诉讼法第一百七十条第一款第（三）项的规定处理。”法官对于释明问题需要谨慎考虑，在遇到鉴定时机不成熟、鉴定不具备条件或者无法鉴定的情形时，应当寻求合理的替代方式，以免引发不必要的争议。

（2）按时通知鉴定人出庭作证的职责。根据新《民事证据规定》第七十九条的规定，鉴定人依照《民事诉讼法》第八十一条规定的出庭作证情形的，法院应当在开庭审理3日前将出庭的时间、地点及要求通知鉴定人。委托机构鉴定的，应当由从事鉴定的人员代表机构出庭。对此条的规定需要结合新《民事证据规定》第三十八条规定的“通知有异议的当事人预交鉴定人出庭费用，并通知鉴定人出庭。有异议的当事人不预交鉴定人出庭费用的，视为放弃异议”来理解。也就是说，人民法院通知鉴定人出庭应当在当事人预交鉴定人出庭费用后，如果当事人不预交鉴定人出庭费用，则法院不通知鉴定人出庭。那么，该出庭费用是由法院在通知鉴定人出庭时移交鉴定人还是由鉴定人先行垫付？基于新《民事证据规定》第三十九条规定的“人民法院委托鉴定时已经确定鉴定人出庭费用包含在鉴定费用中的，不再通知当事人预交”。那么，鉴定人是否有权因法院未转交出庭费用而拒绝出庭呢？一般而言，法院应当在通知鉴定人出庭的同时转交出庭费用，法院也可以在开庭后基于鉴定人出庭的天数和人数来转交鉴定费用。但是，“鉴定人出庭费用包含在鉴定费用中的”规定（新《民事证据规定》第三十九条）在实践中仍存在一些难以解决的问题：如果未发生需要鉴定人出庭作证的情形，其原付的出庭费用是否需要退还？如果不退还，鉴定人获得的出庭费用明显不当；如果退还，鉴定人因此开出鉴定发票的，如何解决发票的纳税问题。这些实践中的问题可能是修订者缺乏足够重视或者对鉴定实践不了解所致。有关鉴定费用问题因受鉴定管理部门以及其他相关部门管理，需要慎重对待。

2. 增加了明确鉴定人相关责任的法律规定

新《民事证据规定》通过明确对鉴定人的责任追究，特别是鉴定费用的退还，倒逼鉴定人履行鉴定职责。其具体内容为：

（1）增设了鉴定人签署承诺书的制度。

根据《民事诉讼法》的精神，新《民事证据规定》在《民事诉讼法解释》的基础上增加鉴定人签署承诺书的规定，以此增强鉴定人内心约束，促进民事诉讼诚实信用原则在司法鉴定中的落实。鉴定人承诺书未采用证人保证书及当事人具结书的方式，以示鉴定人与证人、当事人的区别。因为，鉴定人不仅存在与证人、当事人不同的回避制度，还具有可替代性，其承诺书以对某件事或某个项目作出相关承诺为主，一般为对自身行为的承诺，以此强调鉴定人对鉴定行为负有客观、公正、诚实等义务，而保证书与具结书是对自己行为愿意承担法律责任的明示承诺。

（2）增设法院的指定鉴定期限制度。

《民事诉讼法》《民事诉讼法解释》及原《民事证据规定》对鉴定人在鉴定期限内没有完成鉴定的情况均未给出具体应对措施。法院对于鉴定人较长时间未提交鉴定书的情况，往往只能是多加催促鉴定人尽快完成鉴定，实践中诉讼周期因鉴定而拖延的情况时有发生。"有的司法鉴定时间过长，已经严重影响了案件审理进程，妨碍了当事人权利的及时救济。"❶ 基于此，新《民事证据规定》确定了人民法院的指定鉴定期限制度。然而，这种指定鉴定期限制度存在两个需要讨论的问题。一是这种人民法院单方指定的鉴定期限如何与《司法鉴定程序通则》规定"商定的鉴定时限"（第十六条）、"30 个工作日内完成鉴定"（第二十八条），以及《公安机关鉴定规

❶ 宋春雨，潘华明．民事诉讼证据司法解释修改中的若干问题［C］// 杜万华．民事审判指导与参考（总第 67 辑）．北京：人民法院出版社，2017：91–113.

则》的“15 个工作日”（第三十三条）相协调的问题。二是如何保障法院指定的鉴定期限符合鉴定活动需求的问题。因为不同鉴定其鉴定期限不同，如果指定期限不科学会影响鉴定的质量或者出现鉴定人拒绝接受鉴定的情形。为解决上述问题，法院在指定鉴定期限时，需要考虑相关部门规章有关鉴定期限的规定。同时还要注意经人民法院准许，鉴定人可以调取证据、勘验物证和现场、询问当事人或者证人的规定，为鉴定人实施上述工作预留必要的时间，特别是当经过当事人质证作为鉴定根据的材料需要补充检材时，更需要为鉴定人指定足够的鉴定期限。况且，这些问题均可能发生在委托鉴定之后，如果在委托书中应当载明鉴定事项、鉴定范围、鉴定目的和鉴定期限，极易出现上述难以解决的问题。如果机械地适用新《民事证据规定》或者人民法院单方面指定鉴定期限，最终会因鉴定难以完成，而给法院查明案件事实带来更多的困难，出现事与愿违的后果。因此，鉴定期限一般应采用约定的方式，并约定可能出现延长情形的解决方式，不宜简单指定鉴定期限。

（3）明确鉴定人对当事人或者法院异议的解释、说明或者补充的答复义务。

鉴定人对当事人或者法院的解释、说明或者补充的答复义务吸收了司法实践中的做法。例如，最高人民法院（2012）民申字第936 号关于二审法院对于王某某要求鉴定人员出庭接受质询的申请未作处理是否违反法定程序的问题。鉴定人应当出庭接受质询。鉴定人因特殊原因无法出庭的，经人民法院准许，可以书面答复当事人的质询。“据此，鉴定人员应当出庭接受质询或者因特殊原因无法出庭时书面答复质询，本案二审法院对于王某某要求鉴定人出庭接受质询的申请未作处理不当。但鉴于二审期间施行的《中华人民共和国民事诉讼法》（2007 年）及相关司法解释并未规定鉴定人未出庭接受质询或者未书面答复质询的鉴定意见不能采信，且本案没有充分证据证明鉴定人未出庭接受质询影响正确判决，据此启动再审缺乏法律依据，对于该项理由本院不予支持。”

对此存在两类情况：一是法院收到鉴定书后，鉴定人对当事人或者法院异议的解释、说明或者补充义务（新《民事证据规定》第三十七条）；二是在法庭上，鉴定人就鉴定事项对当事人的异议和审判人员的询问的答复义务。这种答复一般应在法庭上采用口头方式进行；当庭答复确有困难的，经法院准许，可以在庭审结束后书面答复（新《民事证据规定》第八十条）。后者规定的答复形式相对明确。对于前者，鉴定人对当事人或者法院异议的解释，一般可采用口头的方式，但对于当事人或者法院异议的说明或者补充应当采用书面答复的形式。无论采用何种方式，法院均应记录在案。鉴定人对当事人或者法院异议的解释、说明或者补充应当与鉴定意见瑕疵的补正、补充鉴定区别开来，如果在鉴定人对当事人或者法院异议的解释、说明或者补充的过程中发现鉴定书存在瑕疵的，可以采用补正、补充鉴定的方式解决，不应采用鉴定人对当事人或者法院异议的解释、说明或者补充的答复替代鉴定意见瑕疵的补正、补充鉴定，否则将影响鉴定意见作为证据的完整性。例如，浙江省司法厅对浙江千麦司法鉴定中心鉴定人方某富、陈某祥的处罚。[1]经查明，方某富、陈某祥在某签名鉴定事项中，在出具相关鉴定意见书后，发现鉴定意见存在问题，既未向浙江千麦司法鉴定中心报告，也未向委托法院说明或对鉴定意见作出补正，在经法院通知出庭参与质证时，当庭发表了与所出具鉴定意见相左的陈述，造成庭审中止，法院不得不重新委托鉴定，最终审判时限拖延 4 个多月，

[1] 参见 2020 年 4 月 3 日《司法部关于 2019 年度司法鉴定违法违规行为查处典型案例的通报》（司通报〔2020〕1 号）。

浪费了诉讼资源、扰乱了诉讼秩序，给当事人合法权益造成重大损失。当鉴定人或者鉴定机构发现已出具的鉴定意见存在问题后，鉴定人和鉴定机构应当及时采取措施，消除错误鉴定意见可能造成的不利影响，以免影响诉讼顺利进行。

（4）鉴定意见的撤销制度。

理论上对于鉴定意见是否准许撤销曾经作过讨论并存在分歧。[1]新《民事证据规定》对采信后鉴定意见的撤销作出明确的限制，与理论上的观点颇为相近。按照新《民事证据规定》第四十二条的规定，鉴定意见被采信后，鉴定人无正当理由撤销鉴定意见的，人民法院应当责令其退还鉴定费用，并可以根据情节，依照民事诉讼法第一百一十四条的规定对鉴定人进行处罚。当事人主张鉴定人负担由此增加的合理费用的，人民法院应予支持。人民法院采信鉴定意见后准许鉴定人撤销的，应当责令其退还鉴定费用。之所以如此，是因为上述规定，进一步规范民事诉讼中的鉴定活动，充分发挥鉴定在民事诉讼中的应有作用。实践中，时常存在法官依据鉴定意见作出了裁判后，鉴定机构出于各方面（主要是当事人投诉）的原因又撤销了人民法院已经采信的鉴定意见，从而导致依据已被撤销的鉴定意见作出的裁判失去了证据基础。这一做法不同程度地影响了法院的审判权威性，也影响了对当事人权利的保护，为此，新《民事证据规定》规范了鉴定意见的撤销制度。对此制度需要从以下层面理解。

第一，撤销、撤回与不采信鉴定意见的区别。新《民事证据规定》仅仅限制了鉴定意见被采信后的撤销，而非是其未采信前的撤回，两者的分界在于法院是否采信。鉴定意见是否可以撤销取决

---

[1] 郭华．司法鉴定程序通则的修改与解读［J］．证据科学，2016（4）．

于鉴定意见质证后是否采信，而非鉴定人出具鉴定意见后可随时撤销。因为鉴定意见作为证据出具后不仅存在是否被法院采信的问题，而且还存在鉴定意见是否被接受或者因重新鉴定而不被作为证据的问题，对此需要把握好撤销的时间节点。

第二，法院对于采信后的哪些鉴定意见准许鉴定人撤销，其鉴定人撤销的何种理由为正当理由。正当理由应属于对鉴定意见存在实质性影响且影响司法公正的，即该鉴定意见本质是其不能作为定案的根据或者法院不应采信。对此可结合是否符合重新鉴定的情形予以判断。例如，鉴定人不具备相应资格，以及鉴定程序严重违法（如属于回避情形没有回避的）等，法院准许撤销的，鉴定人也会承担法律后果。如果理由正当甚至在撤销上存在合理缘由，且不严重违反法律及不涉及鉴定意见作为定案根据的实质，法院可以不准许撤销。

第三，对于法院未采信前的鉴定意见是否可以撤回？其撤回是否需要经过法院准许？其撤回可能带来哪些法律后果？鉴定人在出具鉴定意见后一般不得自行单方撤回。因为鉴定人出具鉴定意见后，原委托关系终止，且法院需要向当事人送达鉴定书，鉴定人在此期间无权单方撤回其鉴定意见。如果鉴定人发现鉴定存在瑕疵的，可以告知法院并通过补正方式解决；如果鉴定意见存在实质性错误，可以通过补充鉴定的方式解决。基于此，鉴定人撤回鉴定意见也需要经过法院准许，不得私自决定。法院认为鉴定意见存在瑕疵且不符合重新鉴定情形的，可以通过补正、补充鉴定的方式解决。

另外，新《民事证据规定》将“缺陷鉴定意见”修改为“瑕疵鉴定意见”，对于存在瑕疵的鉴定意见，如果采信后案件尚未作出判决的，法院应将存在瑕疵的鉴定意见及时告知当事人并重新组织质证，通过质证决定是否重新鉴定，是否更换鉴定机构等事宜。案件已经作出判决但尚未生效的，法院应立即告知当事人，由当事人根据鉴定意见对定案结果的影响决定是否上诉，以此充分保障当事人的知情权和上诉权。如果当事人提出上诉的，一审法院应当将存在瑕疵鉴定意见的说明随卷移送至二审法院，由二审法院决定是否组织质证或是否进行重新鉴定。如果一审或二审判决都已生效，由作出生效判决的法院审查鉴定意见的瑕疵是否影响了案件处理结果，进而决定是否启动审判监督程序。同时，法院也应当将该瑕疵说明及审查结果及时告知当事人，保障当事人的申诉权。案件判决生效后，因其他原因启动审判监督程序的，接收瑕疵说明的法院应当将该说明移送至再审法院，由再审法院审查该瑕疵说明。经审查认为对案件事实认定有影响的，应组织当事人听证并决定是否重新鉴定等有关事宜。对于鉴定人或者鉴定机构发现鉴定意见存有瑕疵而不向委托法院作出说明的，司法鉴定主管部门应规定相应的惩罚措施，可以决定停止对其委托业务，情节严重的可以从编制的司法技术专业机构、专家名册中予以除名。[1]

（5）重新规范了重新鉴定启动程序与条件。

对于重新鉴定启动程序与条件的理解应当不限于新《民事证据规定》的“鉴定人不具备相应鉴定资格、鉴定程序严重违法、鉴定意见明显依据不足以及不能作为证据使用的其他情形”，还包括“当事人因鉴定人拒不出庭作证申请重新鉴定”，以及《民事诉讼法》第一百四十二条规定的“当事人在法庭上可以提出新的证据。当事人经法庭许可，可以向证人、鉴定人、勘验人发问。当事人要求重新进行调查、鉴定或者勘验的，是否准许，由人民法院决定”

---

[1] 李阿侠.关于鉴定机构能否撤回鉴定意见的探析［EB/OL］.（2015-05-31）［2020-03-14］.http：//tjfy.chinacourt.gov.cn/article/detail/2015/05/id/1935939.shtml.

的情形。在重新鉴定的情形中一直存在争议的是鉴定意见明显依据不足。审判实践中，鉴定人迫于种种压力或受其他因素的影响，出具的鉴定书中对鉴定事项有时没有明确的意见，或只有鉴定结论而对鉴定过程、依据、鉴定材料等缺乏必要的说明，造成鉴定结论没有意义或质询困难。❶然而，这一问题又涉及鉴定意见的实质性判断，即依据不足的“明显”与“不明显”的界限判断。因为这一问题主要涉及鉴定原理、方法，特别是鉴定书分析判断是否符合逻辑及有无违背科学常识。司法实践中，由于法官无专门知识应对鉴定意见，对鉴定意见明显依据不足的认定往往会流于泛化，将其取决于当事人对原鉴定意见的异议，不利于纠纷的公正及时解决。❷对此理解应当着重考虑鉴定意见与其依据之间的关系，基于鉴定的依据能否推导出鉴定意见，而非是鉴定意见本身是否明确。如果根据鉴定依据无法得出鉴定意见或者得出不同鉴定意见抑或仅能得出不确定性意见，这种情况与鉴定意见明显依据不足分属不同的情形。根据鉴定依据无法得出鉴定意见或者仅能得出不确定性意见时，要求鉴定人必须作出明确的鉴定意见，则属于对该项的错误理解。鉴定实践中，鉴定意见可分为确定性鉴定意见和不明确的鉴定意见。这种不明确的鉴定意见仅限于经过“鉴定人作出解释、说明或者补充后依然不明确，也就是能够做到明确但鉴定人没有做到，其“解释、说明或者补充”依然含糊，因此对此鉴定意见的判断应当谨慎，一般需要通过相应的专家作出评判。

（6）鉴定人的经济制裁与责任。

在鉴定费用问题上，新《民事证据规定》通过第三十五条、第

---

❶ 参见 2001 年 12 月 2 日最高人民法院民事审判第一庭《关于民事诉讼证据的若干规定》的起草说明。

❷ 参考中华人民共和国最高人民法院民事裁定书〔2016〕最高法民申 3772 号。

四十条、第四十二条、第八十一条规定了退还鉴定费用制度。这种退回鉴定费用，不仅仅是对鉴定所谓“盈利性”定位的否定，也是对复杂、疑难鉴定以及鉴定付出必要成本的剥夺，究其本质而言，是对鉴定委托混同于民事委托，特别是对鉴定委托形成的诉讼法律关系与一般民事委托形成的民事法律关系的混淆。鉴定委托形成的诉讼法律关系，在这种关系中，鉴定人不仅受回避制度的约束，而且还不得无正当理由拒绝接受委托，否则受到处罚。这不同于一般的民事委托，在诉讼法律关系中，当事人提起诉讼，需要缴纳诉讼费用，因法院一审出现错误而被二审改判的，其诉讼费用却不存在退回当事人的情况。鉴定人作为诉讼参与人，是受法院委托在法庭上扮演穿着“白衣”的法官角色。对鉴定费用的处理应当按照其诉讼参与人的诉讼法律地位解决。法院对于虚假鉴定及鉴定人无正当理由拒不出庭作证等情形影响诉讼顺利进行或者公正裁判的，应当按照《民事诉讼法》第十章对妨碍民事诉讼的强制措施的规定处理，并建议有关主管部门或者组织对鉴定人予以处罚，不宜仅仅纠缠于要求退还鉴定费用。在职权主义模式下确认鉴定委托制度而在鉴定费用问题采用当事人主义，混淆鉴定收费的性质，造成原有的民事纠纷未解决，又新添的鉴定争议及费用是否退还的争议。对此问题需要结合不同条文进行诠释。例如，当事人对鉴定人没有在指定鉴定期限内出具鉴定意见的，享有向法院申请另行委托鉴定的权利。如果鉴定人不具有正当理由，法院应当依法准许当事人提出的另行委托鉴定的申请，并责令鉴定人退还已收取的鉴定费用。但是，若鉴定人具有正当理由，法院不应当准许当事人提出的另行委托鉴定的申请，也不能责令鉴定人退还已收取的鉴定费用。

（三）新《民事证据规定》对鉴定删除内容的说明

新《民事证据规定》不仅新增了许多有关鉴定的内容，同时还删除与《民事诉讼法》相冲突的条款，对删除条款进行必要的诠释有助于从反面正确理解与适用其他相关条款。新《民事证据规定》删除了两条涉及鉴定问题的规定。

一是删除了原《民事证据规定》第六十一条“当事人可以向人民法院申请由一至二名具有专门知识的人员出庭就案件的专门性问题进行说明”，即专家证人出庭的规定。对此删除不是弃之不用或者否定此制度，而是因为《民事诉讼法》第八十二条及《民事诉讼法解释》第一百二十三条对此作了专门规定，这些规定与原《民事证据规定》规定的内容相比更详尽，基于《民事诉讼法解释》与新《民事证据规定》作为司法解释的关系，没有必要在此进行重复性规定。

二是删除了原《民事证据规定》第七十七条同一事实证据比对证明力大小的规定。其中，“物证、档案、鉴定结论、勘验笔录或者经过公证、登记的书证，其证明力一般大于其他书证、视听资料和证人证言”。这种内容属于不符合现代强化证据裁判主义与自由心证原则的规定，其删除属于对此内容的否定，旨在体现“人民法院综合案情判断证明力”的理念，但如何在实践中剔除这种鉴定与其他证据证明力信赖心理与实践路径的依赖，尚需要更新观念，通过强化质证来逐步实现。

三、新《民事证据规定》修订鉴定存在的问题与正解

基于民事诉讼中的鉴定缺乏可供遵循的具体规则，实践中的做

法不尽统一，重复鉴定、多个鉴定意见互相矛盾的情况比较突出。原《民事证据规定》以5条内容对鉴定问题作出了原则规定。[1]而新《民事证据规定》将原来的5条扩充到26条，其条文之多是其他规范性文件修订时无法比拟的。由于鉴定不同于其他证据，尤其是其科学及技术规范的要求使得对此问题的修订较为复杂，修订后的规定难免还会存在一些需要探讨的问题。这些问题主要体现在以下两个方面。

一是规范鉴定人和法官行为的失衡问题。根据《民事诉讼法》第八十一条的规定，当事人对鉴定意见有异议或者人民法院认为鉴定人有必要出庭的，鉴定人应当出庭。但对如何通知鉴定人出庭未作明确规定。新《民事证据规定》第七十九条规定法院有义务在开庭前将出庭时间、地点及要求通知鉴定人，即“鉴定人依照民事诉讼法第八十一条的规定出庭作证的，人民法院应当在开庭审理3日前将出庭的时间、地点及要求通知鉴定人。委托机构鉴定的，应当由从事鉴定的人员代表机构出庭”。此处“要求”的内容不明，在实践可能会产生一些争议。特别是该条未规定法院未按期通知鉴定人出庭的法律后果，这种规定上的缺失暴露出规定仅仅规范其他诉讼参与人，却忽视自我行为的规范，有失规范本身的公允。同时，鉴定人参与诉讼，并非其管理权限由行政管理转化为法院管理，法院是基于其形成的诉讼法律关系来监督其是否履行诉讼法规定职责，而非是行政意义上的管理，否则，实践中存在的鉴定依赖或者“定制鉴定”痼疾可能因其加强管理依然幽魂不散，甚至可能有过之而不及，出现事与愿违的现象。

二是有关条款间的不协调问题。例如，新《民事证据规定》第

---

[1] 参见2001年12月2日最高人民法院民事审判第一庭《关于民事诉讼证据的若干规定》的起草说明。

三十三条规定，承诺书中应当载明鉴定人保证客观、公正、诚实地进行鉴定，保证出庭作证，如作虚假鉴定应当承担法律责任等内容，而有些法律责任超出了承诺书的内容，那么，鉴定人是否需要承担超出承诺范围的责任呢？该责任属于法定责任还是违反承诺的责任未能厘清。特别是在鉴定问题上对原《民事证据规定》的修改充分贯彻了职权主义诉讼精神，其鉴定人在诉讼中扮演着“专门性问题法官”的角色，作为法官辅佐人需要赋予其一定的职权。所以，《民事诉讼法》第八十条第一款规定：“鉴定人有权了解进行鉴定所需要的案件材料，必要时可以询问当事人、证人。”而新《民事证据规定》第三十四条第二款规定，经人民法院准许，鉴定人可以调取证据、勘验物证和现场、询问当事人或者证人。在必要时鉴定人可以询问当事人或者证人设置了限制，即必须经人民法院的准许，致使鉴定人了解鉴定需要的案件材料的权利受到限制。另外，在鉴定费用问题上的规定偏向一般民事商业活动，以至于鉴定费退还上按照了市场交易的规则，出现一些趋严性的“惩罚性”规定。例如，新《民事证据规定》第八十一条第二款和第四十二条第二款分别规定，当事人要求退还鉴定费用的，人民法院应当在三日内作出裁定，责令鉴定人退还；拒不退还的，由人民法院依法执行；人民法院采信鉴定意见后准许鉴定人撤销的，应当责令其退还鉴定费用。但是，对于“当事人要求”与“责令”退费属于何种行为及如何救济等问题依然属于空白，不可武断或者强行地采用行政命令方式建构鉴定退费制度。

小　结

民事诉讼的鉴定问题不仅仅是一个证据问题，也是一个复杂的司法制度问题。司法鉴定制度与诉讼制度、证据制度共同构成层次不同的制度体系，民事证据规定规范民事鉴定问题对于促进鉴定制度改革和诉讼制度完善具有重要的意义。但是，对鉴定证据进行规范时不仅需遵循诉讼规律，还要遵循科学规律，在回应新时代人民群众的司法需求、满足法院审判实践需要的同时，更需要借助专门知识推动民事审判程序对鉴定意见作为证据审查判断的规范化和促进司法鉴定制度科学化。民事证据规定作为司法解释需保持与民事诉讼法之间的层级关系，同时还应注重与其他相关司法解释、答复、纪要及规范性文件之间的协调，以便促进民事证据规定持续不断增强其合法性，通过维护鉴定人应有的法定权利有效提升鉴定质量及办案利用其发现事实真相的能力。因此，积极对民事证据规定作出新的诠释以及充分应对其实施过程中修订未能考虑的新问题探讨，也是法学研究重要课题。

第三章

司法鉴定程序修改与思考

我国《司法鉴定程序通则》从2002年试行到2007年作为部门规章颁布实施，对规范司法鉴定程序发挥了重要作用。该通则在实施过程中因“三大”诉讼法修改与司法改革推进，其中有些规定不能满足现行诉讼的需要，加之本身体系结构不科学、程序内容不完善等问题影响其作用的有效发挥，为此，2016年对其进行了修订。这次修订不仅对内容进行了删减与增补，同时还在体系结构上进行了调整，对完善司法鉴定程序、规范司法鉴定行为及推进司法鉴定改革均具有重要意义。但是，这次修订还存在有些条款表述模糊与需要解决的程序内容被遗漏等问题。在“协议书”修改为“委托书”、规定“相关专业”及诉讼外“参照本办法执行”等方面还存在认识上的分歧。这些问题因未作出清晰的说明，致使其在实施过程中颇具争议，亟待理论从鉴定本质、鉴定规律及基于学界在术语的共识作出法理的解释，以便化解司法鉴定实践中的不统一做法及法庭上出现的不应有诘问，进而保障《司法鉴定程序通则》在实施中的有效性与维护其程序的权威性。

一、《司法鉴定程序通则》的修改与解读

2016年3月2日，司法部颁布了修订后的《司法鉴定程序通则》(司法部令第132号)(以下简称《2016年程序通则》)。这次修订坚持以提高鉴定质量为核心，着力优化鉴定程序，坚持以问题为导向，着力解决实践中存在的突出问题，对此吸收了当时法律规定、司法解释及相关规定内容，在条款内容上进行了删减与增补，条款数量由原来的40条增加至50条，新增10个条款；同时还在结构上进行较大的调整，恢复了试行时的“司法鉴定人出庭”一章，形成了6章50条的体系架构。该通则的修订对完善司法鉴定程序、规范司法鉴定行为及保障鉴定质量具有重要的价值与意义。但是从修订的内容与结构来看，依然存在一些程序上用语的模糊，有些条款造成了人们认识上的分歧与理解上的疑问，有些较为重要且实践比较突出的问题未能增补，这些回避或者遗漏问题如果得不到较好的解决，则会影响修订后的实际执行的效果。基于此，认识与理解《2016年程序通则》不仅需要对法条作出修订本意上的说明，也需要对法条之间的逻辑关系及修订遗留的问题从理论予以法理上的诠释，以保障其在实践中得到有效实施。对其研究应以修订前的《司法鉴定程序通则》(司法部令第107号)(以下简称《2007年程序通则》)制定与修订的历史作为视角，对修订过程中存在的主要争议进行分析，进而对遗留的重要问题进行理论上的解读，以便对《2016年程序通则》有一个较为深刻的认识、全面地理解与准确地把握。

（一）《司法鉴定程序通则》制定与修订的历程

我国《司法鉴定程序通则》的制定源于1998年国务院的改革方案授权司法部"指导面向社会服务的司法鉴定工作"的职责。[1]为了履行这一新职责和规范面向社会服务的司法鉴定活动，司法部于2000年出台了《司法鉴定机构登记管理办法》（司法部令第62号）和《司法鉴定人登记管理办法》（司法部令第63号）。为了规范司法鉴定活动，2001年司法部颁布了具有规范性文件性质的《司法鉴定程序通则（试行）》（司发通〔2001〕092号）（以下简称《2001年程序通则试行》），共7章48条。

2005年全国人大常委会颁布《决定》后，司法部实地调研了《2001年程序通则试行》的实施情况，在充分论证的基础上提出了修改《2001年程序通则试行》的初稿。初稿形成后，2006年1月，司法部办公厅将修改后送审稿送中央司法体制领导小组办公室、全国人大常委会法工委、最高人民法院、最高人民检察院、公安部、国家安全部征求意见，同时征求了地方有关部门的意见。2006年2月通过中国司法鉴定网向社会广泛征求意见。2007年3月15日，司法部法制司、司法鉴定管理局、司法研究所针对《司法鉴定程序通则（送审稿）》进行了讨论；4月在深圳征求了有关专家的意见，并在吸收了相关部门和专家建议以及社会提出意见的基础上再次进行修改。修改后交司法部部务会议审议。7月18日司法部部务会议审议通过；8月7日司法部颁布了《2007年程序通则》，共5章40

[1] 参见《国务院办公厅关于印发〈司法部职能配置内设机构和人员编制规定〉的通知》（国办发〔1998〕90号）以及《司法部关于组建省级司法鉴定协调指导机构和规范面向社会服务的司法鉴定工作的通知》（司发通〔1999〕092号）。

条。[1]《2007 年程序通则》，一方面，保留了《2001 年程序通则试行》原有的基本框架结构和继续教育的内容，同时又注意总结吸收多年来司法鉴定实践中积累和形成的具有普遍适用意义的好办法、好经验；另一方面，针对与《全国人大常委会关于司法鉴定管理问题的决定》不适应的地方和鉴定实践中存在的突出问题，依据该决定的规定对其内容作了调整和补充。具体而言，在遵循司法鉴定活动规律基础上按照司法鉴定活动的工作流程，对司法鉴定的委托与受理、司法鉴定的实施、司法鉴定应遵循采用的技术标准和技术规范、司法鉴定程序的特殊规定等作出了规定。[2] 在性质上，《2007 年程序通则》从原来的规范性文件转变为部门规章；在章节上，将原有的"回避"一章作为一条调整到"总则"，删除了"司法鉴定人的出庭"一章（第 6 章）；在条款数量上，由《2001 年程序通则试行》的 48 条减至 40 条，共删除了 8 个条款，形成了 5 章 40 条的内容结构。

《2007 年程序通则》颁布实施后，在促进司法鉴定规范化的同时，也暴露出一些问题，尤其是冤假错案的不断出现及司法实践对司法鉴定程序提出的较高要求。2008 年公安部修订《公安部刑事技术鉴定规则》发布了《公安机关鉴定规则》后，在鉴定程序上形成了司法部《2007 年程序通则》、2006 年最高人民检察院《人民检察院鉴定规则（试行）》（高检发办字〔2006〕33 号）（共 7 章 27 条）及 2008 年公安部《公安机关鉴定规则》（公安部令 86 号）（共 12 章

[1] 郭华.《论司法鉴定程序通则》的变化与适用思路［J］. 中国司法，2007（11）.

[2] 柴黎，倪晓. 明确规范重新鉴定的受理条件：司法部有关部门负责人解读《司法鉴定程序通则》［N］. 法制日报，2007-08-13（5）.

60条）[1]三个鉴定程序规则。由于这三个不同的鉴定规则之间存在矛盾，2008年8月中央要求制定统一鉴定规则，并要求司法部分析对比这三个规则之间的异同以及《2007年程序通则》实施以来的经验与存在的问题，尽快形成报告报中央司改办。为认真贯彻关于建立统一鉴定规则的精神与基本要求，2009年8月司法部司法鉴定管理局以科研课题的形式委托西南政法大学牵头承担前期研究与起草工作，旨在在现有法律框架下起草一个能够适应侦查、起诉和审判工作需要及职能鉴定机构和社会鉴定机构共同遵循的司法鉴定实施规则。2010年12月28日提出了《司法鉴定实施程序通则（征求意见稿）》（共7章66条）。2011年对《司法鉴定实施程序通则（征求意见稿）》进行修改。在此期间向部分学者征求意见与建议。2012年5月17日，司法部召开修改《司法鉴定实施程序通则（征求意见稿）》的座谈会，来自全国11个省、直辖市司法行政机关法制、政策法规部门和有关司法鉴定机构的负责人参加了对修订稿的研讨。此次研讨修改遵循立足于建立统一完善的司法鉴定管理体制、坚持与法律法规严格一致及全面总结吸收司法鉴定工作的实践经验等原则，重点研究司法鉴定机构专业领域资质等级的高低判定、鉴定程序期限和一些新增加的制度设计是否合理等问题。[2]司法部司法鉴定管理局又先后召开座谈会并进行了实地调研，在吸收专家意见的基础上形成了《司法鉴定程序通则（修订草案征求意见稿）》。司法部领导针对《司法鉴定程序通则（修订草案征求意见稿）》的修改提出要求，应当从大思路上考虑摆脱鉴定人与案件的直接联系，从制度设

---

[1] 公安部2008年修订1980年《公安部刑事技术鉴定规则》并提出了《公安机关鉴定规则（征求意见稿）》。征求意见稿改变了原来的规章名称，在条款上由原来的15条增至60条，增加了45条，2017年2月16日公安部公布了《公安机关鉴定规则》（公通字〔2017〕6号）共60条。

[2] 阎志江．司法鉴定程序通则将做修改［N］．法制日报，2012-05-18.

计上、从委托和接受检材的程序上阻隔或者排除司法机关、当事人对鉴定活动的影响。2014 年 9 月 12 日，在青海西宁召开的全国司法鉴定管理工作座谈会上，司法部司法鉴定管理局将《司法鉴定程序通则（修订草案征求意见稿）》下发部分参会人员和参加会议学者，再次征求修改意见与建议。

2015 年召开的十二届全国人大三次会议、政协十二届全国委员会第三次会议上有些代表与委员的提案、议案建议完善司法鉴定程序制度。[1]2015 年将修订《司法鉴定程序通则》作为年度工作计划安排，以便加快通则的修订进度。2015 年 9 月 30 日，司法部司法鉴定管理局针对《司法鉴定程序通则（修订草案征求意见稿）》（共 6 章 47 条）向最高人民检察院司法鉴定中心、公安部物证鉴定中心、广东省公安司法鉴定中心、北京市国家安全局司法鉴定中心、司法鉴定科学研究所司法鉴定中心、中国政法大学法庭科学技术鉴定研究所、中山大学法医鉴定中心、西南政法大学司法鉴定中心征求意见。征求意见后，司法部司法鉴定局、法制司等在意见的基础上进行修改。《司法鉴定程序通则（修订草案征求意见稿）》经多次征求中央政法部门、各省（自治区、市）司法厅（局）、鉴定协会、鉴定机构和鉴定人代表的意见建议后，形成《司法鉴定程序通则（修订稿）》。该稿提交司法部部务会议审议，2015 年 12 月 24 日，司法部部务会议审议通过。部务会议通过后，法制司、司法鉴定管理局又对部分条款进行微修与微调，2016 年 3 月 2 日，司法部修订《司法鉴定程序通则》。《2016 年程序通则》除第一章“总则”与第五章“司法鉴定人出庭作证”进行条款微调外，重点对第二章“司法鉴定的委托与受理”与第三章“司法鉴定的实施”进行修改，同时

---

[1] 司法部司法鉴定管理局 . 十二届全国人大三次会议、政协十二届全国委员会第三次会议关于司法鉴定的议案建议 提案及答复情况综述［J］. 司法部司鉴局简报，2015（22）.

对第四章“司法鉴定意见书的出具”增加了部分内容，并于2016年5月1日起实施《司法鉴定程序通则》，共6章50条。

（二）《司法鉴定程序通则》修订的主要争议与条款解读

《2016年程序通则》在优化司法鉴定程序、健全司法鉴定防错纠错机制、完善司法鉴定文书规范、规范鉴定机构与诉讼当事人之间的关系和规范鉴定人出庭作证等方面作出重大修改，其修改着力解决实践中较为突出的问题。有些是司法鉴定体制改革中一直存在的争议问题，有些是司法鉴定改革过程中产生的新问题，这些新旧问题的交叉与重叠，致使解决这些突出问题存在较大争议与观点分歧，修订《司法鉴定程序通则》是回避这些问题还是解决这些问题，是对此作模糊处理还是予以明晰化，出现了交锋与争执。从《2016年程序通则》的规定来看，有些问题作了处理，有些问题尚未触及，基于理解的需要，有必要将修改过程中争议的问题展现出来，以便在解读与之相关的规定时获得较为深刻认识与把握。

1. 规范司法鉴定委托人及委托程序问题

司法鉴定属于一项被动的工作，只有委托才可启动。可以说，作为司法鉴定程序开始的委托在鉴定程序中具有举足轻重的地位。《决定》第八条、第九条分别规定：鉴定机构接受委托从事司法鉴定业务，不受地域范围的限制；鉴定人从事司法鉴定业务，由所在的鉴定机构统一接受委托。这些规定旨在保证鉴定机构对鉴定人应有的管理和监督，防止鉴定人利用特殊的地位在鉴定活动中出现滥收费等侵害委托人合法权益的问题。[1]按照“鉴定机构统一接受委托”的要求，《2007年程序通则》第十一条、第十二条分别规定：

[1] 全国人大常委会法制工作委员会刑法室.《全国人民代表大会常务委员会关于司法鉴定管理问题的决定》释义［M］. 北京：法律出版社，2005：26.

司法鉴定机构应当统一受理司法鉴定的委托；司法鉴定机构接受委托，应当要求委托人出具鉴定委托书，提供委托人的身份证明，并提供委托鉴定事项所需要的鉴定资料。上述规定没有明确委托主体的范围，导致司法鉴定机构能否直接接受当事人委托的问题。立法机关对此释义为："司法机关或者诉讼当事人无论出于何种原因希望确定由某个鉴定人提供鉴定意见的，也必须通过该鉴定人所在鉴定机构办理委托手续。任何司法机关或者诉讼当事人，在各类诉讼中遇到专门性问题需要进行鉴定的，可以依法委托在我国境内任何地方的鉴定机构进行鉴定并提供鉴定意见。同样，任何鉴定机构，在其业务范围内，也可以依法接受位于我国境内任何地方的司法机关或者诉讼当事人的委托从事司法鉴定业务。"[1]"对于尚未进入诉讼程序，司法机关要求当事人提供鉴定意见作为立案依据的，可以接受当事人的委托，并由当事人出具委托书。当事人负有举证责任时，鉴定机构也可以接受当事人委托。"[2]从释义可以发现，立法部门在鉴定委托人问题上倾向于诉讼当事人可以自行或者直接委托，实践中鉴定机构也存在类似的做法，这种释义体现了立法部门对鉴定实践的尊重。这样做，不仅仅是为了维护当事人的诉权或是便于当事人举证，更为重要的是满足鉴定机构因鉴定业务量的增长而获得更多的收益。

我国法律对当事人有权直接委托鉴定没有明确规定，这一问题源于原《民事证据规定》的规定，其第二十八条规定："一方当事人自行委托有关部门作出的鉴定结论，另一方当事人有证据足以反驳

---

[1] 全国人大常委会法制工作委员会刑法室.《全国人民代表大会常务委员会关于司法鉴定管理问题的决定》释义［M］.北京：法律出版社，2005：23.

[2] 司法部司法鉴定管理局.《司法鉴定程序通则》导读［M］.北京：法律出版社，2007：49.

并申请重新鉴定的，人民法院应予准许”。[1]从本条规定可以推断出，法院在一定程度上允许当事人自行委托司法鉴定甚至在起诉前委托。然而，无论是理论还是实践在此问题上均未达成共识。有观点认为，不论是谁启动了鉴定程序，不论采用了何种鉴定方式，委托鉴定与鉴定意见的公正性、客观性和可采信性之间并无必然的联系。因为鉴定的重心是作为证据的鉴定意见，而不在于启动的主体和采用的方式。况且，鉴定意见本身只不过是证据的一种形式，提出鉴定属于当事人举证责任的范围，而非完全是法院的职权。既然法律规定当事人提出主张就负有举证责任，应当允许当事人聘请鉴定人并提出鉴定意见支持自己的主张。也有观点认为，鉴定人参加鉴定活动只能由办案机关聘请，当事人自己无此项权利（有许多鉴定机构自身也这样认为），因为鉴定委托权是指办案机关委托鉴定机构和鉴定人进行鉴定的权力，是基于鉴定决定权产生的，只有侦查和审判机关才有这种权力。没有鉴定决定权的机关和个人无权委托鉴定，否则，作为证据的鉴定意见不能被法院采用。[2]《民事诉讼法》第七十九条规定：“当事人可以就查明事实的专门性问题向人民法院申请鉴定。当事人申请鉴定的，由双方当事人协商确定具备资格的鉴定人；协商不成的，由人民法院指定。”立法部门对此的解释是，“虽然当事人可以协商选择鉴定人，但是决定委托鉴定仍是人民法院的工作，因此，双方当事人协商意见一致的，经人民法院

[1] 此条新《民事证据规则》第四十一条修正为：“对于一方当事人就专门性问题自行委托有关机构或者人员出具的意见，另一方当事人有证据或者理由足以反驳并申请鉴定的，人民法院应予准许。”

[2] 樊崇义，郭华．论刑事鉴定的启动权制度［J］．中国司法鉴定，2010（1）；付会清．科学规范法院司法鉴定程序的启动权［N］．人民法院报，2015-09-16（8）；唐磊，等．鉴定启动的“令状主义”与“随意主义”［J］．中国司法鉴定，2004（4）；邹明理．我国现行司法鉴定制度研究［M］．北京：法律出版社，2001：72.

审查同意后向双方当事人宣布并向鉴定人出具委托函”。[1]也就是说，当事人没有自行委托鉴定的权利。由于《2007年程序通则》对鉴定委托主体的范围未作规定，且立法部门的释义与鉴定机构接受委托的实践存在一定的差距，面对理论上的不同认识与鉴定实践当事人自行鉴定客观现实存在一定的冲突，修正《2007年程序通则》同样存在不同的方案，既是对委托主体的范围予以明确规定还是保留原有的模糊规定？是对委托主体采用《司法鉴定程序通则（修订草案征求意见稿）》的司法机关还是也规定诉讼当事人？抑或采用理论界以司法机关委托为主和以诉讼当事人委托为辅的观点？为了避免委托中出现争议尤其是检材的不客观真实或者因当事人直接的利益导致“鉴定定制”，同时考虑到防止通则用语上的歧义，对委托主体的界定采用了近年来中央政策与部委相关规定通用的“办案机关”。[2]《2016年程序通则》第十一条规定：“司法鉴定机构应当统一受理办案机关的司法鉴定委托。”删除了委托人提供身份证明的规定。由于实践中的非诉讼案件也需要鉴定，如行政执法过程的鉴定、诉前的鉴定等，从鉴定资源充分利用的视角与满足非诉案件鉴定的需求，《2016年程序通则》在附则的第四十九条又规定了“在诉讼活动之外，司法鉴定机构和鉴定人依法开展相关鉴定业务的，参照本通则规定执行”。

《2016年程序通则》对委托鉴定程序的规定基本上采用了学界“以办案机关委托为主”和“以诉讼当事人委托为辅”的建议。这一修改不仅解决了《2007年程序通则》委托主体不明确的问题，也

---

[1] 王胜明．中华人民共和国民事诉讼法释义［M］．北京：法律出版社，2012：171.

[2] 如最高人民法院、最高人民检察院《关于办理职务犯罪案件认定自首、立功等量刑情节若干问题的意见》（法发〔2009〕13号）中多处规定“办案机关”。犯罪分子向所在单位等“办案机关”以外的单位、组织或者有关负责人员投案的，应当视为自动投案。

突显出《2016年程序通则》对此规定与其第二条新增的司法鉴定概念的一致性，保持与我国职权主义的诉讼模式相吻合，解决了目前我国司法鉴定委托过于当事人化给司法鉴定权威性带来的负面影响，从制度上抑制司法鉴定中介的蔓延与司法鉴定市场化的趋势。《2016年程序通则》在委托主体上将草案征求意见稿的“司法机关”改为“办案机关”，似乎可以避免公安机关作为委托主体与我国将人民法院、人民检察院称为“司法机关”之间出现解释上的尴尬。我国《刑事诉讼法》规定的“司法机关”也包括公安机关，❶《2016年程序通则》在附则中将办案机关限定解释为“侦查机关、审查起诉机关和审判机关”，致使“办案机关”与《司法鉴定程序通则(修订草案征求意见稿)》采取的“司法机关”没有任何实质上的区别，反而，徒增了一个解释性条款，造成立法上的浪费，有些得不偿失，令人费解。况且，实践中的办案机关还包括审计部门纪检监察机关，❷如此解释办案机关又会引发实践中衍生出来的其他难题，如在刑事执行程序上的保外就医的鉴定，作为执行机关的监狱是否是委托主体。从一定意义上说，尽管《2016年程序通则》将鉴定委托主体采用“办案机关”是一种创新，但附则对“办案机关”的解释显得有画蛇添足之嫌，与实践中“侦查机关根据侦查工作的需要

---

❶ 如我国《刑事诉讼法》第四十八条规定：“辩护律师在执业活动中知悉委托人或者其他人，准备或者正在实施危害国家安全、公共安全以及严重危害他人人身安全的犯罪的，应当及时告知司法机关。”其中的司法机关包括作为行政机关的公安机关。

❷ 参见2005年5月中央纪委、监察部的《关于纪检监察机关严格依纪依法办案的意见》等。

设立的鉴定机构”接受委托的主体范围相比仍有谨慎过度之虞，[1] 对于法律法规或者规章规定的其他可以受理鉴定的情形不宜排除在司法鉴定之列。

2. 规范司法鉴定人及鉴定程序问题

司法鉴定质量不仅受制于鉴定人的能力与水平，还受制于鉴定程序和执业行为的规范。前者由《司法鉴定人登记管理办法》等相关规定调整；后者则由《2016 年程序通则》的内容予以规范。在此方面的主要问题是，如何保障鉴定人科学规范地进行鉴定，尤其是不因利益关系或者利害关系影响鉴定的客观性。一般情况下，鉴定机构在鉴定受理时，发现鉴定资料不完整，会要求委托人补充；如果委托人拒绝补充的，则不予受理。那么，在鉴定过程中根据鉴定需要鉴定人是否有权要求委托人补充鉴定资料或者鉴定人自行调取鉴定材料呢？对此问题存在不同的认识与理解。

一种观点认为，如果鉴定委托人仅向鉴定人送交有关检材和样本等原始材料，介绍与鉴定有关的情况，会导致鉴定人对案件情况了解太少，难以作出最终结论。由于鉴定人对与鉴定有关案情的了解是通过委托人介绍的，这种介绍难免带有委托人的主观烙印而有失客观，进而为鉴定人作出正确结论制造人为的障碍，特别是在一些重大复杂的刑事案件中，由于鉴定人了解案情太少，难以作出排他性的、准确性的鉴定结论。[2] 还有一种观点认为，鉴定人对案

---

[1] 参见 2011 年 5 月 18 日《浙江省公安机关鉴定规则（试行）》第二十六条规定：“鉴定机构可以受理下列委托鉴定：（一）公安系统内部委托的鉴定；（二）人民法院、人民检察院、国家安全机关、司法行政机关、军队保卫部门，以及监察、海关、工商、税务、审计等行政执法机关委托的鉴定；（三）金融机构保卫部门委托的鉴定；（四）政府有关部门调查事故、处置自然灾害等委托的鉴定；（五）法律、法规、规章规定的其他可以受理鉴定的情形。”

[2] 张锐，贾治辉．对司法鉴定人有关问题的探讨［C］// 范方平．建构统一司法鉴定管理体制的探索与实践．北京：中国政法大学出版社，2005：220.

件情况了解过多会影响鉴定人独立判断的能力，况且现场勘查、检查、现场实验等活动属调查取证活动，鉴定人一般无须参与。不可否认在某些案件的专门性问题进行鉴定的过程中，因侦查、调查中取证不符合鉴定工作的要求，或者调查所获取的情况具有某些局限性，或者鉴定对象随时间推移自身产生了某些变化，会对鉴定意见的科学性产生影响，因此，鉴定人可以应邀参与或者协助委托机关进行勘验、检查和模拟实验。在此问题上，我国《民事诉讼法》第八十条规定："鉴定人有权了解进行鉴定所需要的案件材料，必要时可以询问当事人、证人。"《民事诉讼法解释》第一百二十四条第二款规定："人民法院可以要求鉴定人参与勘验。必要时，可以要求鉴定人在勘验中进行鉴定。"对于鉴定人了解进行鉴定所需要的案件材料是否可以等同于查阅、复制与鉴定有关的案卷资料，如鉴定人是否有权查阅、复制勘验笔录、检验笔录、审讯笔录等，否则鉴定人有权拒绝鉴定。一般来说，鉴定人受理鉴定委托后，有权了解案情，询问与鉴定事项有关的当事人，证人等，经委托人同意可向被告人了解情况。《人民检察院刑事诉讼规则》第二百一十九条和《公安机关办理刑事案件程序规定》第二百四十九条仅规定人民检察院、公安机关及时向鉴定人送交有关检材和对比样本等原始材料，介绍与鉴定有关的情况，并明确提出要求鉴定解决的问题，并未规定委托主体邀请司法鉴定人参与现场调查或者其他证据调查。在民事诉讼中，法院"对诉讼卷宗和存于法院的证物，也应允许鉴定人利用"[1]。民事诉讼与刑事诉讼存在不同的做法。

基于不同的建议，以及鉴定实践的需要，《2016年程序通则》在此方面作出以下修改与突破：一是在鉴定人在有权了解进行鉴定

[1] 王胜明．中华人民共和国民事诉讼法释义［M］．北京：法律出版社，2012：172.

所需要的案件材料的基础上，增加阅卷权即“可以查阅、复制相关资料”；二是完善了鉴定人参与现场提取鉴定材料的程序，增加了见证人制度，即“经委托人同意，司法鉴定机构可以派员到现场提取鉴定材料。现场提取鉴定材料应当由不少于二名司法鉴定机构的工作人员进行，其中至少一名应为该鉴定事项的司法鉴定人。现场提取鉴定材料时，应当有委托人指派或者委托的人员在场见证并在提取记录上签名”。对无民事行为能力或者限制民事能力人进行审议检查、对被鉴定人进行法医精神病鉴定、对需要进行实体解剖的，实行委托人或者近亲属或者监护人作为见证人的制度。如何将以上规定与该规则第五条规定的“司法鉴定人不得违反规定会见诉讼当事人及其委托人”联系起来思考尚需要相应程序予以保障。

3. 规范鉴定执业行为及其“联合鉴定”程序问题

《2016年程序通则》完善了鉴定标准、重新鉴定、终止鉴定程序与内容，明确鉴定机构应当指定具有相应资质的人员对鉴定程序和鉴定意见进行复核，以便强化鉴定机构对鉴定人的内部监督。在补充鉴定中，又规定了应当由原鉴定人进行鉴定；在提高重新鉴定的鉴定人资质条件的基础上规定了重新鉴定的鉴定人中至少有一名具有相关专业高级技术职称；完善了专家参加咨询的相关要求。关于专家参与鉴定及专家参与鉴定的组织上依然存在不同看法与分歧。

一是对专家参与鉴定咨询问题。我国的鉴定制度实行鉴定人负责制，要求鉴定人应当独立进行鉴定，并在鉴定书上签名。在鉴定实践中，有些鉴定机构虽然对某些鉴定事项进行了登记或者获得了鉴定资格，但因各种原因出现了在登记鉴定事项上的鉴定能力不足问题，在鉴定中基于利益等因素仍然会不间断地受理此项鉴定。由于鉴定人只能在一个鉴定机构中从事司法鉴定业务，致使其在实施鉴定中不得不依靠鉴定机构以外的专家来完成鉴定任务。其结果是，本机构的鉴定人属于形式上的签名鉴定人或者所谓挂名鉴定人，而鉴定机构的咨询专家却成为实质的鉴定人，在鉴定书上却以“咨询专家”的面目出现，在一定程度上架空了鉴定制度的安排，这种现象在医疗损害司法鉴定中较为突出（因为此类鉴定需要临床医生提供鉴定所需要的专门知识）。不可否认，在一些重大、复杂、疑难或者特殊技术的鉴定中需要一些专家参与鉴定并提供专家意见，专家在特定案件的鉴定中参与鉴定活动是现实的需要，因而鉴定实践对此作了特别要求。基于实践的需要与规范的必要，《2016年程序通则》第三十三条规定：“鉴定过程中，涉及复杂、疑难、特殊技术问题的，可以向本机构以外的相关专业领域的专家进行咨询，但最终的鉴定意见应当由本机构的司法鉴定人出具。专家提供咨询意见应当签名，并存入鉴定档案。”但是这种专家提供咨询意见的签名不是在鉴定书上，而是作为存入鉴定档案的鉴定资料上签名，如何实质保障鉴定应由本机构的鉴定人完成则是理论与制度建设需要关注的问题。因此，谨慎适用该制度避免造成鉴定资源的浪费，以及专家之间的恶性竞争，影响鉴定管理的正常秩序。

二是对涉及复杂、疑难、特殊技术问题的专家参与鉴定由谁来组织的问题。《2007年程序通则》对此规定为，根据司法机关的委托或者经其同意，司法鉴定主管部门或者司法鉴定行业组织可以组织多个司法鉴定机构进行鉴定。这种所谓的“联合鉴定”或者“共同鉴定”主要是解决一些突发性公共事件涉及多个学科、专业、领域或者技术方法和鉴定事项的综合鉴定，其组织主体为司法鉴定管理部门。有观点认为，《决定》是司法鉴定的管理性规范，人民法院遵循当事人意思自治组织专家鉴定并不损害国家或第三人利益，并不能理解为法院组织专家鉴定就是违反了法律的禁止性规定而无效。对于涉及跨学科、多学科或特殊行业及复杂疑难的技术鉴定和当事人协商或申请由法院组织有关专家或机构进行的技术鉴定，法院择优委托并组织有关专家或机构提出鉴定意见。《2016 年程序通则》第三十四条改变了原来的规定，将“联合鉴定”或者“共同鉴定”的组织主体仅限于司法鉴定行业协会，并由办案机关直接委托，未采用由办案机关组织的观点，司法鉴定主管部门不再参与，即对于涉及重大案件或者特别复杂、疑难、特殊技术问题或者多个鉴定类别的鉴定事项，办案机关可以委托司法鉴定行业协会组织协调多个司法鉴定机构进行鉴定。这种委托司法鉴定行业协会是鉴定制度改革的一个方向，体现了修订的前瞻性。但是，目前全国司法鉴定协会未成立，对于全国有重大影响的案件的共同鉴定由某省的鉴定协会组织还存在一定的困难，在一定意义上由司法鉴定管理部门参与组织协调也未尝不可。

4. 司法鉴定意见书的补正及其限制问题

鉴定意见书的制作质量的高低直接影响其作为证据的采纳与否。尽管鉴定意见作为法定证据类型之一，理论上与其他证据具有相同的地位，但在司法实践的作用与可信度与其他证据相比，仍具有较高的证明效力。然而，在实践中常常出现同一鉴定事项存在不同意见的情况，也常常因鉴定书存在形式上瑕疵引发人们对鉴定意见的争议。前者可以通过补充鉴定或者重新鉴定来解决；后者有必要通过相应程序补充来弥补瑕疵问题。2010 年 7 月，最高人民法院、最高人民检察院、公安部、国家安全部、司法部《关于办理死刑案件审查判断证据若干问题的规定》将瑕疵证据和非法证据作了区分，对瑕疵证据作了明确的列举式规定，即对物证、书证、证人证言、被告人供述、勘验检查笔录、辨认笔录的审查判断过程中，对于那些在收集过程中存在轻微违反法律程序情形的，视为“瑕疵证据”，并规定了补正规则。对于鉴定意见不仅没有纳入瑕疵证据的补正范围，相反，对缺少签名、盖章的鉴定意见却作出了“不能作为定案根据”的规定。[1]那么，对于存在瑕疵的鉴定意见是否可以适用补正规则呢？有观点认为，如果鉴定人发现鉴定存在错误或者瑕疵，可以通过补充的形式更正其内容。对于鉴定意见存在异议的，当事人可申请鉴定人出庭并通过法庭质证来解决。[2]从证据法理上看，之所以对一般瑕疵证据不直接排除，而是给予其补正的机会，是因为瑕疵证据通常并未严重侵害当事人的基本权利，因此在证明资源有限的前提下，可以认为瑕疵证据的证明价值大于其合法性要件欠缺所损害的法秩序价值。[3]基于司法鉴定的实践、瑕疵证据的内在本质及提高诉讼效率的需要，《2016 年程序通则》增加了瑕疵鉴定意见的补正规则，即第四十一条规定：“司法鉴定意见书出具后，发现有下列情形之一的，司法鉴定机构可以进行补正：（一）图像、谱图、表格不清晰的；（二）签名、盖章或者编号不符合制作要求的；（三）文字表达有瑕疵或者错别字，但不影响司法鉴定意见的。补正应当在原司法鉴定意见书上进行，由至少一名司法鉴定人在补正处签名。必要时，可以出具补正书。对司法鉴定意见书进行补正，不得改变司法鉴定意见的原意。”这一规则既规定可以补正的情形，也规定限制补正的内容，但需要关注该条补正的范围、方式与司法解释的不同。作为言词证据的鉴定意见与司法解释规定的物证、书证等实物证据不同，其补正应仅限于《2016 年程序通则》规定的三种情形，不得扩大适用，不得改变司法鉴定意见的

[1] 参见最高人民法院、最高人民检察院、公安部、国家安全部、司法部《关于办理死刑案件审查判断证据若干问题的规定》第二十四条的规定及《最高人民法院关于适用〈中华人民共和国刑事诉讼法〉的解释》第九十八条的规定。

[2] 郭华 . 健全统一司法鉴定管理体制的创新思路［J］. 中国司法鉴定，2015（4）.

[3] 纵博 . 刑事诉讼中瑕疵证据补正的若干操作问题研究［J］. 现代法学，2012（2）.

原意，不得补正后出现歧义，但《2016 年程序通则》对司法解释规定的作为补证方式的合理解释未予关注，无疑留下一些遗憾。因为鉴定人出庭后发现鉴定意见存在形式上的瑕疵，可在法庭上予以补充说明，即使通过书面补正，也需要在法庭上予以说明，其说明也应当作为补正的组成部分。

（三）《2016 年程序通则》遗留问题与理论探讨

《2016 年程序通则》无论是在条文的结构安排还是删减与增加的条款与《2007 年程序通则》相比无疑是立法上的进步。尽管有些规定似乎是原有规定的恢复，如“司法鉴定人出庭作证”就形式而言与《2001 年程序通则试行》相比并非属于新增内容，但就其内容而言已发生了实质性的变化，在认识与理解《2016 年程序通则》时应当观察到修订后的实质性变化与制度上的发展。可是，这次修订也遗留了在修订过程中存在一些争议且需要明确但规定的不充分或者未予规定的情况，在解读《2016 年程序通则》应当给予关注并作出理论上的注解。

1. 诉讼活动外鉴定人参照本通则进行鉴定的性质问题

根据《决定》与《2016 年程序通则》第二条对司法鉴定定义的强调，因其诉讼活动之外委托的鉴定不属于司法鉴定，那么这种鉴定属于何种鉴定及出具的鉴定意见又是何种性质的鉴定呢？这种鉴定与当事人自行委托的鉴定是否具有同等的性质，有无必要对其与办案机关委托作为证据的鉴定意见作出区别，以规制当事人自行委托鉴定带来的负效应，[1] 抑制办案机关在委托上滥用职权（主要是不作为），以体现其形式上的不同意义。《民事诉讼法解释》第

[1] 郭华．健全统一司法鉴定管理体制的创新思路［J］．中国司法鉴定，2015（4）．

一百二十二条规定："具有专门知识的人在法庭上就专业问题提出的意见，视为当事人的陈述。"对诉讼外的鉴定是否可以按照专家辅助人的意见对待。一般而言，诉讼外当事人或者办案机关委托的鉴定与诉讼中办案机关委托的鉴定应当区别对待，对当事人自行委托提供的所谓"鉴定意见"可以采取"鉴定报告"的形式，不视为法定证据，可以作为当事人起诉或者证明自己主张的佐证，当事人没有异议的，也可以比照鉴定意见执行。这种鉴定报告不同于专家辅助人的"当事人陈述"，也应当与此区别开来，在某种意义上可作为"专家证言"。此种规定应当关注《精神卫生法》第三十二条第三款"对再次诊断结论有异议的，可以自主委托依法取得执业资质的鉴定机构进行精神障碍医学鉴定……接受委托的鉴定机构应当指定本机构具有该鉴定事项执业资格的二名以上鉴定人进行鉴定，并及时出具鉴定报告"的规定。最高人民法院关于适用《中华人民共和国刑事诉讼法》的解释（法释〔2021〕1号）（以下简称《刑事诉讼法司法解释》）第一百条和一百零一条也规定了"因无鉴定机构，或者根据法律、司法解释的规定，指派、聘请有专门知识的人就案件的专门性问题出具的报告，可以作为证据使用；""有关部门对事故进行调查形成的报告，在刑事诉讼中可以作为证据使用"。《精神卫生法》与司法解释将此明确为"鉴定报告"或者"报告"的做法值得借鉴。

2. 司法鉴定意见送达后能否撤销问题

司法鉴定的委托由办案机关进行。办案机关委托鉴定应当保障鉴材的客观真实，完整合法，对于存在争议的鉴材，诉讼当事人应当向办案机关提出，办案机关应当作出判断。鉴定人依法鉴定后，应当向办案机关提供并送达鉴定意见。当作为证据的鉴定意见送达办案机关后，鉴定机构基于各种原因在作出鉴定意见后又提出撤回或者明确撤销，由于我国法律法规对鉴定机构出具鉴定意见后能否撤回的问题尚无相应的规定，在修订《2016年程序通则》过程中对鉴定机构或者鉴定人能否撤回鉴定意见存在不同意见。多数学者认为，鉴定意见作为一种法定证据类型，一旦作出并被办案机关查证属实后，可以作为认定案件事实的依据。鉴定机构在接受办案机关委托后，通过鉴定行为参与到诉讼中来，其行为对案件的处理结果产生了实质性影响。如果允许鉴定机构在作出鉴定意见后任意撤回，不仅可能会造成诉讼活动失序，还会影响诉讼的严肃性。从委托关系来看，司法鉴定是经当事人申请或办案机关依职权启动后，由办案机关向鉴定机构出具司法鉴定委托函，在鉴定机构出具鉴定意见后，该委托行为即已结束。既然委托行为已经结束，鉴定机构也就无权单方撤回其鉴定意见。[1]司法鉴定实务部门则认为，鉴定机构或者鉴定人发现作出鉴定意见存在错误或者瑕疵可以撤销鉴定意见，特别是实践中鉴定机构基于当事人“闹鉴”的无奈，采取撤销鉴定意见可作为鉴定机构解决问题的现实选择。还有观点认为，在法院采信作为定案依据之前，鉴定机构可以主动更正或者撤销鉴定意见，但应当承担相应的损失；在法院采信作为定案依据之后，一般不能撤销，确有错误或者问题，应当通知采信该鉴定意见的法院。但是，《2016年程序通则》对此未作回应。那么，这种回避的做法及其态度，对鉴定机构而言是否意味着法律法规规章无禁止皆权利，鉴定机构就有权撤销其提供的鉴定意见吗？从该通则修订的整体来看，对于瑕疵的鉴定意见规定了补正规则，对于不属于补正

[1] 周伟．鉴定机构出具鉴定结论后能否撤回［N］．山东法制报，2009-03-27（3）；黄玉春，秦溱．能否起诉鉴定机构确认鉴定结论无效［J］．人民司法，2012（4）：2；孙占军，李大钧．撤销司法鉴定意见书对人民法院审判的影响及对策［C］．中国法医学杂志，2012：27(B11）；李阿侠．关于鉴定机构能否撤回鉴定意见的探析［EB/OL］.(2015-05-31)［2021-03-14］.http：//www.tjnpcaw.gov.cn/tjhpcaw-ifxypipt 1392452.shtml.

之列的有重大瑕疵的鉴定意见则应通过补充鉴定、重新鉴定的方式解决，无需通过撤销的方式解决。对于鉴定机构迫于办案机关压力或当事人投诉撤销鉴定意见的，对于前者办案机关作为委托人违反了“不得要求或者暗示司法鉴定机构、司法鉴定人按其意图或者特定目的提供鉴定意见”的规定。针对这种情况，鉴定机构应当排除干扰或者采用“领导干部干扰司法的登记制度”予以解决；对后者因当事人干扰鉴定允许鉴定机构撤销鉴定意见，在一定程度上会纵容当事人为谋取其自身利益采取不正当方式干扰鉴定活动的，属于妨碍诉讼秩序的行为，应当受到办案机关制裁，因此不宜通过允许撤销鉴定意见的方式变相鼓励这种行为的发生。同时，如果确立鉴定意见不可撤销规则，在一定程度上因鉴定机构不能撤销提出的鉴定意见（对鉴定意见是否作为证据使用取决于委托的办案机关）致使当事人对鉴定意见的不满从鉴定机构转移到通过诉讼程序吸收不满，进而实现鉴定意见争议在法庭上解决的目标设计，同时还可以促进鉴定人出庭作证，从而缓解当事人诉讼外投诉、当事人不断纠缠鉴定机构或者威胁鉴定人及办案机关，因此其积极意义是重大的。然而，《2016年程序通则》对此问题的漠视或者回避不得不说是一种缺陷，有令人惋惜之感。

《2016年程序通则》力求完善司法鉴定的委托与受理及鉴定实施的内控制度是必要的，在此方面的修订予以特别重视无疑是一种进步。对鉴定机构为规避执业风险拒不接受符合受理条件的鉴定委托，在鉴定人出庭问题上是所有鉴定人均需同时出庭还是鉴定人分别出庭，多个鉴定机构进行鉴定以何者名义出具鉴定意见书及涉及复杂、疑难、特殊技术问题的专家复核意见与鉴定意见不同如何处理等问题都未能作出明确的规定无疑为解读留下空间，如果解释不到位或者解读存在错误，反而会导致统一的司法鉴定程序被肢解，出现程序上的失控，这种失控进而演变为鉴定程序在法庭上争议，甚至会出现规范鉴定的规定转变成鉴定争议的对象，呈现出事倍功半的负面效果。这些问题在《2016年程序通则》已颁布的条件下有待于通过正确的解读与合理的释义来避免。

小 结

《2016年程序通则》作为《2007年程序通则》实施10年后的完善性修订而言，无论是从总结鉴定实践经验还是解决鉴定实践问题抑或立法技术上均有不同程度的发展，但是未能实现当初中央要求制定统一司法鉴定程序的预期。《2016年程序通则》实施过程中仍需在制定统一司法鉴定程序的追求上付出不懈的努力，在有关内容的解释上坚守统一司法鉴定程序应有价值上的制度诉求，在程序适用上尚需不放弃司法鉴定可信性与可靠性的程序保障要旨及兼顾不同鉴定领域的特殊性，并不断在科学规定与诉讼衔接上绝疑，以便获取足够的动力来推动统一司法鉴定程序目标的最终实现。

二、适用司法鉴定程序疑难的解读与思考

《2016年程序通则》是针对我国刑事诉讼法、民事诉讼法等有关司法鉴定的修改尤其是司法改革不断深化对司法鉴定的要求，以及在实施过程遇到的新问题进行的修订。这次修订以问题为导向，侧重于解决实践中存在的突出问题，注重优化司法鉴定程序的结构体系，着力于提升司法鉴定质量，具有一定意义与价值。[1]由于对

[1] 郭华.《司法鉴定程序通则》修改的意义与价值［N］. 法制日报，2016-05-12（12）.

该通则未能作出诠释，以至于在其实施过程中出现了一些认识上的不一致、做法上的不统一与理解上的较大分歧，甚至在个别条款的适用中出现不知所措的情况。这些问题的出现不仅影响了《2016年程序通则》的权威性，在一定程度上也折损统一司法鉴定管理体制改革的效果。对此需要选择该通则实施过程中的一些疑难问题进行解读，并提出管见。[1]

（一）司法鉴定协议书与委托书的变化与思考

《2016年程序通则》将原来司法鉴定机构应当与委托人签订的司法鉴定协议书修改为“司法鉴定委托书”。这一修改带来以下问题：为何如此修改？协议书与委托书存在何种本质上的区别？委托书包括哪些基本内容及是否需要全国统一委托书的格式？上述问题在目前不仅存在一些不同的认识，而且实践中也存在一些不同的做法，亟待对此作出合理的解释与较为充分的说明。

《2016年程序通则》第十一条规定，司法鉴定机构应当统一受理办案机关的司法鉴定委托。因此在委托主体上明确为“办案机关”。在刑事诉讼中，尽管刑事诉讼法将需要鉴定采用了“指派、聘请”术语，但在有关刑事诉讼法的适用解释中鲜有采用“委托”术语的情况。一般而言，侦查机关需要鉴定时，多数指派其内设的鉴定机构实施，并采用指派或者聘请的方式进行。例如，《公安机关办理刑事案件程序规定》（2020年修正）第二百四十八条第二款规定：“需要聘请有专门知识的人进行鉴定，应当经县级以上公安机关负责人批准后，制作鉴定聘请书。”侦查机关需要其以外的鉴定机构（主要是社会鉴定机构）进行鉴定时，也多采用“聘请书”的

[1] 郭华．司法鉴定程序通则的修改与解读［J］．证据科学，2016（4）．

方式。这是因为我国将鉴定规定在侦查程序中，并将其作为侦查行为所致。实践中的审判机关多采用委托书的方式进行委托，况且社会鉴定机构受理司法鉴定的委托人多为审判机关。在民事诉讼中，法院多采用委托书或者委托函的方式委托鉴定。例如，《民事诉讼法》第七十九条第二款规定："当事人未申请鉴定，人民法院对专门性问题认为需要鉴定的，应当委托具备资格的鉴定人进行鉴定。"即使是"当事人协商选择鉴定人，但是决定与委托鉴定仍然是人民法院的工作，因此，双方当事人协商意见一致的，经法院审查同意后向双方当事人宣布并向鉴定人出具委托函"。[1]《2016 年程序通则》将原来规定的"司法鉴定协议书"修改"司法鉴定委托书"是符合诉讼法的规定的。

由于民事诉讼法规定的司法鉴定委托函是"向鉴定人出具"，而《2016 年程序通则》规定的是"司法鉴定机构应当统一受理办案机关的司法鉴定委托"，况且在实践中法院的技术辅助部门又是通过所谓的"摇号"来确定鉴定机构的，以至于出现法律规定与司法实践的做法不一致的情况。例如，《北京市高级人民法院关于委托司法鉴定工作的规定（试行）》（京高法发〔2011〕297 号）第七条规定："市高级法院随机确定鉴定机构后，诉讼服务办公室应于 7 个工作日内与被确定的鉴定机构办理委托手续。"对此如何操作在认识与理解上产生了一些疑问。

一是办案机关在委托函中委托的是鉴定机构还是鉴定人？无论是刑事诉讼法还是民事诉讼法抑或行政诉讼法，鉴定人作为诉讼参与人属于诉讼法律关系的主体，均存在鉴定人回避及出庭作证等有关规定，而鉴定机构不属于诉讼参与人，在诉讼法中不宜对鉴定

---

[1] 王胜明．中华人民共和国民事诉讼法释义［M］．北京：法律出版社，2012：17.

机构作出规定。基于此，诉讼法规定的委托对象只能是鉴定人，不可能是鉴定机构。而在司法鉴定管理体制中，鉴定人依附于鉴定机构，且鉴定人只能在一个鉴定机构中从事鉴定业务，对外由鉴定机构统一受理鉴定业务，受理司法鉴定委托属于鉴定机构的职责。那么如何处理诉讼法与《2016 年程序通则》的不同要求呢？一般来说，对于具有鉴定人资格的有专门知识的人，办案机关的委托函委托的主体应当为鉴定人，鉴定机构统一接受委托并办理手续，确定鉴定人应当告知办案机关，为回避制度实施提供空间；对于没有鉴定资格的有专门知识的人，办案机关的委托函委托的主体应当为有专门知识的人，不宜是有专门知识的人所在的机构或者单位。

二是办案机关出具委托函后是否还需要再签订委托书及如何签订委托书？正常情况下，办案机关出具委托函（聘任书）或者委托书后，一般不会再专门与鉴定机构另行签订委托书。因为委托函（聘任书）或者委托书中包括《2016 年程序通则》第十六条规定的委托书的部分内容。例如，新《民事证据规定》第三十二条第三款规定："人民法院在确定鉴定人后应当出具委托书，委托书中应当载明鉴定事项、鉴定范围、鉴定目的和鉴定期限。"基于委托的含义而言，委托函或者委托书一般是由办案机关单方面出具的，而协议书属于双方协商签订的。那么，在鉴定实践中如何执行《2016 年程序通则》第十六条的规定呢？就目前而言，对于办案机关出具委托函或者委托书的，鉴定机构不宜再另行要求与其签订司法鉴定委托书，但可以将第十六条规定司法鉴定委托书作为鉴定机构确认办案机关对移送的鉴定材料、鉴定期限、鉴定费用等问题的确认，可由办案机关的经办人在此委托书上签字确认，从而作为委托人"对鉴定材料的真实性、合法性负责"及鉴定机构对"鉴定材料的名称、种类、数量、性状、保存状况、收到时间等"（《2016 年程序通则》

第十二条的规定）核对的证明。这种方式符合司法行政部门将鉴定机构受理与委托作为管理事项的基本要求，也符合鉴定机构受理登记的基本要求。从另外一个角度来说，司法行政部门对办案机关签订委托书的内容不宜作出强制性规定，即使作出这种要求也不易于办案机关接受，毕竟《2016年程序通则》作为部门规章是对鉴定实施管理上的要求，并非是调整办案机关与鉴定机构及鉴定人诉讼法律关系的规定。

另外，委托书的盖章是法院的院章还是法院内设机构的技术辅助部门的内部章均不影响委托书的职权委托性质。

（二）技术标准、技术规范与技术方法的解读与反思

鉴定技术标准是衡量鉴定意见作为证据可靠性和可信性的重要依据，也是防止鉴定人主观性、任意性、片面性的重要标尺，它不仅有利于减少或者消除鉴定上的分歧，而且还为解决鉴定意见纠纷提供了判断参考。《2016年程序通则》第二十三条对鉴定人鉴定遵循和采用专业领域的技术标准、技术规范和技术方法作出了大幅度的删减，删除了“国家标准和技术规范”中的“技术规范”及“不具备前款规定的技术标准和技术规范的，可以采用所属司法鉴定机构自行制定的有关技术规范”。初步形成了“国家标准、行业标准和技术规范及技术方法”的层次性结构体系。如何对国家标准、行业标准和技术规范及技术方法进行科学界定则成为需要解读的重要内容。

我国《标准化法》将中国标准分为国家标准、行业标准、地方标准（DB）、企业标准（Q/）四级。国家标准在我国由国务院标准化行政主管部门制定，并分为强制性国标（GB）和推荐性国标（GB/T）。就严格意义而言，《2016年程序通则》规定的国家标准主要包括全国刑事技术标准化委员会及其各专业的分技术委员会制定

并以由国务院标准化行政主管部门的名义发布的标准。就目前鉴定领域而言，也应当包括最高人民法院、最高人民检察院、公安部、国家安全部、司法部《人体损伤程度鉴定标准》(司发通〔2013〕146号)及《人体损伤致残程度分级》等联合规定。但是，从现有的修改情况来看，与“行业标准和技术规范”的立法逻辑相比较，可视为国家层面有关的“技术规范”。

对于行业标准和技术规范主要是指司法鉴定主管部门、司法鉴定行业组织或者相关行业主管部门制定的行业标准和技术规范，[1]不包括各省、市、自治区制定的所谓行业标准和技术规范。目前，司法部颁布的多为技术规范。在鉴定中采用相关行业主管部门制定的行业标准和技术规范时，这些行业标准和技术规范一般应经过司法鉴定主管部门确认，从严格意义上讲，还需要报国务院标准化行政主管部门备案。

《2016年程序通则》第二十三条将原来规定的“该专业领域多数专家认可的技术标准和技术规范”修改为“该专业领域多数专家认可的技术方法”。所谓该专业领域多数专家认可的技术方法，包括该专业领域知名技术组织或者科学书籍、学术期刊公布的方法、仪器设备制造商指定的方法，以及其他机构使用的成熟方法。实际上，它属于未经过有权部门确认的具有行业性质的“行业技术方法”，并非是法律意义上技术方法，不具有强制力。[2]其中的技术方法不同于行业标准和技术规范，在适用上也应当予以区分。

在国家标准、行业标准或者技术规范、技术方法的采用问题上，当存在国家标准时，不得采用行业标准；在没有国家标准时，

---

[1] 司法部司法鉴定管理局.《司法鉴定程序通则》导读［M］.北京：法律出版社，2007：78.

[2] 同上。

才能采用行业标准；在没有国家标准和行业标准、行业技术规范时，也不得再采用司法鉴定机构自行制定的有关技术规范。《2016年程序通则》删除了司法鉴定机构自行制定的有关技术规范的适用，意味着这种技术规范不再作为司法鉴定的技术规范。在实践中，采用该专业领域多数专家认可的技术方法必然成为需要讨论的问题，对此应从实体与程序两个方面予以考虑。在实体方面，对何种技术方法可以作为司法鉴定技术方法除了考虑司法鉴定实践的经验外，还需要参考国外确定鉴定技术方法的标准。国外确定技术方法的标准以 1993 年达伯特诉麦热里·杜制药公司（*Daubertv. Merrell Dow Pharmaceuticals*, *Inc*）案件最为典型。美国联邦最高法院在推翻第九巡回地区法院根据弗赖伊判例“普遍接受标准”所作的判决时，确立的达伯特判例的“综合观察标准”或达伯特法则（Daubert Rule）。这一标准仅是对鉴定的技术方法，“通过科学共同体的认同或是接受的方法论来锚定专家证言”。[1]

同时，还应当考虑确定技术方法的程序和由谁来作为主体来组织评审和认可？认可该技术方法需要遵循何种原则和履行何种程序？对于评审中的不同意见如何处理？我们认为，对于此问题应当由该专业的专业委员会和适当的法律专家作为组成认可鉴定技术方法主体，通过该专业提出该技术方法的主体对于该技术方法予以说明、解释，由该专业委员会委员，以及邀请基础领域的专家与法学专家予以论证，通过质疑或者证伪的方式来获得该技术方法的认可，以保证其技术方法的可靠性。尽管科学问题不宜采取民主的方式解决，但对于鉴定技术方法而言，仍需要一定的复杂程序来保证其作为司法鉴定技术方法的稳健性及能够在重新鉴定中使用。这些

[1] 威廉·A. 瓦格纳．锚定叙事理论：刑事证据心理学［M］．卢俐利，译．北京：中国政法大学出版社，2019：218.

技术方法不仅要科学，更需要可重复性，得到该领域多数专家认可仍不失为一种较为稳妥的方法。但对认可的司法鉴定技术方法应当由国家司法鉴定主管部门予以公布，接受社会的质疑。

（三）鉴定人的相关专业与相应资质的理解与思考

《2016年程序通则》第三十二条规定:“重新鉴定应当委托原司法鉴定机构以外的其他司法鉴定机构进行；因特殊原因，委托人也可以委托原司法鉴定机构进行，但原司法鉴定机构应当指定原司法鉴定人以外的其他符合条件的司法鉴定人进行。接受重新鉴定委托的司法鉴定机构的资质条件应当不低于原司法鉴定机构，进行重新鉴定的司法鉴定人中应当至少有一名具有相关专业高级专业技术职称。”在重新鉴定问题上确立了委托其他鉴定机构为原则和委托原鉴定机构为例外的基本原则，同时要求接受委托的重新鉴定机构的资质应当不低于原鉴定的司法鉴定机构。修改后的规定与原规定“重新鉴定机构的资质应当高于原司法鉴定机构”相比更具有现实意义。2010年我国遴选了十家国家级鉴定机构，如何初次鉴定为国家级鉴定机构，按照原来的规定重新鉴定应当委托高于国家级鉴定机构的鉴定机构来进行，但在实践中根本不存在高于国家级鉴定机构鉴定资质的鉴定机构。而按照现在的规定，初次鉴定如果在国家级鉴定机构进行，则可在国家级鉴定机构中进行重新鉴定。但是，在实践中应当注意的是，在这十家国家级鉴定机构中并非其所有的鉴定事项均属于国家级资质，如果国家级鉴定机构的鉴定事项不属于国家级资质的，也可以在不具有国家级的鉴定机构中进行，不宜简单机械地按照司法鉴定机构的外在形式上的资质确定不低于原鉴定机构资质的规定。

在此条规定中，负责重新鉴定的司法鉴定人中应当至少有一名具有相关专业高级专业技术职称中的“相关专业”极易引起分歧性意见。对此条从字面作相反解释来看，存在需要“具有一名与本鉴定专业相关的高级技术职称”的鉴定人的疑问，即为什么重新鉴定需要找一个相关专业的鉴定人参与鉴定呢？因为“相关”是相对进行重新鉴定需要专业而言，是指与重新鉴定彼此关联或者相互牵扯的专业。显然，这种解释不符合常理，也不符合重新鉴定的高标准要求。因为重新鉴定要求的更专业，鉴定事项也需要在本专业更具有权威性的鉴定人，而不是需要一个与本专业相关专业的鉴定人，否则，鉴定的专业程度不是更高了。对于此条款应当在立法上规定为负责重新鉴定的鉴定人中应当至少有一名具有“本专业（与鉴定事项相符的专业）高级专业技术职称”。

《2016年程序通则》第三十五条规定：“司法鉴定人完成鉴定后，司法鉴定机构应当指定具有相应资质的人员对鉴定程序和鉴定意见进行复核；对于涉及复杂、疑难、特殊技术问题或者重新鉴定的鉴定事项，可以组织三名以上的专家进行复核。”按照此条规定，鉴定意见的复核成为鉴定意见出具的必经程序，复核人应当对鉴定意见书提出复核意见。这种复核是程序意义上的复核还是指实质意义上的复核，是否存在不进行复核就会导致鉴定意见瑕疵，因欠缺这一必要程序就会致使鉴定意见受到重大影响，甚至无效。同时，相应资质的人员是否必须是“司法鉴定人”？相应资质的人员有无专业要求以及与该通则第三十二条“相关专业高级技术职称”与鉴定人存在何种关系？相应资质的人员复核时与鉴定人意见不一致如何处理，以及这种规定是否与鉴定人独立鉴定原则存在冲突？这里的相应资质的人员因没有鉴定人的限制，似乎可以不是鉴定人。如果从事此司法鉴定的鉴定人员是具有高级技术职称的司法鉴定人，在鉴定机构中不存在具有相应资质的鉴定人，对此问题如何处理必然成为实践中的难题。如果复核人与鉴定人存在不同意见，是以鉴定人的意见作为鉴定意见还是以复核人的意见作为鉴定意见，从鉴定人独立鉴定的原则和出庭作证的要求来看，复核人应当尊重鉴定人的意见，否则会违反上述原则，也会导致鉴定人出庭作证成为困难。基于此，复核人实质上是对鉴定意见作为证据的程序性审查，不仅不对鉴定意见作实质性审查，更不能更改鉴定人作出的鉴定意见。如果复核人发现鉴定意见存在瑕疵或者错误的，应当建议鉴定人进行检查或者重新作出。鉴定意见由鉴定人本人基于自己的专业判断作出结论，鉴定人对鉴定意见负责，独立承担错误鉴定的责任。一旦鉴定人不接受复核人的意见，在此方面涉及责任分担问题，必然成为追究鉴定人责任的凭据。

（四）“参照本通则规定执行”与诉讼外委托出具鉴定文书性质的诠释与思考

《2016年程序通则》第四十九条规定：“在诉讼活动之外，司法鉴定机构和司法鉴定人依法开展相关鉴定业务的，参照本通则规定执行。”对此条款规定的“参照本通则规定执行”应当如何理解？对诉讼活动外委托鉴定出具的鉴定文书是作为鉴定意见还是作为书证等其他性质的证据材料？上述问题如何理解又成为必须面对的问题。

对于参照执行问题，因人们对参照的不同理解会产生分歧。此处的参照是否必须按照执行，不按照执行存在何种法律后果？规定参照是否意味着有些规定可以不参照，否则何不规定依照或者按照？对上述疑问的理解源于对何者为“参照”的不同解释。我国《现代汉语词典》对“参照”解释为：“参考并仿照（方法、经验等)。”[1]也就是说，当若干件不相同的事物需要比较时，就要借助这些事物中共有的特性作参照标准，这一借助的过程可称之为参照。法律规范上的“参照执行”一般是指与法律文件适用对象相近的单位不再制定专门法律文件，而是要求相近单位参考该法律文件并仿照执行。有观点认为，“参照执行”的一般意思，是指按照其原则和精神执行，而不是指可以执行，也可以不执行，但在具体问题上允许不违背基本精神或者基本原理上的变通执行。一般来说，对于参照执行大致有三种理解：一是认为只是“参照”，可以不执行。既然是参照执行，那就是参照着执行，可以执行，也可以不执行。二是认为可以执行，也可以不执行，是否执行自行决定，执行不执行均可；三是认为“参照执行”强调的是执行，并非是不执行，而是一定要执行。第一种理解侧重于参照，充分体现参照的意义，但是忽略了执行的意义。第三种理解则侧重于执行，却忽略了参照。有观点认为，从“参照执行”的字面意义来分析，不排除包含了上述前两种含义，但主要或者更多的是体现了第三种理解精神即要求执行，甚至是在条件没有变化的情形下必须制行。如果允许不执行，也就失去规定的意义，法律完全可以不作规定或作出相反的规定。

基于以上的分析可以发现，对于规定的“参照本通则规定执行”成为鉴定机构的一项义务。但是，从“参照”字面意义来看，“参”的基本含义是“加入”“参加”，而“照”是指按照、比照的意思，也就是说，对其规定的基本宗旨仍是要求司法鉴定机构在接受诉讼外鉴定委托时，特别是实施鉴定时应遵照《2016 年程序通则》的规范执行，而绝不是让鉴定机构在实施鉴定时作为“参考”。从鉴定的本质而言，鉴定本身不因委托的主体不同或者诉讼外而与

---

[1] 中国社会科学院语言研究所词典编辑室．现代汉语词典（第 5 版）[M]．北京：商务印书馆，2007：129.

诉讼中有何区别，该通则尽管有法律程序正当的蕴含，主要还是遵循了鉴定规律，况且其是对司法鉴定的最低要求，属于不得突破的程序底线。因此，对此理解为按照或者依照最为恰当。

那么，参照执行对鉴定机构实施诉讼外鉴定是否具有约束力？就其约束力来言，参照属于介于遵照和参考之间的术语，根据约束的程度来看，遵照、参照、参考有依次递减的趋势。遵照执行的约束力最强，具有强制的法律约束力，有必须执行或者应当执行的意蕴；参照执行相对遵照执行约束力较之弱些，但因其具备约束力，还是有一定法律效力的，如果存在不执行或者不宜执行的特殊情况，应当说明理由，即不执行为例外；参考介于两者之间，几乎没有约束力，可由执行主体自行选择执行与否。我们认为，对于本条规定的“参照执行”，不仅需要参照该通则的精神执行，更为重要的是在鉴定实施过程中应当按照鉴定规定进行，不可随意自由裁量适用。对于委托程序和出具的鉴定书的形式可以作出变通执行，但对于这些非“实施鉴定”的事项不影响鉴定的实质问题。

我们认为，当根据鉴定的实际情况不宜执行或者不执行时，主要集中在委托程序和鉴定书出具程序。对于前者，需要解决的问题是，能否不采用委托书而采用原来的协议书？诉讼外委托毕竟不同于诉讼中的委托，尤其是当事人自行的委托，采取这种方式委托的鉴定出具的鉴定书并非是法定的证据种类，即使在诉讼中当事人没有异议，仅仅标明当事人的承认，其法律后果仅仅发生案件事实的承认，对方当事人不再承担举证责任。基于此，鉴定机构接受诉讼外鉴定委托，是采用委托书还是协议书的形式，可由鉴定机构根据情况选择，防止过分机械而出现片面性，也不宜强行采取统一要求。

一般来说，对执法机关或者查办案件机构及调解机构、仲裁机构委托的鉴定，应当选择鉴定委托书的方式。因为这些委托行为具有职务行为的性质，与诉讼中办案机关的委托无本质的区别，同时在行政执法与刑事司法的衔接中，执法中获取的有些证据可以不经过转化，直接作为诉讼证据。例如，《人民检察院刑事诉讼规则》第六十四条第二款规定："行政机关在行政执法和查办案件过程中收集的鉴定意见、勘验、检查笔录，经人民检察院审查符合法定要求的，可以作为证据使用。"

对于当事人自行委托的鉴定，鉴定机构可以选择委托书还是协议书，由鉴定机构与当事人协商。笔者倾向于采用协议书，对有些鉴定事项应当从严，特别是对检材和鉴定目的在协议中应具体化与细化，以免出现鉴定后不必要的争议甚至引发一些因协议不清或者不明的投诉。

对于诉讼外委托的鉴定出具的鉴定文书可以采取变通的方式解决，也可采取与鉴定意见书不同的表达形式。对此存在一些不同意见。一种意见认为，采取鉴定书的形式，在鉴定书上盖司法鉴定专用章或者鉴定机构的公章；另一种意见认为，采取鉴定报告的形式，在鉴定报告上盖鉴定专用章。多数意见倾向于采用鉴定书，在其前不加"司法"限定，以示与诉讼中的司法鉴定的区别。从另外一个层面也反映出无需按照《2016 年程序通则》规定执行而可以变通。笔者认为，对于办案机关委托的，应当以"司法鉴定意见书"作为文书形式。如《公安机关办理刑事案件程序规定》第二百五十一条规定："……鉴定后，应当出具鉴定意见，并在鉴定意见书上签名，同时附上鉴定机构和鉴定人的资质证明或者其他证明文件。"对于办案机关委托的鉴定采用"司法鉴定意见书"既标明鉴定意见书的特性，也体现司法鉴定的司法的特点。对于当事人自行委托的，可以采用鉴定书或者鉴定报告的形式，以示不具有当然的司法鉴定所具有的作为证据的"法定性"，但仍是鉴定，当事人认可的，也不失为作为证据的意义。

由于参照执行存在人为判断空间和自由裁量情形，一旦适用不当或被滥用往往会影响法律法规和规章制度严肃性，因此，制定规章制度时应减少参照执行规定，而必须将相近类型组织列为参照执行的，应考虑参照执行单位的实际情况，对相关不适宜参照执行的单位应在条款中给予明确注明。当然，制定法律法规规章尤其是规章及相关实施细则尽量少用“参照执行”的表述，以免在实践中造成分歧甚至给那些善于规避法律法规规章的机会。

小　结

《2016年程序通则》实施过程中的疑难问题不限于以上讨论的问题。仅就上述问题而言，依然需要进一步作出合理解释，甚至作出理论上的探索。鉴定程序之所以衍生出如此多的问题，是因为制定鉴定程序通则时没有考虑到鉴定与证据、诉讼程序的协调关系，仅局限于鉴定本身，以至于有些内容不仅成为难以实现的奢望，还给实践制造出难以执行的困局和尴尬，对此需要深思。另外，目前有关部门对事故鉴定进行调查形成的报告，如火灾事故报告，对“涉及专门性问题的意见，经法庭查证属实，且调查程序符合法律、有关规定的，可以作为定案的根据”（《刑事诉讼法司法解释》第一百零一条），这种作为定案根据的解释因仅仅明确事故调查程序的合法合规性，而未明确涉及专门性问题的鉴定程序是否需要符合有关规定，且仅将涉及专门性问题的意见作为证据，并未将整个报告作为证据，致使事故调查涉及专门性问题的鉴定意见与整个报告结论在性质上如何区分尚需进一步深入讨论。

第四章

专家辅助人制度改革思考与审视

专家辅助人制度作为司法实践的创新成果已被我国诉讼法所吸收，司法实践对此比较重视。《刑事诉讼法司法解释》第二百五十条规定："公诉人、当事人及其辩护人、诉讼代理人申请法庭通知有专门知识的人出庭，就鉴定意见提出意见的，应当说明理由。法庭认为有必要的，应当通知有专门知识的人出庭。申请有专门知识的人出庭，不得超过二人。有多种类鉴定意见的，可以相应增加人数。"这种专家辅助人时常被有关解释置换为国外的专家证人制度，其质证角色的混淆与功能转换，却带来了制度创新意义的不断式微，导致当事人诉讼权利在此方面的程序功能受到限制。我国的专家辅助人制度应从有效保障当事人质疑鉴定意见的程序功能出发，充分体现其法庭质疑的证伪功能，解决鉴定意见争议中的疑惑，建构防止错误专家意见作为定案根据的程序限制规则，继而为法官发现真相提供科学保障。

一、专家辅助人的角色混淆与功能错位

我国《刑事诉讼法》和《民事诉讼法》对鉴定人出庭作证作出了明确规定，并实行比普通证人更为严格甚至近乎绝对的“传闻证据排除规则”[1]，即鉴定人拒不出庭作证的，鉴定意见不得作为认定事实的根据或者不得作为定案的根据。为保障鉴定人出庭作证能够获得实质性效果，确保鉴定意见作为定案根据的可靠性以及体现以审判为中心的诉讼制度地位，诉讼法在修改时又额外配置了新的诉讼参与人，即有专门知识的人出庭就鉴定人作出的鉴定意见或者专业问题提出意见，架构了其出庭对鉴定意见或者专业问题提出意见制度——专家辅助人制度。这一制度不仅能够维护当事人的合法诉讼权利，提升当事人质疑鉴定意见的能力与质量，还能澄清当事人在专门性问题上的异议，也有助于协助法官发现鉴定意见存在的瑕疵或者错误，为其选择鉴定意见提供了“兼听则明”的理性平台。[2]然而，在专家辅助人参与的颇具影响的福建念斌案中，因毒物鉴定问题引发了庭上专家之间的分歧，致使法律人在此“几乎退场”，[3]特别是专家辅助人在庭审上提出的意见使案件产生了“颠覆

---

[1] 一般来说，经人民法院通知，鉴定人拒不出庭作证的，鉴定意见不得作为定案的依据或者认定事实的根据，而经人民法院通知，证人拒不出庭作证的，其相应的法律后果仅仅是被追究直至拘留的法律责任，却没有规定不出庭作证的证人证言不得作为定案根据的后果，仅限于法庭对其证言真实性无法确认的，才不能作为定案依据。相反，经过查证证人证言的真实性可以确认的，可以作为定案的根据。参见《最高人民法院关于适用〈中华人民共和国刑事诉讼法〉的解释》第九十一条第三款的规定。

[2] 郭华．刑事诉讼专家辅助人出庭的观点争议及其解决思路［J］. 证据科学，2013（4）.

[3] 在该案中曾有7名鉴定人出庭，9名专家辅助人出庭，形成了较为庞大的专家出庭队伍。陈瑞华教授认为，“念斌这个案子到了最后，法律人几乎快成了外行，打的全是专业毒物鉴定问题”。参见：李靖云．念斌案与中国刑辩［N］. 南方都市报，2014-09-14（A18）.

性效果”，[1]更给人们带来无限的遐想。上海复旦投毒案，专家辅助人又提出“被害人黄某并非死于二甲基亚硝胺中毒，而是死于爆发性乙型病毒性肝炎致急性肝坏死继发多发性器官衰竭”的意见。尽管未因其意见导致案件在二审中“峰回路转”，[2]但其富有挑战性的意见却再次触发人们神经，不断引发人们对鉴定意见可靠性的重新审视。人们在深刻反思该制度呈现出来现实问题与传统做法的尖锐对峙时，难免会疑问，专家辅助人出庭是“质证”还是“诡辩”，其角色是“证伪”抑或“搅局”？如何消除现实法庭上法律人辩论让位于专家的“专业混战”，法官在这种专业论战面前如何不被伪科学的硝烟所遮蔽或者带偏？诸如此类的问题，不仅带给人们一些迷惘与焦虑，甚至还衍生了一些对制度正当性匪夷所思的疑问。针对上述问题予以探讨，从专家辅助人制度为何而设的视角对该制度进行探讨，澄清理论上对此案专家证人的过分解读及司法实践的曲解，进而避免新设置制度在实践遭遇情绪发泄的责难或者在误用中不断被扭曲。

（一）专家辅助人制度为何而设：保障当事人的权利抑或便利法官职权？

人类的现实生活已从“自给自足”时期跨入到“专家的时代”，我们不仅将自己的座驾交给汽车修理专家、将自己的孩子交给教育专家、将自己的饮食交给卫生健康专家、将自己的税收政策交给由社团支持的经济学专家，还要将正义的伸张交给法庭

---

[1] 王刚桥．念斌案：正义的胜利还是程序的胜利［N］．北京青年报，2014-08-29（A03）．向佳明．无罪获释 10 余天 念斌再遭立案侦查［N］．潇湘晨报，2014-11-26（A08）．

[2] 王烨捷，周凯，刘言．复旦投毒案二审死因成控辩焦点［N］．中国青年报，2014-12-09（7）；孟伟阳．“复旦投毒案”今日二审宣判 驳回上诉维持原判［N］．法制日报，2015-01-08．

上作证的专家。❶当“我们的法律遇到涉及其他学科和专业的问题，我们通常求助于有关学科或专业人员帮助，这是我们的法律应受尊重和值得赞赏的一面。因此，看来我们不仅尊敬我们自己的学科，也尊重其他学科。同时，我们认可、鼓励其他的学科或专业成为值得赞赏的事物”。❷“能够建立在对专业人才充分运用的基础上，具备广泛的科学性和充分的客观性，保证案件判决的公正、合理。”❸“将正义的伸张交给法庭上作证的专家”尽管是“值得赞赏的事物”，由于“科学知识的运用依赖于专家，专家是人因而具有多重属性。作为拥有专门知识的人，一方面，专家可以正确运用自己掌握的科学知识和经验，对事实认定者感到不明确的数据进行合理地拼合或解释，帮助事实审理者理解证据或确定争议事实。另一方面，专家也可能误用科学原理和技术方法而形成错误的判断，误导事实认定者（包括法官、陪审团成员）作出错误的判断”。❹基于此，将专门性问题的认识“交给法庭上作证的专家”并不必然获得正义，甚至有时正义不仅不能得到伸张，而且还会成为错案的“罪魁祸首”。因为“鉴定错了，裁判就会发生错误，这是肯定无疑的。”❺作为专家的鉴定人存在专家带来的潜在偏向性，特别是所利用的专门知识或者科学技术的不确定性会给法庭认定事实带来风险，其专家身份及其携带超越常人智能的科技因素在一定程度上会遮蔽提出意见的风险，尽管科学不会自我欺骗，

---

❶JAMES S，LAUGHLIM，When Students Confront the Experts：Toward Critical Thinking，81Eng. J. 72，72（1992）.

❷麦高伟、杰弗里·威尔逊．英国刑事司法程序［M］．刘之霞，等译．北京：法律出版社，2003：232.

❸王胜明．中华人民共和国民事诉讼法释义［M］．北京：法律出版社，2012：178.

❹常林．谁是司法鉴定的“守门人”？——关于《司法鉴定管理问题的决定》实施五周年成效评析［J］．证据科学，2010（5）.

❺勒内·弗洛里奥．错案［M］．赵淑美，张洪竹，译．北京：法律出版社，2013：137.

鉴定的科学性源于客观性，事实上，任何一种鉴定意见都不是科学自然的产物，是案件的检材与鉴定人主观判断的结果。从客观的鉴定对象作为检材的分析，其形成、提取、保管、检验、提交各个环节都可能因污染而失真；从对检材的“主观判断”来分析，鉴定人对检材的认识必然夹杂着鉴定人的主观判断，即使是客观性较强的检测报告，其报告仍摆脱不了鉴定人对检测结果的认识性判断。由于鉴定意见往往决定着案件的性质，在很大程度上影响着法官的意见和判决结果，甚至决定了司法的公正性和社会的公平公正程度。鉴定人作为法官“事实发现上的当然辅助者”，法官对鉴定意见时常出现过分依赖甚至以鉴代审的现状，而当事人基于自身利益时常对鉴定意见出现怀疑甚至“涉鉴上访”，鉴定人因与法官、当事人存在专门知识的隔阂，致使作为解决争议的鉴定在某些案件中演变出比其解决的专门性问题更加突出、更复杂的“是非之王”，在一定程度上加剧了重复鉴定，不仅影响诉讼效率，也会影响司法公正。

正义应当通过看不见的方式实现，因为以看得见方式实现更能增加公正的分量和获得对公正的敬仰。法庭对存在异议的鉴定意见要求鉴定人出庭接受质疑与询问，对于贯彻言词审理原则和推进审判中心无疑是有力的举措，借助程序的力量还可以降低鉴定意见作为证据风险的可能性。基于此，鉴定人出庭作证也就成为可能。《刑事诉讼法》第一百九十二条第三款规定：“公诉人、当事人或者辩护人、诉讼代理人对鉴定意见有异议，人民法院认为鉴定人有必要出庭的，鉴定人应当出庭作证。经人民法院通知，鉴定人拒不出庭作证的，鉴定意见不得作为定案的根据。”《民事诉讼法》第八十一条规定：“当事人对鉴定意见有异议或者人民法院认为鉴定人有必要出庭的，鉴定人应当出庭作证。经人民法院通知，鉴定人拒不出庭作证的，鉴定意见不得作为认定事实的根据；支付鉴定费用的当事人可以要求返还鉴定费用。”鉴定人出庭作证应当有能力相当的专家来对其意见进行质疑，若无相应能力的专家协助，要么当事人质疑鉴定人带有任意性，难以发挥质疑的作用，致使质证不具有实际意义；要么当事人庭外咨询相关专家，当事人在法庭上成为庭外专家的转播器，其质证会表现出更多的机械性，面对鉴定人回答无法有效进行质疑，再加上庭外专家未能亲自了解鉴定情况，有可能提出质证意见存在偏颇，其结果导致质证的效果不佳。实践中鉴定人出庭率不高，面对鉴定人出庭衍生的诸多问题尤其是鉴定意见存在技术的分歧与争议，无论是作为普通人的当事人还是作为法律专家的辩护人、诉讼代理人抑或办案的法官、检察官仍难以解决只有技术专家才能解决的问题。

在此问题上，我国司法鉴定制度改革对国外制度尤为青睐，特别是意大利的“技术顾问”制度和俄罗斯联邦的“专家”的做法，专家证人对抗制度无疑成为解决我国上述问题的妙药，再加上“真理越辩越清，越辩越明”的哲学思维，尤其是同行专家评议的实用主义，借助于与鉴定人同行的“有专门知识的人”来破解这一难题也就成为立法优先考虑的问题，在鉴定人出庭作证制度上增加专家辅助人制度与之对抗成为立法上的必然抉择。基于此种思路，《刑事诉讼法》第一百九十七条第二款、第四款规定：“公诉人、当事人和辩护人、诉讼代理人可以申请法庭通知有专门知识的人出庭，就鉴定人作出的鉴定意见提出意见。第二款规定的有专门知识的人出庭，适用鉴定人的有关规定。”《民事诉讼法》第八十二条规定：“当事人可以申请人民法院通知有专门知识的人出庭，就鉴定人作出的鉴定意见或者专业问题提出意见。”尽管上述规定在有些问题上未能予以完全相同表述，但在解决鉴定人出庭作证涉及专业问题上的对抗却具有同向性。“刑事诉讼法修改时新增加的规定，是为了加强对鉴定意见的质证、保证公正审判而增加的规定，”[1]“为了充分保障当事人诉讼权利，维护当事人的正当权益，有助于法官居中裁判和对事实的正确认定，在总结实践经验的基础上，这次修改民事诉讼法新增加了本条规定。”[2]也就是说，在专家辅助人因何而设问题上是能够获得较为一致诠释的。然而，诠释专家辅助人制度的功能不仅需要对现有法律规定的内容进行法理阐释，还需要对其在法条中所处的位置及与其他法条和相关制度之间的关系进行深刻认识，厘清它们之间内在的逻辑关系。由于专家辅助人制度是对英美法系国家专家证人制度的吸收，在理解这一制度时也要关注其在国外诉讼中为何而设的问题。

无论是从刑事诉讼法的规定还是民事诉讼法的规定，专家辅助人制度设置的功能是借助于法律赋予当事人具有足够的能力质疑作为证据的鉴定意见，来保障公正审判。可以说，专家辅助人制度相对于公正审判而言，是促进公正的手段，其本身不是目的，而作为手段的制度本身衍生出不同的效用。一是借助该制度将当事人对鉴定意见的异议从法庭之外的不断“重复鉴定”引入审判程序来消化，体现诉讼程序吸收不满的功能。由于鉴定工作的专业性较强，仅凭其他诉讼参与人自身的知识难以发现鉴定中存在的问题，很难对鉴定意见进行质证，当事人对鉴定意见有异议的往往只能通过重复鉴定来解决。[3]二是借助于该制度强化当事人对审判程序参与的深度，保障当事人具有足够能力质疑鉴定意见，推动质证的实质化和有效性。由于鉴定意见中所涉及问题专业性较强，仅听一面之

---

[1] 郎胜. 中华人民共和国刑事诉讼法释义［M］. 北京：法律出版社，2012：417.

[2] 王胜明. 中华人民共和国民事诉讼法释义［M］. 北京：法律出版社，2012：176.

[3] 全国人大常委会法制工作委员会刑法室.《中华人民共和国刑事诉讼法》释义及实用指南［M］. 北京：中国民主法制出版社，2012：366.

词，法官往往难以作出正确判断，法院的判决如果总是被鉴定意见左右最终也会损害司法的权威。因此，本次刑事诉讼法修改时增加规定，可以通知有专门知识的人出庭。[1] 这与国外的专家证人在保障当事人诉讼权利方面没有多大差异，但与专家证人作为证人存在本质的差别。也就是说，专家辅助人制度是基于鉴定人出庭而设置的，其功能在于保障当事人具有足够能力来质疑有异议的鉴定意见，其他功能即保障法官正确履行审判职责或者防止法官可能的偏见及保障法官对鉴定意见的"正确判断"则属于该制度功能的衍生品或者附随产物，并非是该制度本质之所在。那么，该制度基于何种原因而设呢？无论是福建念斌案中专家辅助人质疑鉴定意见导致案件峰回路转还是上海复旦投毒案质疑引发的舆论哗然，[2] 均体现了该制度为何而设的基本目标，当然，绝不能以专家辅助人提出意见正确及是否被采用作为判断该制度功能的标准。

从程序规则的意义上看，专家辅助人制度的功能在于能够保障当事人充分、有效质疑鉴定意见的诉讼权利，赋予其对鉴定意见异议在法庭上的充分表达权和协助表达权，这种程序参与权可以充分体现当事人在法庭上质证的主体地位，也能够体现程序的正义。因为"程序正义的最基本要求是：与诉讼结果有利害关系或者可能因该结果蒙受不利影响的人，都有机会参与到诉讼中，并得到提出有利于自己的主张和证据及反驳对方提出的主张和证据的机会。"[3] 通过专家辅助人对鉴定意见的质疑，使鉴定意见中可能存在的问题得以暴露，促使鉴定人提高鉴定质量，以及防止法官仅仅听取鉴定人

---

[1] 全国人大常委会法制工作委员会刑法室 .《中华人民共和国刑事诉讼法》释义及实用指南［M］. 北京：中国民主法制出版社，2012：366.

[2] 王云帆 . 林森浩案越是被围观越要充分说理［N］. 京华时报，2015-01-09（A02）.

[3] 宋英辉 . 刑事诉讼原理［M］. 北京：法律出版社，2003：41.

的单方意见而出现的偏见，保障鉴定意见得到全面审查，减少误判。这一实体性功能尽管在案件事实认定中与程序性功能相比更为重要，甚至实体性功能可能是立法预设的目的，却不是这项制度作为程序法的内容作出规定的直接功能。复旦投毒案的审判长当庭表明，辩方的专家辅助人的陈词，并不属于刑事诉讼法规定的鉴定意见，只能作为对鉴定意见的质证意见，不能单独作为定案依据。法官的表述再次体现了这一制度在实践中的价值蕴含。

（二）专家辅助人制度的庭审功能：专家质疑还是专家论战?

专家辅助人制度作为我国诉讼法新增加的一项制度不仅“需要在实践的继承上进一步完善”或者“在实践的基础上继续完善”[1]，更需要理论将其放置整个诉讼制度的框架下进行解读及从制度层面予以架构，否则司法实践就会沿着实用主义或者功利主义不断前行，出现实践反对理论并不断疏远这项制度建设的现象。

《刑事诉讼法》第一百九十二条第三款规定：“经人民法院通知，鉴定人拒不出庭作证的，鉴定意见不得作为定案的根据。”将此条与第一百九十七条第二款的规定结合起来探究，可以发现，当事人申请法院通知有专门知识的人出庭是针对存在异议的鉴定意见，其功能从形式上看，属于协助公诉人、当事人和辩护人、诉讼代理人在质疑鉴定意见时能够提出意见且有能力提出不同意见。对于作为证据的鉴定意见基于客观立场存在争论、交锋、质疑甚至搅局抑或“砸场子”，与只有鉴定人的声音在法庭上回荡相比，后者的相对宁静与前者的争议相比，后者则是“沉默”的恐惧。“可怕的祸患不在部分真理之间的猛烈冲突，而在半部真理的平静压熄……到人们

---

[1] 王胜明．中华人民共和国民事诉讼法释义［M］．北京：法律出版社，2012：176；郎胜．中华人民共和国刑事诉讼法释义［M］．北京：法律出版社，2012：417.

只会偏注一方的时候，错误就会硬化为偏见，而真理本身由于被夸大变成谬误也就不复有真理的效用。”❶在一定意义上，念斌案的专家辅助人指出了控方检验报告和鉴定意见的漏洞所在，否定了控方指控的中毒原因、投毒方式和毒物来源，发挥了专家质疑鉴定意见的“质疑证疑”的基本功能。❷不仅如此，这种制度还为有效辩护创造了空间，致使其律师的辩护意见易于被法官接受，致使此案获得了从死刑到指控不成立“无罪”的逆转性改判，其程序赋予的意义不可低估。

为了使控辩双方在鉴定意见质证程序中得到平等的武装，体现程序的公平公正，允许当事人及其辩护人、代理人委托专家与出庭的鉴定人抗衡就成为正当程序的必备要素和必然的抉择。但是，因专家辅助人出庭需要经过法官决定，其保障当事人诉讼权利的决定权极易转化为法官为我所用的选择权，将并非解决法庭认定事实问题或者不是为法庭直接解决鉴定意见作为证据认定案件事实而设立的专家辅助人制度演变为专家证人制度，通过专家意见的证实功能来达到认定案件事实的目的。专家辅助人制度实然性功能的转向大致有以下因素。

一是当一种新的制度在理念、理论及规定上未达成共识时，搬运国外的相似制度予以模仿无疑是捷径，且能够借助国外制度的运行予以操作，并从其存在的理由上对现实给予合理性回应。例如，最高人民法院在审理“奇虎 360 诉腾讯”案中在庭审中将专家辅助

---

❶ 约翰·密尔顿．论出版自由［M］．程崇华，译．北京：商务印书馆，1996：55.

❷ 李学军．也谈念斌案：专家辅助人制度于念斌案的意义［EB/OL］．(2014-10-14)［2021-07-15］.http：//old.civillaw.com.cn/article/default.asp?id=62826.

人直接标为专家证人，出现庭上与判决书表述不一致的现象。[1]而《最高人民法院关于审理环境民事公益诉讼案件适用法律若干问题的解释》（法释〔2015〕1号）第十五条中直接规定："当事人申请通知有专门知识的人出庭，就鉴定人作出的鉴定意见或者就因果关系、生态环境修复方式、生态环境修复费用以及生态环境受到损害至恢复原状期间服务功能的损失等专门性问题提出意见的，人民法院可以准许。前款规定的专家意见经质证，可以作为认定事实的根据。"尽管这种规定解决了专家辅助人意见证据地位问题及减弱了实践对理论的冲突，但可能会遭遇美国所面临"不是如何鼓励专家参加诉讼，而是如何有效控制专家参加诉讼，如何有效地分辨专家证言的真伪"的复杂问题，也等于在解决鉴定意见争议的基础上再叠加一个争议的专家证言，这种叠床架屋式不断增添复杂性的改革令人疑惑。

二是我国诉讼法设置专家辅助人制度的确借鉴了英美法系国家的专家证人制度的意蕴，旨在保障当事人的诉讼权利，借助于其质疑鉴定意见的功能及鉴定人回答，消解当事人对鉴定意见的不当异议，从而将不断在庭外进行的重复鉴定引入法庭，以免因多次鉴定出现不同鉴定意见，从而将纠纷或者争议转移到鉴定争议上来，鉴定意见作为证据之王转化为是非之王，出现不断的"案中案"现象，导致审判偏离质疑与审查判断证据的主题。我国为当事人而设的专家辅助人制度尽管在出庭的程序设计上不同于英美法系专家证人制度，但司法实践中的专家辅助人的专家证人化，促使专家辅助人制度应然性的"证伪"功能转向为提供证据的"证实"效用，甚

[1] 在该案的庭审中直称"专家证人"，而在判决书中却采用"专家辅助人"的表述。参见：郭华．对抗抑或证据：专家辅助人功能的重新审视——兼论最高法院审理"奇虎360诉腾讯"案［J］．证据科学，2016（2）．

至将激烈的国外专家证人庭上厮杀导入我国的审判程序，致使这种具有创新性的诉讼制度在我国法庭不断上演国外的专家相互厮杀情景，其制度不再有具有创新意义，也无法催生新制度的完善。这种做法错将手段当作目标，因不可能将搬运的国外专家证人制度进行整体性变迁，必然会导致这种不加改造的制度再次出现过分依赖专家的问题。“我们怎能确定今天的专家到了明天不会变成蠢材呢？此外，太依赖权威对民主社会来说，可能是颇为危险的。过度信赖专家会纵容他们把我们置于黑暗中，并且他们还可能提供强化自己权力与地位的思想。当我们对专家如何获得他们的知识一无所知时，我们就会失去某些独立判断的能力。”❶实践中的误用极易出现“画虎不成反类犬”的不良效果。

三是在法学理论研究层面上也存在将专家辅助人视为专家证人的观点，在制度设计上不断将其身份从保障程序公正转向实体意义的证人，促使司法实践将专家辅助人制度保障当事人诉讼权利的程序功能转换为具有实体意义和证据意义的专家证人制度。有论者认为，《刑事诉讼法》对专家证人出庭制度进行了规定，我国刑事诉讼中专家证人出庭制度正式得以确立。❷也有论者认为，根据《刑事诉讼法司法解释》第二百六十三条的规定，审判人员认为必要时，可以询问证人、鉴定人、有专门知识的人、调查人员、侦查人员或者其他人员。同时还规定了询问证人、鉴定人、专家辅助人所通用的规则。这就意味着，专家辅助人意见本身是被质证的对象，法官需要对其通过询问的方式来作审查判断。❸立法机关在对此问

❶ 劳伦斯．纽曼．社会研究方法：定性和定量的取向（5版）[M]．郝大海，译．北京：中国人民大学出版社，2007：6.

❷ 宁林，潘星明．专家证人制度特征及其价值刍议[J]．人民论坛，2014（12）.

❸ 胡铭．专家辅助人：模糊身份与短缺证据：以新《刑事诉讼法》司法解释为中心[J]．法学论坛，2014（3）.

题解释时认为，“具有专门知识的人提出的意见如被采纳，则可能带来相关的鉴定意见不能采信的后果，该鉴定意见不能作为定案的根据”。[1] 即使是专家辅助人“就专业问题进行说明，回答咨询，提出自己的意见，能够帮助法官和当事人对这些专业问题作出适当理解，澄清不当的认识，解决法官知识结构的局限性和特殊专门经验的贫乏性对于正确认定案件事实所产生的不利影响”[2] 并未将其视为鉴定意见证据。对专家辅助人意见提出质证的前提，其意见应当是证据，否则质证就会失去目标，何谈对质。这种一味将西方专家证人的“话语”强行镶嵌在中国话语系统是将国外的专家证人制度事先设定作为中心，而将我国司法实践创新的专家辅助人制度作为支流，使之向中心靠拢或者被其替代。“在寻求解决问题之新路径时，法学家们几乎只关注外国制度设置的规范层面，试图探明这些制度是否优于现行的国内法。这种有害的职业习惯尽管可以理解但并非没有代价。”[3] 如果简单移植国外的制度而又试图从自身以外获得其意义，最后可能不仅会丢掉了自己和迷失自我，还会搅乱原有的鉴定制度与证据制度，导致诉讼制度的内部出现紊乱。在美国，联邦最高法院已经承认在某些特殊情况下，获得专家的帮助是被告人享有正当程序的重要内容。[4] 即使是意大利的技术顾问制度抑或俄罗斯的专家制度仍保持其当事人诉讼权利的程序角色。也就是说，专家辅助人制度实然性功能由诉讼权利的保障转向为实体意义上查明案件事实的证据制度，这在一定程度上是对现有法律规定基本精神

---

❶ 郎胜．中华人民共和国刑事诉讼法释义［M］．北京：法律出版社，2012：418.

❷ 王胜明．中华人民共和国民事诉讼法释义［M］．北京：法律出版社，2012：179.

❸ 米尔吉安·R．达马斯卡．比较法视野中的证据制度［M］．吴宏耀，等译．北京：中国人民公安大学出版社，2006：231.

❹ Ake v. Oklahoma，470 U. S. 68，79，105 S. Ct.1087，84L. Ed. 2d 53（1985）.

的背离。

以上这种仅仅以价值判断来替代事实判断的做法与理论，不仅会造成事实与价值的混乱，还在国外的专家证人制度与我国专家辅助人制度之间预设了价值等级，由于专家辅助人法庭上无序争议造成立法者美好的构想不能兑现于制度运行的实际，对专家证人则有可能“意味着宁愿要真理的影子而不要真理本身”。[1]

（三）专家辅助人制度功能的回归：质疑证伪抑或解释说明？

科学的本质在于它的正确，更在于它的不可证伪性。对科学的怀疑是一种科学的态度，使其接受正当的审视和不断检验。专家辅助人作为“有专门知识的人出庭，就鉴定人的鉴定意见进行对抗，能够增进对鉴定意见的审查，防止鉴定人的错误鉴定对法官裁判造成影响，从而更好地维护当事人的合法权益，增强刑事诉讼的人权保障功能”[2]，体现了证伪的意蕴与价值取向。从上述的认识可以推断，在我国诉讼中，因法官过于依赖鉴定意见进行事实判断，鉴定意见极大地影响了法官对案件事实的认定，甚至决定了案件最终的处理结果。如果对鉴定意见不能进行质证或者不能有效地质证，则会给法院正确认定案件事实带来风险，一旦出现鉴定错误，案件事实必然认识错误。为避免大陆法系国家法官过于依赖鉴定意见的弊端，防止错误的鉴定意见未有任何阻拦的作为定案根据，我国诉讼法的修改引入了英美法系国家专家证人，设立了有专门知识的人作为诉讼辅助人制约鉴定，起到与鉴定人出庭作证的作用，继而促进鉴定质量的提高，避免错误的鉴定意见作为定案根据。但是，实践

---

[1] 罗伯斯庇尔．革命法制和审判［M］．赵涵舆，译．北京：商务印书馆，1965：32.

[2] 江必新．最高人民法院关于适用《中华人民共和国刑事诉讼法》的解释理解与适用［M］．北京：中国法制出版社，2013：215.

中法院将专家辅助人制度功能的转向给司法实践带来了风险。

一是在理论解释或者实践中均视为专家辅助人与鉴定人的对抗，并继而在专家辅助人转化专家证人的基础上将“对抗”转化为双方的对质，这种对质导致法官与当事人，以及鉴定人与专家辅助人在法庭上出现“斗技”或“论科”的“搅局”困境，❶以至于对鉴定意见作为证据的质疑被牵引到对专家辅助人提出意见的质疑，最终质疑者，即质疑主体沦陷为被质疑者——质疑对象。

审判人员表示，有专门知识的证人作出的书面意见和当庭的意见，不属于刑事诉讼法规定的鉴定意见，应该是作为对鉴定意见的质证意见，不能单独作为定案依据。❷根据刑事诉讼法规定的专家辅助人制度要求，专家辅助人对鉴定人提出的黄洋死因鉴定意见质疑，仅仅可以血液检查中，曾有3个抗体都呈现为“阳性”状态，其鉴定结果不具有唯一性，即“感染了乙肝”形成的意见即可，对专家辅助人而言无需提出黄洋究竟如何死亡的。然而，专家辅助人提出黄洋死于爆发性乙型病毒性肝炎导致的急性肝坏死时，尽管借助于证实来达到证伪的目的，实质上证伪才是专家辅助人的功能，即使证实不成功，也不影响质疑的证伪功能，也达到了鉴定意见不能作为证据使用或者在程序上启动重新鉴定的目的。

专家辅助人这种画蛇添足的意见是理论和司法解释对其推进的必然结果，引发了法庭对作为证据的鉴定意见的审查，进而争议的焦点聚焦在专家辅助人的意见上。检方提出，专家辅助人的结论主要依据的是文书、报告等，没有参与尸体解剖。“能不能认为你对原来的尸检过程获取的证据是认可的，只是不认可它的结论？如果

---

❶ 郭华．刑事诉讼专家辅助人出庭的观点争议及其解决思路［J］．证据科学，2013（4）．

❷ 王烨捷，周凯，刘言．复旦投毒案二审 死因成控辩焦点［N］．中国青年报，2014-12-09（7）．

你连尸检获取的证据也不认可，你再根据它出具结论，你不觉得是矛盾的吗？”对此，专家辅助人作为质疑者反而成为控方的质疑对象，出现本末倒置的混乱现象，其缘由是将专家辅助人作为专家证人的结果。不仅如此，法庭上的专家辅助人功能的反转，还引发社会对此的追问。如中国法医学会副会长、中国工程院院士丛斌在采访中认为，如果黄洋死于暴发性乙型病毒性肝炎，那么，黄洋体内就应该有大量病毒复制。但是专家辅助人依据的是“乙肝表面抗体”“e 抗体”“核心抗体”三个抗体均为阳性，这恰恰说明乙肝病毒在体内已经没有大量复制了。只根据“乙肝表面抗体阳性”“e 抗体阳性”“核心抗体阳性”得出黄洋死于暴发性乙型病毒性肝炎的结论，是没有科学依据的。[1]这种专家的意见不仅“搅出”了热议，而且专家间的科学技术分歧也从庭上走向庭外，甚至从专家的技术分歧走向普通人对专家的道德争议。

这种制度安排带来的结果必然会让法院认为，“黄洋系爆发性乙型病毒性肝炎致急性肝坏死，最终因多器官功能衰竭死亡”的意见，与查明的事实不符，不予采信。辩护人关于认定被害人黄洋系死于二甲基亚硝胺中毒证据不足、相关鉴定意见程序不合法的意见不予采信；申请对黄洋死亡原因进行重新鉴定，不予准许。这种做法是保障当事人的诉讼权利还是抑制当事人的诉讼权利是可想而知的，因为黄洋系爆发性乙型病毒性肝炎致急性肝坏死的意见不成立，并不代表黄洋系死于二甲基亚硝胺中毒鉴定意见就一定成立。那么，导致法院非此即彼的这种认定是专家辅助人制度功能在理论与实践上的错误转向。二审过程中出现的诸多新证据一度被舆论视为案件会出现“逆转”，那么这些新证据的提出为何最终没能实现

---

[1] 贺迎春 . 中国法医学会副会长：“黄洋死于乙肝”无科学依据［EB/OL］（2014-12-16）［2020-12-19］.http：//edu.people.com.cn/n/2014/1216/c1006-26216538.html.

逆转呢？问题仍在争论的对象。“只要在科学家中间存在什么不一致，律师们利用并放大科学家之间的这种差异，使得案件的审理难以继续进行，”❶ 甚至会陷入无法自拔的专家陷阱。

二是专家辅助人制度作为一项新制度在未来司法实践中将会面临无序变数的情形，尤其在一些涉及复杂的专业问题的案件中，司法实践因观点分歧与解释的歧义更会衍生出一些庭审的乱象。专家辅助人制度的疑问不能解决也不代表鉴定意见必然存在错误，这样一来，尊重科学的倾向性意见却成为专家辅助人攻击的对象，使科学不再称其为“科学”，似乎违反科学的断然性肯定意见成为“科学”。即使是不存在鉴定意见而仅有专家辅助人出庭的民事案件，其出庭应当受到当事人申请的限制与举证责任分配的影响。如果没有当事人的申请，法院不应也不能直接决定专家辅助人出庭，即使当事人申请，一般也应由负有举证责任的一方当事人出庭提出意见，而另一方当事人可以申请专家辅助人对前者提出的意见予以质疑，而不是双方质证。基于后者不负举证责任的要求，也无需对专业问题提出意见，否则会多此一举。由于当事人聘请的专家均从各自当事人的角度提出专家意见，其结果会出现与作为专家的鉴定人不同的专家意见，尤其是从正反两个方面对同一专门性问题提出不同意见，还会导致在专门性问题上更多异议，相反，也会使裁判者难以对专门性问题作出判断，❷ 致使专门性问题趋于复杂化。况且，“如果没有真正认清庭审时各方立场和关系，就无法避免某些法庭

---

❶BRICHLY P. Science v. law：A decade-old rule on scientific evidence comes under fire［J］. Scientific American,2003,289（6）：32.

❷ 约翰·W. 斯特龙 . 麦考密克论证据［M］. 汤维建，等译 . 北京：中国政法大学出版社，2004：41.

专家所带来的阴霾，”❶必然会使得法官在阴霾中越来越糊涂，疑问越来越多，问题会变得更加复杂，甚至影响对其他事实的判断。“如果专家过于偏向本方或者直接倒戈，没有尽可能保持客观的立场，那么他出庭发表的意见可能使问题更加扑朔迷离，反而不利于事实的准确认定。”❷一旦专家辅助人异化为当事人的专家证人，在诉讼中法庭就成为专家观点争斗的平台。如果我国将专家辅助人视为专家证人，国外专家证人力求革除的弊端必然会在我国法庭上重演。简言之，专家证人总是站在一方当事人的立场上阐述意见，在法庭上借助科学的“不确定性”或者“一因多果”抑或“一果多因”的不排除其他可能存在的意见将其与法律上排除合理怀疑结合起来，尤其是辩护人或者诉讼代理人将科学的合理误差无限放大。

小　结

专家辅助人制度作为《刑事诉讼法》《民事诉讼法》修改的一个创新之处，可在实践的基础上继续完善，❸而完善需要以权利作为主轴来架构专家辅助人制度，进而抑制权力扩张对鉴定意见的依赖，依托于程序力量防止错误鉴定意见成为错案的“帮凶”。这种保障权利的程序功能不仅保障当事人参与诉讼的有效性，而且还提高当事人对诉讼参与的深度，更主要是解决异议鉴定意见在采纳上影响司法公正的问题，“从而为法官甄别鉴定意见、作出科学的判断、提高内心确信提供参考，是兼听则明的科学调查方式在刑事审

❶ 菲利普·坎德利斯，等．法庭伦理学与专家证人［M］．杨天潼，译．北京：中国法制出版社，2013：30.

❷ 西南政法大学“刑事证据法实施情况调研”课题组．刑事证据实施情况调研报告［C］//潘金贵．证据法学论丛第2卷．北京：中国检察出版社，2013：194.

❸ 郎胜．中华人民共和国刑事诉讼法释义［M］．北京：法律出版社，2012：417.

判中的具体体现。”[1]在鉴定制度上叠床架屋出专家证人制度，不仅其架构不具有实质性的创新意义，还表现出自我制度的不自信，最终可能带来在专家辅助人制度中植入了专家证人的负面效应，“复旦投毒案”及“念斌案”已初见倪端，具有创新意义的专家辅助人制度难以发挥应有作用。

二、专家辅助人功能的配置逻辑与重新审视

广东省高级人民法院对“奇虎360诉腾讯”不正当竞争案作出一审判决后，奇虎360因败诉而向最高人民法院提起上诉。最高人民法院不仅公开开庭审理了此案，还采用了富有现代科技手段的电视直播、广播连线、网络直播等全媒体形式直播庭审。最高人民法院的直播折射出对“互联网反不正当竞争第一案”的重视与审判公开的努力。此案在二审中不仅为中外专家作为有专门知识的人在法庭上就专业问题进行激烈对阵提供了空间，[2]而且还将一审法院称为的“专家辅助人”[3]在法庭上直接改称“专家证人”[4]，并要求出庭的专家签订如

[1] 郎胜．中华人民共和国刑事诉讼法释义［M］．北京：法律出版社，2012：418.

[2] 在此案中，奇虎360聘请了欧洲RBB调研机构的顾问、英国学者DAVID STALLBASS以及RBB职员Yu Yan，而腾讯方面聘请了中国社会科学院信息化研究中心秘书长姜奇平和中央财经大学吴韬，作为各自的专家辅助人出庭就滥用市场支配地位进行说明。参见广东省高级人民法院（2011）粤高法民三初字2号民事判决书。

[3] 该案的有专门知识的人在一审判决书中称为“专家辅助人”。参见广东省高级人民法院（2011）粤高法民三初字2号民事判决书。

[4] 在审理该案过程中，有专门知识的人不仅被称为专家证人，而且在法庭位置上还摆放了“专家证人”的标识。参见“3Q大战”二审庭审环节结束“全媒体”直播获好评［EB/OL］．（2013-11-28）［2016-01-25］http：//www.court.gov.cn/xwzx/fyxw/zgrmfyxw/201311/t20131128_189884.htm.

实作证的具结书。[1]该案的审理不仅引起社会公众的瞩目，在程序操作上也引起学者的特别关注，庭审的示范效应在一定程度上不亚于最高人民法院发布的指导性案例。然而，一审与二审对专家辅助人与专家证人称谓的来回变动，[2]不仅突显司法实践对“有专门知识的人”功能的捉摸不定，也反映出其诉讼角色抑或诉讼地位在理论上的模糊。将这些问题聚集起来发现存在以下需要讨论的问题：最高人民法院在“有专门知识的人”称谓上为何摇摆不定，其背后承载着何种“知识对策”？最高人民法院在开庭前要求专家签订如实作证的具结书将其作为了何种诉讼角色？专家非自愿地被最高人民法院强行签署具结书是否影响其诉讼地位？专家在法庭上针对鉴定人质证的意见和对专业问题提出意见是否存在本质上的不同？如果存在不同，是否会反制其实践中的诉讼角色扮演，对庭审中的证据调查程序有何影响？[3]2012 年《最高人民法院关于审理因垄断行为引发的民事纠纷案件应用法律若干问题的规定》（法释〔2012〕5 号）第十二条、第十三条均未将出庭专家明确为“专家证人”，[4]最高人民法院在《民事

[1] 该案在 2013 年 11 月 26 日采用庭审实录的形式，“[09：11：39] [审判长]：本案双方当事人均向本院申请专家证人出庭，就案件有关专业事实问题发表意见，本院已经发出专家证人出庭通知书。请问各方当事人是否收到专家证人出庭通知书？申请的专家证人是否已经到庭？” [12：05：02] [导播]：证人签署证人具结书。参见“360 诉腾讯垄断案终审庭审实录”，http：//it.21cn.com/itnews/a/2013/1126/13/25201150.shtml，访问时间 2020 年 6 月 25 日。

[2] 该案在终审判决书中又将法庭上称为的“专家证人”改称为“专家辅助人”。

[3] 该案二审庭审与一审相似，奇虎 360 和腾讯均向法庭申请专家证人出庭作证，就本案相关问题接受法庭和对方询问。但专家证人到庭后，彼此均对对方邀请的专家证人身份等提出异议。参见张玉学，林其玲 . 腾讯 360 法庭“决战”开庭 [N] . 新京报，2013-11-27（B05）.

[4] 该规定第十二条、第十三条分别规定：“当事人可以向人民法院申请一至二名具有相应专门知识的人员出庭，就案件的专门性问题进行说明。”“当事人可以向人民法院申请委托专业机构或者专业人员就案件的专门性问题作出市场调查或者经济分析报告。经人民法院同意，双方当事人可以协商确定专业机构或者专业人员；协商不成的，由人民法院指定。”

诉讼法解释》中又将专家出庭的陈述“视为当事人的陈述”。以下针对《民事诉讼法》第八十二条[1]的规定与相关司法解释，结合上述案例中发现的问题，对以上疑问予以探讨。

（一）出庭专家的功能：理论解释与司法实践的断裂

我国司法实践中，作为不同于鉴定人的“有专门知识的人”以专家身份在我国法庭上出现可追溯到1998年福建省福州市中级人民法院审理的“IP电话案”。[2]当时的司法实践之所以要求这种专家出庭，源于1998年民事审判方式的改革。[3]在民事审判方式改革过程中，有些地方法院的法官不断提出，在对鉴定意见质证时，由于当事人和诉讼代理人不具备相应的专业知识，致使在此方面的质证活动难以充分有效地展开，而由各自申请“专家”，出庭协助其对鉴定意见中有关专门性问题进行质证，取得了很好的效果。因此，他们建议将这种做法在司法解释中肯定下来，以解决审判实践中有关鉴定意见质证困难的问题。新《民事证据规定》对此作出了规定。理论界对此解读为，“从我国审判实践出发，在吸收和借鉴英美法系专家证人制度和大陆法系技术顾问制度相关内容的基础上，创设了我国的专家辅助人制度”。[4]尽管最高人民法院对规定的“有专

---

[1]《民事诉讼法》第八十二条规定：“当事人可以申请人民法院通知有专门知识的人出庭，就鉴定人作出的鉴定意见或者专业问题提出意见”。

[2] 参见福建省福州市中级人民法院（1998）榕行终字第76号行政裁定书。

[3] 我国从20世纪80年代末开始在全国法院不同程度地进行了民事审判方式改革试点并于1998年6月19日最高人民法院审判委员会第995次会议通过的《最高人民法院关于民事经济审判方式改革问题的若干规定》（法释〔1998〕14号），旨在指导、规范审判方式改革实践。

[4] 叶青，王刚．论我国专家辅助人制度的立法与实践：兼析《关于民事诉讼证据的若干规定》第61条［C］// 陈光中．诉讼法理论与实践（下）．北京：中国政法大学出版社，2003：189.

门知识的人”在适用解释中称为“诉讼辅助人”❶，而“就案件的专门性问题进行说明”的实质是替代鉴定人对“专门性问题”提出专家意见，而实践中和理论上不乏有学者将其称之“专家证人”。例如，2011年4月12日，《最高人民法院关于印发〈中国法院知识产权司法保护状况（2010年）〉的通知》（法〔2011〕154号）指出：“上海、江苏、青海、河北、浙江、广西、山西等地高级人民法院积极探索建立和完善案件技术事实查明机制，建立技术专家咨询库，试行专家陪审员和专家证人制度。”最高人民法院在不同文件中对当事人申请出庭的“有专门知识的人”术语的不同表述，使得各地法院基于自己审理案件的便利与喜好对这种专家采取了不同的称谓。如2012年4月18日四川省高级人民法院《关于知识产权案件专家证人出庭作证的规定（试行）》；❷2012年新疆维吾尔自治区高级人民法院《知识产权司法保护专家证人工作规程》；2013年江苏省高级人民法院《关于开展资源环境案件“三审合一”集中审判的若个意见》也规定了专家证人。❸理论上的解释与司法实践中做法渐行渐远，导致了这一制度在具体实施过程中我行我素，法律制度应有的权威得不到司法实践的维护。

我国《民事诉讼法修正案》仅仅修改了鉴定制度，并未对实践中有专门知识的人参与诉讼的这一创新经验与司法解释的规定予以

❶ 最高人民法院民事审判第一庭.民事诉讼证据司法解释的理解与适用［M］.北京：中国法制出版社，2002：296.

❷ 杨傲多.四川高院率先规范知识产权案件专家证人出庭作证［N］.法制日报，2012-04-18.

❸ 参见《江苏省高级人民法院关于开展资源环境案件“三审合一”集中审判的若个意见》（苏高法〔2013〕300号）在“专家证人和人民陪审员制度”中规定：“对于资源环境案件中所涉及的专业技术性问题，当事人可以向人民法院申请专家证人出庭，就专业技术性问题进行说明，接受法庭和当事人询问。必要时，人民法院也可以依职权要求专家证人出庭对专业技术问题作出说明。”

吸收。但在审议草案时，“最高人民法院、有的地方人大和专家提出，医疗事故、环境污染和知识产权等案件，专业性强，为了查明事实，分清是非，维护当事人的合法权益，在庭审过程中需要专家提供专业意见。”[1]2012 年 4 月 24 日《民事诉讼法修正案（草案）》的二审稿增加了“有专门知识的人”作为专家参与诉讼的规定。由于我国对此种专家参与诉讼的研究仅限于借鉴英美法系国家专家证人的浅层认识及修改法律移植英美法倾向与部门实用主义的立场。[2]《民事诉讼法》第七十九条在规定“当事人可以申请人民法院通知有专门知识的人出庭，就鉴定人作出的鉴定意见”的同时，还增加了就“专业问题提出意见”。那么，如何理解《民事诉讼法》规定的有专门知识的人在没有鉴定意见情形下也可以出庭就专业问题提出意见，以及这种就专业问题提出意见是否是专家证言呢？我国民事诉讼是否已经建立了专家证人制度？如果没有建立专家证人制度，对当事人各自申请的具有专门知识的人可以就案件中的有关问题进行对质应作何解释？如果建立了专家证人制度，其专业问题提出意见又为何不能自己的名义进行而被视为当事人的陈述。难道当事人还需要询问与作出当事人的陈述的人吗？对这些问题需要从立法的说明及最高人民法院适用此规定的解释中寻找缘由。有专门知识的人出庭主要是解决鉴定人出庭的有效质证问题，在法庭上的任务是专门就对方的鉴定意见挑毛病、提问题，用以指出对方鉴定意见在科学性方面的破绽和存在的问题，或者就对方提出的专门性问

---

[1] 参见 2012 年 4 月 24 日“全国人民代表大会法律委员会关于《中华人民共和国民事诉讼法修正案（草案）》修改情况的汇报”，参见：王胜明．中华人民共和国民事诉讼法释义［M］．北京：法律出版社，2012：731.

[2] 郭华．我国专家辅助人制度创新的实用主义及立法的模糊立场［J］．中国司法鉴定，2013（5）.

题进行回答，以此加强庭审质证。❶ 从严格意义上说，2021 年修改的《民事诉讼法》及新《民事证据规定》创设的仅仅是专家辅助人制度，在性质上属于当事人的协助专家，并不是真正意义上的专家证人。

1. 从立法部门对此问题的解释与说明来分析

立法部门认为，对一些无法或者无须通过鉴定解决，但对于审理案件、认定案件事实又具有一定甚至决定性的作用，比如，某一发明专利是否与另一专利采取的方法相类似，建筑、机械、金融或者网络等领域中某一专业词语如何理解是准确的等问题，有专门知识的人可以提出自己的意见。❷ 也就是说，我国民事诉讼法规定的“专业问题”主要是鉴定无法解决的或者有些专业性词语及其原理根本无需鉴定，只要专业人员出庭就此作出解释就可被作为法律专家的法官或者作为普通人的当事人认识与理解。沿着此种思路进行分析，这种有专门知识的人“就专业问题提出意见”仅仅是对涉及某些领域内的专业概念、专业术语、行业惯例以及科技的原理、基本构造等专业问题的解释、阐释与说明。从制度设置的目的来看，它与鉴定制度不存在交叉或者重叠，也非是一种与鉴定制度并行或者涵盖鉴定制度的专家证人制度，仅仅作为鉴定制度在专业问题不能满足诉讼需要的补充，是代表申请出庭一方对专业问题表达的意见，其作出的解释与说明不是证据制度意义上的证据。然而，最高人民法院在审理“奇虎 360 诉腾讯”案将其标明为“专家证人”并将其就“滥用市场支配地位”专家解释与说明直接作为专家证言使

---

❶ 黄太云．刑事诉讼法修改释义［J］．人民检察，2012（8）．

❷ 王胜明．中华人民共和国民事诉讼法释义［M］．北京：法律出版社，2012：179.

用[1]，与立法确立此制度的目的不相吻合。

2. 从最高人民法院对《民事诉讼法》的适用解释来分析

最高人民法院认为，《民事诉讼法》第八十二条规定的有专门知识的人与英美法系国家的专家证人相比，确有相似之处。这种相似是表面化的，二者存在实质性差别。这种差别主要体现在两者功能不同。这种有专门知识的人的功能和目的只是辅助当事人充分有效地完成诉讼任务，他并不具有法官的专业助手的功能。专家证人与有专门知识的人这种功能上的差异，决定了有专门知识的人的性质和诉讼地位不是专家证人。可以说，最高人民法院的释义对有专门知识的人作为专家证人的否定态度是旗帜鲜明的。然而，最高人民法院在审理“奇虎360诉腾讯”案件中将其视为“专家证人”不能不引发人们对最高人民法院在适用法律统一性上“表里不一”，尤其是这种改弦易辙的做法极易引发地方法院在此问题上无所适从，进行影响司法解释在执行中应有的权威，其负面效应是不证自明的。

《民事诉讼法解释》第一百二十二条第二款规定：“具有专门知识的人在法庭上就专业问题提出的意见，视为当事人的陈述。”最高人民法院在对该解释进行释义时指出：“专家辅助人是《证据规定》创设的一种专家证据形式，被2012年《民事诉讼法》修改所吸收。专家辅助人在实践中经常被错误理解为专家证人，但事实上二者性质上并不相同。专家辅助人与专家证人功能上的差异，决定了

[1] 原国家工商总局在2011年2月1日公布的《工商行政管理机关禁止滥用市场支配地位行为的规定》中对滥用市场支配地位行为作出了规定。在一定意义上表明，原国家工商总局具有认定是否存在滥用市场支配地位行为的能力与条件，对此是采取专家说明还是由国家工商总局行政确认还存在讨论的空间。就该案而言，专家出庭说明远比国家工商总局行政确认更显优势。2019年7月1日国家市场监管总局发布了《禁止滥用市场支配地位行为暂行规定》。

二者不同性质和诉讼地位。我国民事诉讼制度在已经遵循大陆法国家的做法确立了鉴定制度的同时，再设立专家证人制度，欠缺必要性与合理性，也不符合法律规则创设的内在逻辑。”[1]从此释义中再次发现最高人民法院就有专门知识的人作为专家证人持否定态度。

综上所述可以发现，最高人民法院在审理“奇虎360诉腾讯”不正当竞争案将上诉人或者被上诉人申请出庭的专家在法庭上采用“专家证人”标识是缺乏法律依据的，也不符合立法部门对此问题的诠释和最高人民法院有关此制度适用的解释性说明。“将‘有专门知识的人’理解为专家证人的观点是不正确的，……也势必影响该项规定在审判实践中适用的效果。具体到司法实践中，也应慎用‘专家证人’概念，以避免产生不必要的语义纷争。”[2]最高人民法院在审理“奇虎360诉腾讯”案件在审判中采用“专家证人”与判决书中采用“专家辅助人”称谓的左右摇摆，源于《民事诉讼法解释》及其释义对有专门知识的人就“专业问题提出意见”的“专业问题”与作为鉴定对象“专门性问题”错误表达与模糊认识，亟待最高人民法院根据法律规定的术语提炼出简练的司法用语，以免影响其功能的正常发挥。

（二）出庭专家的角色功能：术语表达与诉讼地位的分置

由于专家辅助人“是一项新的制度，这次修改民事诉讼法只作了较原则的规定，具体内容还需要实践的继承上的进一步完善”。[3]司法实践对专家证人与专家辅助人的混用，致使该制度在实践中的

---

[1] 杜万华．最高人民法院民事诉讼法司法解释实务指南［M］．北京：中国法制出版社，2015：211-212.

[2] 王戬．“专家”参与诉讼问题研究［J］．华东政法大学学报，2012（5）．

[3] 王胜明．中华人民共和国民事诉讼法释义［M］．北京：法律出版社，2012：179.

完善出现困惑："进一步完善"是超越原有制度设置另外嫁接国外的"专家证人"？还是在不疏远司法实践和现有证据制度基础上创设新的制度？对此问题的诠释仅仅依靠立法部门及最高人民法院无法彻底解决，有必要从其角色功能上厘清有专门知识的人与专家证人的界限，以免司法实践在实施此制度时误入歧途，进而影响其作为一项制度的应有诉讼地位与实际效果。

1. 我国的有专门知识的人不应是英美法系国家的专家证人

对我国诉讼法规定的有专门知识的人而言，无论在理论上还是在实践中抑或媒体报道均将其视为对英美法系国家专家证人制度的吸收与借鉴，这种观点符合我国诉讼制度改革的现状。由于我国审判方式的改革吸收了英美法系国家对抗制的成分，而作为在对抗诉讼制度土壤成长起来的专家证人制度也应当在吸收之列。况且，我国的有专门知识的人也是由双方当事人聘用的，是帮助聘请他的当事人进行诉讼，这一地位决定了他们在法庭上的陈述难免具有党派性，可能选择性地运用专业知识和专业经验，❶与专家证人向法庭陈述有利于该方当事人的意见具有类似的功能。由于我国诉讼制度上的证人不同于英美法系国家宽泛的证人，我国的证人不仅不包括当事人，也不包括作为专家的鉴定人，仅指除当事人以外的了解案件情况向办案机关陈述亲身感知事实的第三人。司法实践一直要求"证人应当客观陈述其亲身感知的事实，作证时不得使用猜测、推断或者评论性语言"。❷"证人的猜测性、评论性、推断性的证言，不得作为证据使用。"❸如果将这种带有"党派性"的有专门知识的人作为证人，其提出的意见作为证人证言，就会产生与上述有关证

❶ 李浩．民事证据制度的再修订［J］．中外法学，2013（1）．

❷ 参见《民事证据规定》（法释〔2019〕19 号）第七十二条。

❸ 参见《刑事诉讼法解释》（法释〔2021〕1 号）第八十八条第二款。

言的规定不协调的问题，同时还存在如何质证的问题。我国《民事诉讼法》第七十一条规定："证据应当在法庭上出示，并由当事人互相质证。"对视为当事人的陈述的专家意见还需要当事人询问及因其涉及专业问题还需要其他专家出庭协助。按照这种逻辑会造成制度设计上的程序循环，从而破坏证人制度在我国证据体系的完整性与该制度的规范性，倘若不需要质证又与《民事诉讼法》第七十一条的规定不相一致，出现"奇虎360诉腾讯"案庭上专家证人而庭下专家辅助人的尴尬。

2. 专家鉴定制度和专家证人制度是两大法系各自用来查明专业问题或者技术争议的不同方法

专家鉴定制度和专家证人制度属于解决专门性问题的殊途方法。倘若将这种有专门知识的人作为专家证人会因其资格没有严格的限制，导致专家证人替代鉴定人，"使得我们的诉讼降格为一个博弈的王国"。[1]如果我国法庭成为专家的博弈场所，诉讼制度要求鉴定人中立的制度安排也就被掏空，甚至会引发司法鉴定秩序的混乱，影响诉讼效率不必说，更为严重的是会危及司法的实体公正。南京虐童案的"皮下"与"皮内"是否属于挫伤的争议则是较好的例证。如果我国民事诉讼制度在已经遵循大陆法系国家的做法确立了鉴定制度的同时，再设置专家证人制度，则欠缺必要性与合理性，也不符合法律规则创设的内在逻辑，甚至会造成法律制度的内部冲突与混乱。

3. 我国实行专家证人制度面临难以控制的风险

由于当事人聘请的专家均从各自当事人的角度提出专家意见，专家基于经济利益的考虑，"当事人不是在选择最好的专家，而是

---

[1] Wigmore, supra note 83, § 1929, at38 ~ 39.

在选择最好的证人”[1]，专家丧失作为专家对科学负责的底线，法庭也就会演变为专家“大战”的地方。在此种背景下，不仅会出现英美法系国家诉讼成本的大量投入或拖延诉讼的弊端，还会因当事人经济条件的差异造成在专家使用上的新的诉讼不公平，使裁判者难以对专门性问题作出判断，[2]致使实行专家证人制度国家一直力图克服专家证人的偏向性的顽症在我国重演。我国目前出现的“鉴定掮客”或者“鉴定黄牛”则是较好的例证。国外在专家证人制度改革中，不仅美国1975年制定的《联邦证据规则》规定了法官可以独立指定专家证人，当事人的专家证人带上了法官鉴定人的色彩。英国1998年修改的《英国民事诉讼规则》也明确了专家证人对法院而非当事人的优先职责。“在澳大利亚，已经被英国所弃用的‘法庭任命专家’仍然被使用。”[3]况且，职权主义诉讼制度移植专家证人制度的失败在国外有前车之鉴。例如，法国为了保护犯罪嫌疑人、被告人的防御权，在鉴定制度改革上曾仿效过英国专家证人的做法，采取了类似专家证人的“对立鉴定”制度模式，但其改革最终因诉讼实践的不接纳及与职权主义司法体制存在冲突而难以运行，致使其不得不在短期内又恢复原来职权主义的法官委托鉴定制度。

4. 专家辅助人出庭的制度设计应当具有强烈的中国特色[4]

中国特色就在于有专门知识的人参与诉讼不是作为专家证人，否则，该制度就谈不上中国特色，仅仅是对国外专家证人制度生硬

---

[1] ANDREWS N. Liability of expert witness for wasted costs in civil proceedings［J］. Cambridge law journal，2005，64（3）.

[2] 约翰·W. 斯特龙. 麦考密克论证据［M］. 汤维建，等译. 北京：中国政法大学出版社，2004：41.

[3] 徐继军. 专家证人研究［M］. 北京：中国人民大学出版社，2004：184.

[4] 刘长，周楠. 中国式专家证人出庭 公家不再垄断司法鉴定话语权［N］. 南方周末，2013-07-04.

的套用，其结果也必然会丢失自我特色。我国《民事诉讼法》没有像《刑事诉讼法》那样将有专门知识的人规定在一审程序中，而是规定在总则的证据章中，但其作用仍仅限于庭审过程，其功能在于弥补当事人及其代理人在专门性或者专业问题上质疑能力的不足，其制度意义更多地体现在借助于当事人的权利保障来“解决法官因知识结构的局限和特殊专门经验的贫乏性对于正确认定案件事实所产生的不利影响”。[1]我国的这种制度与我国学者一贯主张的意大利的技术顾问制度存在活动范围的不同。我国的这种专家没有庭外调查的权利，“具有专门知识的人不得参与专业问题之外的法庭审理活动”(《民事诉讼法解释》第一百二十三条第二款)，其活动范围仅限于法庭。不可否认，我国有专门知识的人在制度上的创新吸收了英美法系国家专家证人制度的合理成分，然而这种合理成分仅仅是“为了充分保障当事人的诉讼权利，维护当事人的正当权益，有助于法官居中裁判和对事实的正确认定”，[2]而非是移植英美法系国家专家证人制度，最高人民法院在审理“奇虎360诉腾讯案”采用专家证人的称谓以及按照专家证人的方式进行活动，实属对我国有专门知识的人出庭制度的误解，亟待理论与司法实践对此正本清源。

从法理解释的视角对此制度进行分析，我们可将就鉴定意见提出意见的有专门知识的人称为“专家辅助人”，而就专业问题提出意见的有专门知识的人称为“专家证人”，同一条款的“有专门知识的人”具有不同含义，一旦在法庭上既质疑鉴定的意见，又提出证实的专业意见，则有违对其进行性质界定的解释逻辑。最高人民法院对此需要自我规范，司法实践也不宜盲目将最高人民法院的实

---

[1] 王胜明. 中华人民共和国民事诉讼法释义［M］. 北京：法律出版社，2012：179.

[2] 王胜明. 中华人民共和国民事诉讼法释义［M］. 北京：法律出版社，2012：176.

际做法作为效仿的范本。基于此，我们认为，将“有专门知识的人”理解为诉讼辅助人是恰当的，符合立法和司法解释的本意和有专门知识的人的特点。而专家辅助人这一称谓，也能够准确反映有专门知识的人的本质。在制度设计上能够有效地克服专家证人制度和鉴定人制度的不足。

（三）出庭专家意见的功能：抗辩证伪与证据证实的转换

有专门知识的人参与诉讼是基于当事人申请，且以当事人的实际委托及法官的同意转化为现实。实践中，即使当事人申请法院同意，如果当事人不承担费用或者放弃其出庭要求，有专门知识的人也无缘参与诉讼。也就是说，我国的有专门知识的人参与诉讼始终体现着对当事人的依赖性，这种依赖性在实践中转化为为当事人利益的服务性，在制度上体现了对当事人诉讼能力的辅助功能。从上述有专门知识的人与当事人的不同关系可以发现，有专门知识的人不仅是当事人的辅助人，也是法官的间接辅助人，有时也是鉴定人出庭制度的辅助人，从而显示出与英美法系国家作为证人的专家证人的不同功能，其提出意见的功能也有不同。在“奇虎 360 诉腾讯”的一审判决中，法庭认为，“原告的专家辅助人关于消费者只会用综合功能的即时通讯软件替代单一功能的即时通讯软件而非相反的主张，仅仅考虑了功能差异的因素而没有充分考虑互联网免费服务的现状，本院不予采纳”。[1] 从一审法院将有专门知识的人提出意见作为“主张”对待来看，专家辅助人在扮演角色上和诉讼法律关系主体性质上应当属于独立的诉讼参与人。2014 年 7 月 11 日，《浙江省高级人民法院关于专家辅助人参与民事诉讼活动若干问题的纪要

[1] 参见广东省高级人民法院民事判决书（2011）粤高法民三初字 2 号。

的通知》(浙高法〔2014〕100号)第十五条规定:“专家辅助人在法庭上就鉴定意见或者专门性问题发表的意见视为当事人陈述。”《民事诉讼法解释》第一百二十二条第二款规定:“具有专门知识的人在法庭上就专业问题提出的意见，视为当事人的陈述。”尽管司法解释与地方司法机关规定将这种专家提出的意见作为当事人的陈述，但仍存在一些需要讨论的问题。

其一，专家辅助人陈述是视为何种类型的当事人陈述？是否具有证据的属性？这一规定及立法方向与日本诉讼中的诉讼辅佐人具有相似之处。日本将其作为“随同当事人、法定代理人或者诉讼代理人在期日里一起出庭，进行口头陈述的人”[1]。这一制度与我国最高人民法院在适用制度上的释义如出一辙，即有专门知识的人出席法庭审理时不能被视为证人在证人席陈述意见，而是与当事人及其诉讼代理人在法庭上的位置保持一致。从一定意义上讲，司法解释将有专门知识的人就专业问题提出的意见视为当事人的陈述是将两种不同性质的事实等同起来，具有了法律拟制的意义。尽管这种拟制反于真实，却在实践中代替真实。有专门知识的人提出的意见能否作为证据与其在司法实践中的功用大小不存在正比关系，不宜武断的认为，只要对法官存在影响的就应当认定为证据。相反，有专门知识的人提出的意见不是证据，并不意味着其对诉辩双方和法官不能提供帮助，也不意味着这种意见不被法庭采纳。辩护人的辩护意见及诉讼代理人的意见也不是证据，但其辩护理由或者代理意见仍然被法庭采纳。同时，也不能因为有专门知识的人提出的意见对法官自由心证产生较大影响就将其视为证据甚至视为当事人陈述。事实上，诉讼中诉讼代理人的代理意见与辩护人的辩护意见都可能

[1] 中村英郎.新民事诉讼法讲义［M］.陈刚，等，译.北京：法律出版社，2001：72.

对法官判断产生重大影响，但立法并未将此二者视为证据，司法解释和司法实践对此应保持足够的谨慎。

其二，当事人各自申请的具有专门知识的人就案件中的有关问题如何对质？从世界范围看，法庭上对质询问的立法模式大致可分为二种类型：一种是作为查明事实的证据方法的对质制度，这是大陆法系国家普遍做法；另一种是以对质权为基础，通过对质权与传闻证据排除规则的结合来实现对质的要求，这是英美法系国家的典型做法。在一定意义上说，大陆法系国家的法庭询问的主要目的和作用在于调查证据和确认事实，查明案件事实即旨在从正面来查实。在英美法系国家，证据由当事人双方提出，并由举证方进行主询问，相对方进行反询问，举证方在进行主询问时通常是尽力引导专家证人等说出对本方有利的事实，并尽力避免其说出对本方不利的事实，因而相对方只有进行充分的质证，才能使对方专家证人等暴露出其证言的虚假或不实之处，并诱导其说出对本方有利的事实，其交叉询问的主要目的在于通过反询问和设立问题陷阱来揭示专家证人证词的矛盾和虚假，进而排除其证词，在案件事实认定上属于排除规则即借助于无法证伪来确认案件事实。尽管我国庭审方式尤其是庭审方式的改革，原来的法官主导渐渐弱化，形成了所谓的控辩式庭审模式，但是，这种控辩式庭审并非英美法系国家中的当事人主义对抗制，实际上是将调查、核实证据的任务在一定程度上由法官转移给当事人而已，就当事人对质的方式总体来看，仍是采取大陆法系国家的查实性对质方法。法官在听取当事人调查、核实证据的基础上对不明确的问题进行询问，最后综合全案情况与证据形成心证。《民事诉讼法解释》第一百二十三条规定：“人民法院可以对出庭的具有专门知识的人进行询问。经法庭准许，当事人可以对出庭的具有专门知识的人进行询问，当事人各自申请的具有专门知识的人可以就案件中的有关问题进行对质。”“专家辅助人之间对有关专门性问题意见分歧的，可以相互进行质疑、辩论。专门性问题之外的其他问题，专家辅助人不能参与。”[1] 基于以上规定与解释，有专门知识的人出庭提出意见不仅可以证伪，特别是对鉴定意见提出的意见，同样也可以证实，主要是对专业问题提出的意见，但另一专家对专业问题提出意见的对质应当体现证伪的功能。基于举证责任分配的要求，也无须承担证实的义务。

上述问题的产生，一方面折射出我国在有专门知识的人上的理论储备不足；另一方面也反映出我国司法实践未能将实践中的经验放置在整个司法制度的背景下进行讨论，仅仅简单地以国外的专家证人作为解释的理论依据，这种解释理论与现有制度的紧张必然会导致其解释自身存在内部冲突。基于以上理由与分析，可以看出，最高人民法院在审理“奇虎360诉腾讯”案件中将有专门知识的人称之为专家证人属于指导标本的误释，也有可能带来效应上的误导，体现了司法的不严肃。

小　结

“不同诉讼模式的各组成部分之间彼此相连，从而形成了一套该模式特有的制度逻辑。当一个个具体制度集合而成固定的模式之后，任何一种新制度的加入就不仅要具有抽象的合目的性，同时还必须接受该模式所特有的制度逻辑的检验。在进行制度设计时，后一方面的因素甚至更为重要，而且可能随时充满着风险。”[2] 有专门

---

[1] 杜万华．最高人民法院民事诉讼法司法解释实务指南［M］．北京：中国法制出版社，2015：215.

[2] 汪建成．刑事诉讼法再修订过程中面临的几个选择［J］．中国法学，2006（6）.

知识的人在我国属于新制度的加入，也是我国司法鉴定制度出现问题的补救制度。“当一国的法律制度出现问题时，首先要从内部寻求补救方案；当穷尽内部的补救方案后问题依旧存在时，就必须从外部另辟蹊径。”[1] 从外部另辟蹊径不应是从国外照搬专家证人制度，也不应在鉴定制度上再叠加一个专家证人制度，将其界定为“专家辅助人”，不作为证据种类，而作为协助当事人对抗的方法更有助于该制度的发展与创新。对其的诉讼地位应当按照以鉴定制度为主和以专家辅助人制度为辅的模式予以架构，给鉴定制度注入鲜活因子，使其在同一问题上呈现色彩不同的意义与功能，但不得倒置将专家辅助人转化为专家证人来替代鉴定制度，也不需要所谓的择优结合使鉴定制度与专家证人制度平分秋色，否则会陷入从一个极端走向另一个极端的误区，或者陷入忽东忽西的极易被当事人或者办案人员滥用的漂流式制度。[2]

最高人民法院在审理“奇虎 360 诉腾讯”案件对有专门知识的人的做法，特别是在最高法院大力推行指导性案例与推进以审判为中心诉讼制度改革的当下，对有专门知识的人的适用解释与实践做法应当保持一致性，其前后不一不仅会给地方司法机关留下无所适从的盲动，也会损害最高人民法院作为最高审判机关的权威形象。最高人民法院在庭审活动中不仅需要关注案例指导的实体作用，还要注意实际开庭程序运用上的示范效应。只有这样，程序正义才有可能得到彰显与真正实现，维护国家法律统一正确实施的目标才指日可待，那种试图以引进和移植国外制度替代我国制度自我建设与

---

[1] 托马斯·魏根特. 解决美国症结的大陆方案：以欧洲刑事诉讼程序作为法律改革的模型［M］// 虞平，郭志媛，编译. 争鸣与思辨：刑事诉讼模式经典论文选译. 北京：北京大学出版社，2013：478.

[2] 郭华. 专家辅助人制度的中国模式［M］. 北京：经济科学出版社，2015：92.

完善的做法，最终有可能因中西法律术语间的涵义失衡与“南橘北枳”而成为无价值之物。

三、鉴定制度与专家证人制度的追问与省思

司法鉴定作为我国的一项制度形成于办案机关便利办案的实践。这种基于实践生成的非体制性制度因其正当性不足及制度性缺失而问题丛生，甚至引发了影响重大的社会事件，对此进行改革是必然的事情。然而，因改革过程中办案机关的内部纷争，致使作为改革的法律性文件——全国人大常委员会《决定》——最终存在模糊规定，再加上与之相关的配套制度未能及时跟进，致使该法律性文件在执行中遇到了较大阻力被大打折扣。改革前存在的问题在改革后仍未能得到有效解决，以至于如何解决我国司法鉴定制度改革未能消除的问题再度成为理论与实践探讨的课题。其主要疑问是，这些问题能否通过司法鉴定制度自身的完善获得解决？如果司法鉴定制度不能自救是革除司法鉴定制度由其他制度替代抑或添加其他制度与之共存？由于我国司法鉴定制度改革的效果不显著，[1]尤其是我国目前司法改革如何借鉴专家证人制度又莫衷一是，以至于呈现出仁者见仁、智者见智的局面。有学者对这一问题提出了一些理论上的分析与论证。[2]细致研读后颇受启发，在其启发下却又产生了一些不同的想法，尤其是鉴定制度和专家证人制度并存的观点。

针对此观点，作以下讨论：一是关注司法鉴定制度改革的同

---

[1]《决定》颁布以后因鉴定问题引发的事件并未因其实施而消失。如2008年贵州瓮安的李某芬死因鉴定案，以及出现的看守所羁押的犯罪嫌疑人死亡事件，引起人们对司法鉴定制度改革选择路径的怀疑。

[2] 邵劭．论专家证人制度的构建：以专家证人制度与鉴定制度的交叉共存为视角［J］．法商研究，2011（4）．

时，为何转而移植专家证人制度与之共存？二是从理论与实践的层面对专家证人制度与鉴定制度共存存在的风险进行探讨，进一步追问“中间道路”的理论价值，并对深化司法鉴定制度改革如何对待专家证人制度提出了拙见。[1]

（一）司法鉴定制度窘境的根源何在：鉴定制度与专家证人制度应否并存

我国司法鉴定制度毋庸置疑存在一些问题。“要想改进，第一步就是要看看摆在面前的事实。”[2]有学者对鉴定存在的问题事实归纳为当事人为承担举证责任的鉴定不能顺利取得，难以对不利于己的鉴定意见进行有效的质疑，及鉴定人不能为法官审查鉴定意见提供实质意义上的帮助，进而将这些问题事实概括为现行制度的窘境，并进一步论证其“窘境”源于鉴定解决专门性问题上的局限性。事实是否如此，需要对有关观点进行归纳与提炼并进行剖析。

1. 司法鉴定制度不仅应满足职权机关办案的需要，也应满足当事人诉讼权利保障的需要，尤其是为当事人履行举证责任及抗辩不利于己的指控提供证据的“装备”

我国司法鉴定制度在针对职权机关和当事人获取鉴定上存在差别，致使“当事人承担举证责任顺利取得”鉴定困难，引入专家证人制度与之并存似乎是一种解决问题的思路。在理论上，当事人为了履行举证责任需要而不能顺利取得鉴定支持无非源于当事人无法聘请到鉴定机构或者根本没有可供当事人委托的鉴定机构。后者在

---

[1] 郭华．司法鉴定制度与专家证人制度交叉共存论之质疑：与邵劭博士商榷［J］．法商研究，2012（4）．

[2] 参见 HOLMES OW. Law and Social Reform，in the Mind and Faith of Justice，Holmes，His Speeches，Essays，Letters and Judicial Opinions［M］. Max Lerner，The Modern Library，1943：401.

鉴定制度改革后已经不成为问题，因为鉴定机构不仅不再被职权机关所垄断，况且存在着大量的可供当事人选择的社会鉴定机构。鉴定机构社会化的改革在一定程度上为当事人获得鉴定提供了资源，还因各鉴定机构之间没有隶属关系可供自由选择。如果当事人在此背景下仍不能顺利取得鉴定，其原因一定是前者。也就是说，当事人无法获得鉴定的根源是权利受阻或者根本没有获取此项权利，其实质关涉当事人在鉴定启动上是否享有权利，而这一问题属于诉讼制度的内容。我国司法鉴定制度改革仅仅涉及司法鉴定管理方面存在许多问题，[1]而作为司法鉴定管理这一带有行政色彩的制度不可能无权对诉讼制度的内容进行规定。如果将当事人为承担举证责任的鉴定不能顺利取得简单地归结为鉴定解决专门性问题上的局限性而未涉及诉讼制度，不免有“欲加之罪，何患无辞”的嫌疑。当事人为承担举证责任而不能顺利取得鉴定是源于诉讼制度的问题而非鉴定本身的局限所致，在现有的鉴定制度上增加专家证人制度与之并存作为解决鉴定制度的“窘境”则有些文不对题。况且这种不是针对鉴定制度弊端而进行的鉴定制度改革无助于解决鉴定制度固有的弊端。

如果像有学者所言，因待证事项性质导致的鉴定不能造成当事人不能取得为承担举证责任的鉴定，这种“鉴定不能”是待证事项性质所致，应当将其责任归咎于待证事项性质而非鉴定制度。[2]退一步说，即使将因待证事项性质导致的鉴定不能归罪于鉴定制度，而实行了专家证人制度，专家证人也未必能够对因待证事项性质、鉴定不能的问题予以有效解决。因为鉴定人在解决专门性问题上与

---

[1] 参见 2002 年 12 月 23 日全国人大内司委侯宗宾在第九届全国人大常委员会第三十一次会议关于《全国人大代表大会常务委员会关于司法鉴定管理问题的决定（草案）》的说明。

[2] 邵劭．论专家证人制度的构建：以专家证人制度与鉴定制度交叉共存为视角［J］．法商研究．2011（4）．

专家证人并未有本质上差别，况且专家证人在解决待证事项性质这一涉及法律问题上并非是内行。如果鉴定不能仅仅因鉴定人没有达到专家水平而作为了鉴定专家，其症结在于鉴定人的准入门槛过低所致，这的确是鉴定制度的问题。然而，这种问题是可以通过提高鉴定人的准入门槛来解决的，而将专家证人与之并存作为解决问题的理由显然不足。由于英美法系国家的专家证人不实行审前专家资格审查制，如何保障进入法庭的专家证人的能力一定强于或者优于事先核准的具有法定资格的鉴定人仍是一个有待实践检验且难以从理论获得满意答案的问题。

2. 当事人难以对不利于己的鉴定意见进行有效的质疑是一个需要解决的现实问题

当事人因其专门知识短缺难以理解与评价具有专门知识的鉴定意见及发现其存在的真正问题，致使其在实践中的质疑仅仅具有形式意义，难以获得有效性。专家证人因由当事人选聘并作为其利益的维护者，在质证中必然成为对付对方专家证人的科技辩手，其质疑的效果明显优于鉴定制度。那么，这种优越性是否是引入专家证人制度作为解决难以对不利于己的鉴定意见进行有效的质疑最为有效的制度呢？回答此问题之前需要考察其他实行鉴定制度国家解决这一难题的思路与方法。1988 年《意大利刑事诉讼法典》在解决鉴定制度这一难题上吸收英美法系国家专家证人的一些因素，创设了“专家辅助人制度”或者“技术顾问制度”，[1] 没有简单地移植专家证人制度。德国民事诉讼也允许当事人雇佣自己的专家，可以对鉴定

[1] 参见《意大利刑事诉讼法典》第 220 条、第 225 条规定：“当需要借助专门的技术、科学或技艺能力进行调查或者获取材料或评论时，可以进行鉴定。在决定进行鉴定后，公诉人和当事人有权任命自己的技术顾问。在国家司法救助法规定的情况和条件下，当事人有权获得由国家公费提供的技术顾问的协助。”

意见进行质疑，被视为对英美法系国家专家证人制度的吸收。[1]当事人聘请或雇佣专家的意见均不被作为证据，显然与专家证人制度有异。

那么，为什么存在鉴定制度的国家没有直接移植或者引入有效的专家证人制度来解决鉴定制度存在的问题呢？其原因不仅在于司法制度、制度理念、文化传统、诉讼模式等因素存在差异，而且按照专家证人制度的要求，引入专家证人制度与鉴定制度并存，专家证人出庭完全可以代替鉴定人对专门性问题提供证据，尤其是专家证人制度在聘请程序上简便易行，其实施结果必然是鉴定制度成为一种多余的制度。对此进行深层次分析，为了保障对不利于己的鉴定意见进行有效的质疑不引入专家证人制度而实行当事人直接聘请鉴定人，在一定程度上，将有法定资格的鉴定人作为当事人的“专家辅助人”比引入无法定资格的专家证人更为优越，在诉讼制度上放开鉴定启动对当事人的限制无疑比引入专家证人来得更为彻底，何必多此一举引入专家证人与之并存呢？

鉴定制度与专家证人制度在实践中不可能并存，因为这两种制度是当事人主义和职权主义诉讼制度下的自有产物。如果强行将其并存最终会因诉讼制度的排斥，在适用上会出现以一种制度代替另外一种制度的现象，甚至还会衍生出比解决当事人不能有效质疑鉴定意见更加难以处理的复杂性问题。这是存在鉴定制度的国家改革鉴定制度没有引入专家证人制度与之并存而将专家证人制度变种为“专家辅助人制度”的根本原因。在鉴定制度下，解决当事人难以对不利于己的鉴定意见进行有效的质疑的有效途径是如何完善专家辅助人制度。

---

[1] 刘晓丹．论科学证据［M］．北京：中国检察出版社，2010：50.

有学者认为，实行专家辅助人制度因其意见无法作为裁判依据会带来对当事人和法官缺乏实质性帮助的问题。[1]这种认识误解了鉴定制度改革设置专家辅助人制度的意义。因为专家辅助人制度的设置目的不是为法庭提供证据的，而是协助当事人从证伪的角度来揭示鉴定意见可能存在的问题，其意见的效果重在否定鉴定意见或者使法官对鉴定意见科学性出现怀疑或者动摇，使法官更容易理性慎重地选择鉴定意见作为定案的根据。专家辅助人制度不仅因当事人聘请专家参与诉讼能够有效的质疑鉴定意见，而且还能够抑制法官对鉴定的过度依赖，避免当事人因无力质疑鉴定意见而无端怀疑法官对鉴定意见的选择，引发一些无意义的“重新鉴定”。专家辅助人发表的意见作为了鉴定证据，专家辅助人也就不是专家辅助人，而成为实实在在的专家证人。这种认识不仅与设计专家辅助人质疑鉴定意见的“证伪”的身份不合，而且也是职权主义下诉讼制度、证据制度所不允许的。专家辅助人对鉴定意见提出的意见对当事人和法官是否有帮助不在于它是否作为证据，刑事诉讼中辩护人的辩护意见以及诉讼代理人的意见并未因其不是证据而影响它们在诉讼中的作用。按此逻辑进行推演，由于辩护人的辩护意见及诉讼代理人的意见不能作为定案的根据，其价值也就不存在，这种结论恐怕也不会被接受。

3. 鉴定人不能为法官审查鉴定意见提供实质意义上的帮助是鉴定制度的问题还是诉讼制度抑或法官本身的问题

不可否认，法官对鉴定意见作为证据的判断相对其他证据来说难度更大，“尤其是自然科学，是如此的复杂和专业，法庭甚至不能完全地理解鉴定的理由，更不用说评价其可信度了。当几个鉴定

[1] 邵劭．论专家证人制度的构建：以专家证人制度与鉴定制度交叉共存为视角［J］．法商研究．2011（4）．

人提供了矛盾的鉴定意见时，这一困难就更加突出”。❶ 作为解决法官在诉讼中遭遇的专门性问题而存在的鉴定制度，其实质意义上的帮助是鉴定人以“法官的助手”的身份出现，❷ 属于“运用他的专门知识和法律上重要事实的推论相结合的方法，来帮助法院的认识活动的人”❸，甚至在某些案件中成为“穿白衣站着的法官”，法官在幕后行使事实认定的裁判权。鉴定制度下的鉴定人与专家证人相比，前者在职权主义诉讼制度下对法官影响更为深刻，在诉讼活动中法官过分依赖职权鉴定机构的鉴定结果，而总是以怀疑的甚至戴着有色眼镜看待社会鉴定。

然而，审查鉴定意见是法官不可放弃的职责，“不管怎么样，庭审法官必须检查专家证据，并作出二者择其一的选择，是承认还是驳回……”❹ 法律要求法官对“鉴定人所完成的鉴定必须自己再加以独立的判断、确信，不得任由鉴定人的鉴定结果毫不经检验即用于判决中，在判决理由中必需令人能识别，法院独立完成了该案之证明的评价”❺。鉴定人出庭作证并接受质疑后，法官一般能够认识与理解鉴定意见，即使是复杂的甚至是冲突的鉴定意见，法官借助于质证的证实与证伪程序有能力完成其审查任务。即使实行专家证人制度的国家也会同样遇到专家证人不能提供实质意义上的帮助的问题，法官（陪审员）面对偏向性的专家证言或者相互矛盾的专家

❶ 托马斯·魏根特．德国刑事诉讼程序［M］．岳礼玲，温小洁，译．北京：中国政法大学出版社，2004：181-182.

❷ 克劳斯·罗科信．刑事诉讼法［M］．吴丽琪，译．北京：法律出版社，2003：261.

❸ 上野正吉，等．刑事鉴定的理论和实践［M］．徐益初，等译．北京：群众出版社，1986：12.

❹ 肯尼斯·R.福斯特，彼得.W.休伯．对科学证据的认定：科学知识与联邦法院［M］．王增森，译．北京：法律出版社，2001：156-157.

❺ 克劳斯·罗科信．刑事诉讼法［M］．吴丽琪，译．北京：法律出版社，2003：261.

证言也会出现无助的情景。在美国，“很多法官并没有时间和能力来对专家证言作出准确取舍”。[❶] 专家证人利用专门知识在专门性问题上的知识“争斗”，其争斗的硝烟不仅会增加法官（陪审员）对专门性问题的认识与理解的难度，而且还会因专家证人的“对抗而牺牲真相”。[❷] 如 1997 年发生在我国香港特区长达 8 年之久的龚某心与王某歆“豪门争产”的“遗嘱签名的真伪”之争案，当事人分别聘请了美国笔迹专家和我国的“笔迹专家”，二者所提供的专家证言截然相反，特别是当事人“双方笔迹专家对该遗嘱签名真伪各存疑问，不能构成一致压倒性结论”，致使遗嘱签名的真相无法通过专家证言来确认，法官不得不放弃笔迹专家证言，转而求助于证据制度的举证责任分担来结束案件。在此案件中，尽管当事人为专家证人付出昂贵的代价，仍未能帮助法庭发现真相，但我们也未必以此“窘境”来要求香港特区取消专家证人制度代之以大陆法系国家的鉴定制度或者引入鉴定制度与专家证人制度并存。那么，以鉴定制度不能为法官审查鉴定意见提供实质意义上的帮助作为引入专家证人制度与之并存的理由来解决专家证人制度同样不能解决问题，显然难以令人信服。

我国作为职权主义的诉讼制度不可能存在像英美法系国家如此完整的交叉询问制度，如果引入专家证人制度与鉴定制度并存不仅存在专家证人与鉴定人之间的论战，而且还存在专家证人之间的混战，使法官原来无能审查鉴定意见的基础上又增添了审查不同专家证言的难度，这种设计不仅不会有助于问题的解决，其结果有可能

---

❶DIXONL，GILL B. Changes in the Standards for Admitting Expert Evidence in Federal Civil Cases Since the Dauber Decision［J］. Psychology Public Policy and Law，2002，8（3）：251-308.

❷HYONGSOON K. Adversarialism Defended：Daubert and the Judge's Role in Evaluating Expert Evidence［J］.Columbia journal of law and social problems，2001，34（3）：223-251.

会更为糟糕。不可否认，在鉴定制度下存在着法官竭尽全能也无法理解鉴定意见的情形，对此法官不得不求助于举证责任的分担来解决这些问题，尽管这种解决未必能达到查明事实真相的目的，甚至还有可能会冤枉一方当事人。但是这种“放逐”鉴定作为证据的做法在制度上却是理性的，如果“它们能被有条理地以合理的中立和客观的方式运用，从而增加法律判决的总体可靠性”❶。究其实质，鉴定制度为法官提供的实质性帮助是协助其更好地认识与理解专门性问题，而不是帮助其审查判断鉴定意见。如果以鉴定人不能为法官审查鉴定意见提供实质意义上的帮助作为引入专家证人与鉴定制度并存的理由，其命题本身就缺乏逻辑上的自洽性。

基于以上的分析，有学者所提出的问题有些不是鉴定制度本身的问题，而是与鉴定制度有关，却是鉴定制度与专家证人制度均存在的共性问题。这些共性问题不仅鉴定制度改革无法消除，而且专家证人制度也不能解决。如果鉴定制度存在的缺陷未因专家证人制度的引入而消除，反而会在一种缺陷的基础上再增加新的缺陷，即鉴定制度缺陷的基础再添加专家证人制度缺陷，司法鉴定制度真地会出现越改越乱的“制度窘境”。那么，面对这些共性的问题是关注司法鉴定制度本身的改革还是一味移植专家证人制度来试图解决，解释至此，答案应较为明确了。

（二）专家证人制度的窘境：鉴定制度与专家证人并存失败的教训

对于上述专家证人制度与鉴定制度并存的论证，如果再对其在实践中效果加以分析则更能够增加论证的说服力。专家证人制度在

---

❶ 肯尼斯·R. 福斯特，彼得·W. 休伯 . 对科学证据的认定：科学知识与联邦法院［M］. 王增森，译 . 北京：法律出版社，2001：156–157.

实践中的效果既包括大陆法系国家鉴定制度曾引入专家证人的实践效应，也包括英美法系国家对专家证人制度改革的实践效果。

1. 大陆法系国家将鉴定制度改造为专家证人制度的失败及教训

法国在1957年的刑事诉讼制度改革中，为了保护犯罪嫌疑人、被告人的防御权，有些学者提出了采用“专家证人”（对席鉴定）制度来改造其鉴定制度的建议。这种建议被1957年12月31日第57—1426号法律所接受，并仿效英国的专家证人制度在《法国刑事诉讼法典》中建立了“对席鉴定”的模式，允许诉讼双方当事人分别选任鉴定人。然而，这一制度在实施过程中，因与法国职权主义的诉讼体制互相排斥，尤其是严重影响了鉴定人的中立性，其运行遭受了较大的阻力且困难重重，致使在实行不到一年的时间内匆忙进行修改，重新返回原来的规定，即1958年12月23日第58—1296号法令取消了辩护方挑选鉴定人的权利。[1]法国即使在2000年6月的刑事诉讼法律修改时，仍对此保持高度的警惕，仅仅增加了当事人有权申请司法鉴定及一定程度地参与司法鉴定的规定，未再引入专家证人制度来改变鉴定制度，更没有将专家证人制度与之并存。

1988年《意大利刑事诉讼法典》的修改曾得到我国学者的高度赞赏，不仅因为意大利在诉讼制度上大量地采用了当事人主义的做法，而且对专家证人制度相当谨慎，在鉴定制度上仅仅吸收了英美法系国家专家证人因素，创设了不同于专家证人制度的协助当事

[1] 卡斯东・斯特法尼，等. 法国刑事诉讼法精义（下册）[M]. 罗结珍，译. 北京：中国政法大学出版社，1999：647-648.

人质证的“专家辅助人制度”。[1] 即使如此，意大利的刑事诉讼制度改革除“侦查阶段之司法权区分为检察权与审判权，二者职掌分明、相互节制……最为成功”外，其他制度在实践中与修法前并无不同，“意大利及国际刑事诉讼法学者均一致认为意大利之修法是失败的”[2]。如果意大利实行鉴定制度与专家证人制度并存，其结果如何是可想而知的。

另外，有学者在证明专家证人制度和鉴定制度并存的可行性中还列举了“德国在鉴定人和证人之外增设了专家证人”，并以德国学者克劳斯·罗科信在《刑事诉讼法》中的论述作为佐证。实质上，克劳斯·罗科信著作中的“专家证人”不是英美法系国家的专家证人，而是大陆法系国家的“鉴定证人”。鉴定证人是以其特别专业知识对过去感知的事实或者状况的陈述，而非专家证人的推断性意见。[3] 这种鉴定证人因其具有不可替代性，在法律上仍定位为证人，以此作为引入专家证人与鉴定制度并存的理论与实践依据，其理由显然不够充分。

2. 英美法系国家专家证人制度固有的积弊及改革

法国引入专家证人制度的失败并不代表我国移植这一制度也会

---

[1] 参见《意大利刑事诉讼法典》第220条、第220条、第225条分别规定：当需要借助专门的技术、科学或技艺能力进行调查或者获取材料或评论时，可以进行鉴定。法官在任命鉴定人时应当从在专门登记簿上注册或者在具备某一特定学科的专门能力的人员中进行挑选。在决定进行鉴定后，公诉人和当事人有权任命自己的技术顾问，在国家司法救助法规定的情况和条件下，当事人有权获得由国家公费提供的技术顾问的协助。

[2] 吴巡龙．新刑事诉讼制度与证据法则［M］．台北：新学林出版股份有限公司，2005：19.

[3] 德国刑事诉讼法学者克劳斯·罗科信将“专家证人”的身份描述为，“被聘来帮忙的刑事专家，其恰恰看到了很快即被风吹逝的痕迹，而此痕迹对一非专业人士而言极难辨认”。这种刑事专家恰恰是对案件事实具有亲历性的证人，与专家证人不同，更非是专家证人制度中的专家证人。克劳斯·罗科信．刑事诉讼法［M］．吴丽琪，译．北京：法律出版社，2003：262.

失败。仅仅以此作为我国不能实行鉴定制度与专家证人制度并存的理由依然存在依据不够充分的嫌疑，还需要考察专家证人制度在其生长地的实际运行情况及其改革成效作为依据的补充。专家证人制度在英美法系国家存在“诉讼不经济”“诉讼迟延”“诉讼不公正”等弊病。[1]其中，专家证人的偏向性是实行专家证人制度国家一直力图克服却始终成效甚微的顽症。

英美法系国家对专家证人制度中专家的非中立性及其严重影响诉讼效率问题颇伤脑筋。对其的治理因仅仅依靠内部改造效果不明显，致使其将治疗的方案投注于大陆法系国家的鉴定制度上，甚至在立法中不惜与当事人主义诉讼模式的冲突去建造具有职权主义特色的中立性鉴定人制度。[2]这种制度主要是通过法庭任命自己的专家来帮助法官正确评估专家证言，避免专家证人完全受制于当事人所带来的偏向性蒙蔽法官的视线。在专家证人制度的改革中，不仅1975年制定的《美国联邦证据规则》规定法官可独立指定专家证人，而1998年修改的《英国民事诉讼规则》也明确了专家证人对法院而非当事人的优先职责，旨在通过改革限制当事人自行选定专家证人以及避免当事人滥用专家证人。[3]尽管如此，美国的规定与英国的改革并未在实践中出现大量法官指定专家证人的情形，其使用仅仅属于一种例外情况。从这种规定的实践效果中可以折射出专家证人制度引入鉴定制度并存而不兼容的端倪，同时也证明了鉴定制

---

❶ 邓晓霞. 论英美法系专家证人制度的基础与缺陷：兼论我国引入专家证人制度的障碍［J］. 中国刑事法杂志，2009（11）.

❷ 参见《美国联邦证据规则》第706条。

❸ 参见1998年《英国民事诉讼规则》第35章第5条、第6条的规定：如果当事人采取快捷审理方式提起诉讼，则法院将不传唤专家证人出庭作证，但为司法利益必需的除外；专家证据须以书面报告形式提交，但法院另有指令的除外；当事人可以向另一方当事人指示的专家证人就其所作的专家报告提出书面问题。

度与专家证人制度并存共同发挥作用的不可能性，在一定程度上反映出鉴定制度与专家证人制度并存的改革观点并非是明智之举。

3. 专家证人制度与鉴定制度并存难以解决的冲突及反思

专家证人制度与鉴定制度并存不仅存在上述一些难以克服的问题，而且还与职权主义的诉讼制度和证据制度存在一定的冲突。一旦将其作为制度引入并与这些制度共处时，则会因聘请专家证人的简捷便利而被滥用，致使我国意图借助于司法鉴定制度改革消除的“重复鉴定”等影响诉讼效率与公正的问题更加严重，并引发与原纠纷无关的大量的专家证言和鉴定意见争议的“案中案”，鉴定意见作为解决纠纷的证据演变为案中的“是非之王”。

我国的证人不同于英美法系国家宽泛的证人，也不同于理论上的“人证”，而是特指除当事人以外的了解案件情况向办案机关陈述亲身感知事实的第三人。司法实践一直要求“证人应当客观陈述其亲身感知的事实，不得使用猜测、推断或者评论性的语言”。[1]“证人的猜测性、评论性、推断性的证言，不能作为证据使用。”[2]证人之所以不能以猜测性、评论性、推断性来作证，是因为证人作为普通人不拥有优越于法官在证据上的推断技能与经验智识。法官基于长期的职业办案经验在此方面的能力优于普通人，无须证人来“扩大”或者“开发”证据资源予以填补。从制度的层面来看，证人对事实的猜测、推断或者评论在法庭上无法对其来源、客观性、合法性等进行质证，也就失去其作为证据的意义；在证据类别上，这种专家证言也存在纳入证人证言还是归入鉴定意见的困难，从而影响

[1] 参见最高人民法院新《民事证据规定》第七十二条。

[2] 参见最高人民法院、最高人民检察院、公安部、国家安全部、司法部《关于办理死刑案件审查判断证据的若干问题规定》第十二条第三款及《刑事诉讼法司法解释》第八十八条的规定。

其作为证据在审查判断以及认证上的有效性。

在职权主义诉讼模式下，鉴定启动权被职权机关所掌握，多数情况由法官所控制。如果在这种情况下再引入当事人自我决定委托的专家证人，必然会加剧我国的“重复鉴定”“多头鉴定”发生的频率。一旦“当事人不是在选择最好的专家，而是在选择最好的证人”❶，导致法庭成为科技工作者的“乱战”领地。尤其是当事人为自己利益需要不惜代价聘请专家证人，这不仅会加大诉讼成本的大量投入或拖延诉讼，而且还会因当事人经济条件的差异造成在专家证人使用上的新的诉讼不公平。如果严格按照英美法系国家的专家证人机制去运行，最终会导致涉及专门性问题的案件因专家证人和鉴定问题久拖不决。如果不按照英美法系国家的专家证人制度的本质去运行，专家证人制度在我国就会成为非驴非马的怪物，又何以称为“专家证人制度”。

大陆法系国家法国引入专家证人制度改革鉴定制度的失败、英美法系国家借助于鉴定制度改革专家证人制度的效果不佳、我国引入专家证人制度与诉讼制度、证据制度冲突，均说明了专家证人制度与鉴定制度在职权主义诉讼制度下并存的不可能性。其“并存”的观点不仅是深化鉴定制度改革的一种非优化性选择，而且还有可能是学者的一厢情愿或者天真的想法。无论是理论上的追问还是改革实践中的反思，鉴定制度与专家证人制度并存均不会在鉴定制度下获得良好的效果，不仅以此观点进行司法鉴定制度改革应当慎行，对此观点还应保持高度警惕。

---

❶ANDREWS N. Liability of Expert Witnesses for Wasted Costs in Civil Proceedings［J］. Cambridge Law Journal，2005，64（3）.

（三）司法鉴定制度窘境的破解：鉴定启动权的合理配置与专家辅助人制度的完善

学者的讨论以及提出问题具有积极意义。“每个社会的法律在实质上都面临着同样的问题，但不同的法律制度以极不相同的方法解决这些问题。”❶这些“极不相同的方法”不排除鉴定制度和专家证人制度存在一些共性的因素，但改造其中的一项制度绝不是“一加一”的制度叠加与简单并存。因为并存的设计难以弥补鉴定制度的不足，还会在我国泛“专家”的时代将专家证人制度的弊端在鉴定制度中发挥的淋漓尽致，鉴定制度的弊端非但不能得到有效克服，还有可能在这两种制度的相互攻击中被不断放大，❷甚至吹出比美国专家证人偏向性更加强劲的“萨克斯风”。❸其结果是，好处未得，其恶已显。

我国司法鉴定制度存在诸多问题是不可否认的。在这些问题中，有些是司法鉴定立法相对落后造成的，仅仅依靠司法鉴定管理体制改革的法律文件即《决定》来解决是远远不够的；有些是鉴定制度改革后诉讼制度、证据制度未能及时跟进引发的，可以借助于诉讼制度、证据制度的改革来解决。❹如在为承担举证责任的鉴定不能顺利取得鉴定问题上，主要是鉴定启动权配置失衡造成的，需要从鉴定启动权的配置上进行改革，将鉴定启动权适度配置于当事

---

❶K·茨威格特，H·克茨．比较法总论［M］．潘汉典，等译．贵阳：贵州人民出版社，1992：56.

❷齐树洁，洪秀娟．司法鉴定制度改革应走创新之路［J］．中国司法鉴定，2006（2）.

❸LANGBEIN J. The German Advantage in Civil Procedure［J］. University of Chieago Law Review，1985（4）.

❹郭华．司法鉴定制度与专家证人制度交叉共存论之质疑：与邵劭博士商榷［J］．法商研究．2012（4）.

人，以便鉴定启动权在办案机关与当事人之间保持适度平衡。大陆法系的法国、德国、俄罗斯等国家的刑事诉讼法均赋予当事人鉴定的申请权，而我国诉讼法却对此予以回避。尽管当事人的鉴定申请权在实践中未因法律缺失而被办案机关绝对禁止，甚至在某些案件中还被办案机关认可。法律需要将这些没有规定的内容而实践中已经认可的权利上升为法定权利，并为继后的程序安排奠定基础。这些问题有待于深化司法鉴定制度改革或者将来制定司法鉴定法来破解。

小　结

《刑事诉讼法》和《民事诉讼法》吸收了英美法系国家专家证人制度的有益因素，并未采用鉴定制度与专家证人制度并存的思路来设计这一制度，还需要对作为专家的有专门知识的人的诉讼地位、权利义务及质疑鉴定意见的方式、效力等一系列问题作出适当安排，使之能够借助于制度的功能发挥弥补鉴定制度不足的作用。但不排除我们在谨慎、理性对待专家证人的同时，吸收其有关专家证人制度保障当事人权利的合理因素。这些合理的因素在完善我国“专家辅助人”制度上仍具有积极的意义。然而，制度需要生存的环境，离开应有环境极易发生变异。“对抗制审判程序背后的理念是，真相会从你来我往的争论中浮出水面，但是经过一场专家论战未必能得出事实真相。”[1] 荷兰学者对此的反思，应引起我国学者的关注，甚至可以引以为戒。否则，用外国专家证人“过度装饰”我国的专家辅助人就会陷入“忒修斯之船”的悖论。

---

[1] 威廉·A. 瓦格纳，等. 锚定叙事理论：刑事证据心理学［M］. 卢俐利，译. 北京：中国政法大学出版社，2019：227.

第五章

精神病鉴定争议与理论探索

精神病鉴定因涉及精神医学、心理学、法学及社会学等多领域专门知识呈现出复杂性。精神医学的发展与其他医学学科相比相对缓慢在一定程度上制约了精神病鉴定制度的优化及其鉴定程序启动的展开。精神病鉴定制度的缺失及其程序启动的失当又导致了精神病鉴定的乱象。从司法鉴定实践发现，精神病鉴定本身的可靠程度与刑事责任能力的评定与鉴定启动、鉴定结果选择等具有内在的互动性。精神病鉴定制度尽管无力解决精神病医学不发达的根本性问题，但科学的司法鉴定制度对精神病鉴定技术、鉴定能力与鉴定质量的提高却有较大的助益。精神病鉴定在一些重大刑事案件中持续成为舆论关注的焦点。不论精神病鉴定启动与否均会陷入被质疑的困境。这既存在制度安排的问题，也存在鉴定本身的问题，还存在凭直觉判断的现实问题，更存在理论误导的问题。这些问题叠加在一起衍生了较复杂问题。这一复杂问题的解决，需要合理配置启动精神病鉴定程序的权力（利），科学对待精神病鉴定本质，尊重精神病鉴定的医学认定，正确使用精神病鉴定意见中的刑事责任能力判断，在正当程序中维护精神病鉴定的科学性。对于非制度问题需要正确的理论诠释，避免因实践难题与理论缺陷交织演变为不具有实质意义的纷争和枉顾精神科学本质的分歧。

一、精神病鉴定争议与理论探索

江苏南京宝马撞人案肇事司机被鉴定为“作案时患急性短暂性精神障碍，有限制刑事责任能力”，曾引发舆论哗然。中科院研究生被杀案开庭，精神病鉴定成主要争议。[1] 张某扣案二审精神鉴定专家出庭作证被驳回也成为争议的话题。[2] 那么，为何精神病鉴定问题屡屡成为倍受公众瞩目的焦点？对精神病鉴定的公众反响、学者思索、当事人质疑、司法机关关切及高层关注的背后无疑一直释放着改革精神病鉴定制度的强烈信号。上海黄某川故意杀人案即“6·28”浦北路杀害小学生案的精神病鉴定也未能脱逃，再度引起社会的瞩目和高层的关注。[3]

2018 年 6 月 28 日上午，黄某川在上海世外小学浦北路校区门口持刀行凶，致 2 名未成年人死亡、1 名未成年人轻伤、1 名成年人轻伤。经公安机关委托鉴定机构司法鉴定，黄某川患有精神分裂症，具有限定刑事责任能力。一审法院认为，黄某川虽经鉴定患有精神疾病，被评定为具有限定刑事责任能力，但鉴于其罪行极其严重，人身危险性极大，且其精神疾病对其作案时辨认、控制自己行

---

[1] 参见中科院研究生被杀案一中院今日开庭审理［N］. 新京报，2019-05-24（A16）.

[2] 杨雨奇. 张某扣案今日二审：精神鉴定专家出庭作证被驳回［EB/OL］.（2019-04-11）［2020-11-05］. http：//news.sina.com.cn/c/2019-04-11/doc-ihvhiqax1613547.shtml.

[3] 中国法院网讯．“6·28”上海浦北路杀害小学生案二审［EB/OL］.（2020-01-10）［2020-11-05］. https：//www.chinacourt.org/article/detail/2019/08/id/4417204.shtml.

为能力没有明显影响，故应依法予以严惩。故此，一审法院对被告人黄某川判处死刑，剥夺政治权利终身。二审中，辩护人提出，黄某川长期患有严重的精神分裂症，作案时处于发病期，丧失辨认和控制自己行为的能力，并提供了相关证据材料；一审判决采纳的《司法鉴定意见书》在委托鉴定程序、鉴定材料来源、鉴定过程等方面违反法律规定，鉴定内容与鉴定意见相矛盾，申请对黄某川作案时的精神状态及其刑事责任能力、受审能力重新鉴定，并要求二审法院发回重审或对黄某川改判无期徒刑。检察机关认为，原判认定黄某川故意杀人的犯罪事实清楚，证据确实、充分，适用法律正确，审判程序合法，量刑适当；鉴定机构的鉴定程序合法，鉴定检材充足，鉴定过程和方法符合规范性要求，鉴定意见内容完整、观点明确，辩护人提出重新鉴定的理由不能成立，建议二审法院驳回上诉，维持原判。二审法院认为，黄某川虽具有坦白情节，且系限定刑事责任能力人，但其犯罪动机极其卑劣，手段十分残忍，后果特别严重，人身危险性和社会危害性极大，且其精神疾病对其作案时辨认、控制自己行为能力没有明显影响，依法不足以从轻处罚。原判认定黄某川故意杀人的犯罪事实清楚，证据确实、充分，适用法律正确，量刑适当，审判程序合法。对于黄某川提出其未预谋杀人的上诉理由，以及辩护人提出申请重新进行司法精神病鉴定，请求二审法院裁定发回重审或改判黄某川无期徒刑的辩护意见，法院不予采纳。检察机关建议驳回上诉、维持原判的意见正确，法院应予支持。2019 年 12 月 30 日，二审法院裁定驳回上诉，维持原审对黄某川以故意杀人罪判处死刑，剥夺政治权利终身的判决，并依法报请最高人民法院核准。

此案中，一审法院对黄某川的“精神病对其作案时辨认、控制自己行为能力没有明显影响”，而二审法院认定“黄某川虽具有坦白情节，且系限定刑事责任能力人”，是否意味一审、二审法院对待鉴定的“具有限制刑事责任能力”意见存在不同认识？鉴定人提出的“限制刑事责任能力”评价是对其精神病还是对其作案时的精神病状态？如果不采纳鉴定意见而又不同意重新鉴定，法院是否存在程序上的不正当或者存在抛弃追求实体真实而追逐社会舆论的偏向？基于以上疑问，针对有关精神病鉴定问题的热点、焦点及难点等作出规范意义上的回应及理论诠释上的解读。

（一）精神病鉴定启动程序权力（利）配置的诠释

在一些重大刑事案件尤其是杀人案件，精神病鉴定成为舆论关注的焦点。这一焦点问题是一个老生常谈的“旧问题”，却又是持续受到舆论关注的带有普遍性的社会问题，也是学术界及实务界远远未能达成共识的理论问题。我国刑事诉讼法将鉴定的启动权赋予办案机关独有，当事人仅仅具有补充鉴定和重新鉴定的救济权，没有赋予其初次鉴定的申请权。于是，理论上对精神病鉴定启动权配置存在不同观点。一种观点认为，法律应当赋予控辩双方当事人平等的鉴定启动权。这种启动权既包括决定启动鉴定程序的权利，也包括选择、委托鉴定人的权利，还包括决定补充鉴定和重新鉴定的权利。另一种观点认为，在保留办案机关委任模式的基础上对现有的规定进行改革，主要是以当事人的救济性权力制约办案机关的启动裁量权，赋予犯罪嫌疑人、被告人初次鉴定的申请权及在鉴定申请被驳回时的复议申请权和上诉权。办案机关面对一些热点的重大刑事案件的精神病鉴定，因其社会关注度高和影响大，出于维护社会治安和秩序稳定的考虑，担心鉴定人作出患有精神病和无（限制）刑事责任能力的意见会引起被害人猜疑乃至上访，甚至遭到社会公众的质疑和批评，一般不启动鉴定或者重新鉴定，旨在防止引发新的鉴定争议，避免将解决专门性问题的鉴定转化为影响案件正常裁判的因素。我们认为，对此问题的讨论远非上述观点设计的如此简单，除了学界的诠释外，还需要从诉讼模式、刑事诉讼法的规定及对刑事诉讼鉴定性质进行理论阐述。

我国刑事诉讼属于职权主义诉讼模式。这种职权主义诉讼模式不仅不同于当事人主义诉讼模式，也不同于国外的法官居于主导地位并依职权主动调查取证而控辩双方居于从属地位的职权主义模式。例如，《法国刑事诉讼法典》第一百五十六条规定："在任何预审法庭或审判法庭，在案件遇有技术问题的情况下，或者应检察院的要求，或者依职权，或者应当事人的请求，得命令进行鉴定。"我国《刑事诉讼法》第一百四十六条规定："为了查明案情，需要解决案件中某些专门性问题的时候，应当指派、聘请有专门知识的人进行鉴定。"刑事诉讼法将鉴定放置在侦查程序中作为一种侦查措施，而"作为侦查措施的鉴定，鉴定人可以由县级以上侦查机关的刑事技术人员或其他专职人员担任，也可以聘请侦查机关以外的具有专门知识的鉴定人担任"。[1]《人民检察院刑事诉讼规则》第二百一十八条也规定："人民检察院为了查明案情，解决案件中某些专门性的问题，可以进行鉴定。鉴定由人民检察院有鉴定资格的人员进行。必要时，也可以聘请其他有鉴定资格的人员进行，但是应当征得鉴定人所在单位同意。"由于办案机关的办案职权具有法定性，具有不可委托性，除法律特别规定的以外，其他任何机关、团体和个人都无权行使这些权力。所以，刑事诉讼将办案机关聘请办案机关以外的具有专门知识的鉴定人进行鉴定作为特别授权。但在鉴定后，当事人基于职权的特性而享有事后救济性权利，即如果犯

[1] 李寿伟. 中华人民共和国刑事诉讼法解读［M］. 北京：中国法制出版社，2018：347-348.

罪嫌疑人、被害人提出申请，可以补充鉴定或者重新鉴定。

针对精神病鉴定，《人民检察院刑事诉讼规则》第二百二十一条第三款规定："犯罪嫌疑人的辩护人或者近亲属以犯罪嫌疑人有患精神病可能而申请对犯罪嫌疑人进行鉴定的，鉴定费用由申请方承担。"这种规定对精神病鉴定在一定程度上赋予了当事人申请权利，因为"以犯罪嫌疑人患有精神病可能为由申请鉴定的，鉴定费用由请求方承担"。[1]这种放松不是因为精神病鉴定自身的缘故，是因为精神病鉴定期限不计入办案期限。《刑事诉讼法》第四十二条规定："辩护人收集的……属于依法不负刑事责任的精神病人的证据，应当及时告知公安机关、人民检察院。"这是否意味着辩护人拥有精神病鉴定的自行启动权，否则如何收集到依法不负刑事责任的精神病人的证据？基于及时告知公安机关、检察院而没有规定法院的现实，辩护律师收集属于依法不负刑事责任的精神病人的证据仅仅限于侦查与起诉阶段，旨在与作为特别程序的强制医疗程序衔接。对于犯罪嫌疑人属于不负刑事责任的精神病人的，如果符合强制医疗条件，公安机关应当撤销刑事案件，写出强制医疗意见书，移送人民检察院。检察院发现符合强制医疗条件的，应当向法院提出强制医疗的申请，由法院作出是否强制医疗的决定。

为了从刑事诉讼法的规定中解读出当事人享有精神病鉴定启动权，有学者还从"法无禁止皆权利"的法彦中推出其结论。因刑事诉讼法没有禁止辩方启动精神病鉴定，也没有明确规定限制辩方启动鉴定，辩方当然享有精神病鉴定的启动权。我们认为，在刑事诉讼中，控方、辩方、裁判方形成的是诉讼法律关系，这种诉讼法律关系主体不仅包括作为办案机构的公检法机关，也包括当事人（被

---

[1] 孙谦.《人民检察院刑事诉讼法规则（试行）》理解与适用［M］.北京：中国检察出版社，2012：199.

害人、自诉人、犯罪嫌疑人、被告人、附带民事诉讼的原告人和被告人）及其他诉讼参与人（法定代理人、诉讼代理人、辩护人、证人、鉴定人和翻译人员），诉讼法律关系的主体均应无一例外地依照法律规定的权利和义务进行诉讼活动，因诉讼法律关系具有公法性质，其权利则也应具有法定性，这与纯粹私法领域的民事法律关系不同，因此，对其权利享有不能也不应基于私法的民事活动的“法无禁止皆权利”原则予以解读。就诉讼法律关系而言，其适用的权利配置原则则是“无救济则无权利”。基于此，刑事诉讼法规定了办案机关初次鉴定后，当事人对鉴定有异议申请“补充鉴定”或者“重新鉴定”的权利。

在精神病鉴定的问题上，由于犯罪嫌疑人、被告人是否存在精神病不仅与犯罪构成有关，还可能与其是否负刑事责任有联系。基于此，在犯罪嫌疑人、被告人是否存在精神病的鉴定问题上，鉴定界一般采取“无病推定”的原则。此原则包括两个层面：一是对于一般犯罪嫌疑人、被告人是否启动精神病鉴定，不仅取决职权，更主要取决于犯罪嫌疑人、被告人是否存在可能患有精神病的外在相对明显的失常性精神症状，不得无条件或者无原因地启动。这是法律对精神病鉴定启动的限制。例如，检察机关对张某扣案件不需要进行精神病鉴定的理由主要为：张某扣母系、父系亲属均能够证实张某扣身体健康，无家族精神病史；张某扣入伍参军，无异常行为表现；作案前，张某扣进行了周密策划；作案时，张某扣为防止被认出，使用深色帽子、口罩、围巾精心伪装；作案后，张某扣迅速逃离现场，为防止暴露行踪，特意不带手机；归案后，回答问题思路清晰、逻辑正常。也就是说，张某扣作案与其他人作案无明显的异常，即使有精神病，精神病对作案行为未有影响。所以无需进行精神病鉴定。对于精神病鉴定启动慎重是必要的，不能因其鉴定期限不计入办案期限而滥用，也不能因为存在舆论压力或者承受指责而任意启动精神病鉴定。当面临有理由的申请或者有迹象外显时，不启动精神病鉴定应当有足够的理由和依据，不得断然否定或者武断回绝，否则，难以充分体现司法的文明。二是在精神病医学判定上也需要遵循无病推定原则，其精神医学上“对症下药”反映在鉴定上主要是通过被鉴定人外在行为表现来判定。对于是否进行精神病鉴定这种所谓的“失常症状”既可能由公检法作为办案机关发现，也存在辩方提出犯罪嫌疑人、被告人曾经患有精神疾病的病史、作案时或作案后行为反常等可能患有精神病的材料，如果一般人基于认识产生对犯罪嫌疑人、被告人存在精神病的怀疑或者无法排除存在精神病的可能，就应当启动精神病鉴定。

（二）精神病鉴定意见“涵摄”内容实然与应然的分歧

我国精神病鉴定意见一般分为精神病医学鉴定和刑事责任能力鉴定两个部分。前者是从医学角度对犯罪嫌疑人、被告人案发时是否患有精神病、患有何种精神病及精神病致因的医学评定；后者是从法律和心理学角度对犯罪嫌疑人、报告人案发时的精神病对其辨认能力和控制能力是否存在影响、影响的深度、广度及刑事责任能力如何的法律评定。这两个方面内容源于1989年最高人民法院、最高人民检察院、公安部、司法部、卫生部发布的《精神疾病司法鉴定暂行规定》。[1]仅就前者的医学评定而言，无论在是否存在精神病还是何种精神病（精神病类型）抑或发病原因上均存在不同的认识与意见。

一是刑法规定的精神病与医学上的精神病存在程度上不同的分

---

[1] 参见《精神疾病司法鉴定暂行规定》第九条第（一）项规定的“刑事案件中，精神疾病司法鉴定包括：(一）确定被鉴定人是否患有精神疾病，患何种精神疾病，实施危害行为时的精神状态，精神疾病和所实施的危害行为之间的关系，以及有无刑事责任能力”。

歧。1950年中央人民政府法制委员会公布的《刑法大纲（草案）》第十二条规定：“犯罪人为精神病人，或系一时的心神丧失，或因在病态中，于犯罪时不能认识或控制自己的行为者，不处罚；但应施以监护。犯罪人精神耗弱者，从轻处罚。”这一规定在精神病人后面增加或者有其他病态的人等类似的措词，旨在将精神病人与其他病态作一区分，其精神病应当是狭义的。然而，《刑法》采用了广义的概念。1993年最高人民法院在《关于刑法修改若干问题的研讨与建议》指出：现代精神医学上通用的疾病总名称是精神疾病或者精神障碍，精神病是精神疾病中最严重的一类，由于我国刑法在广义上使用的精神病一词，同医学上狭义使用的精神病一词在含义上并不完全相同，导致理解上易生歧义，因而建议力求法律用语和医学用语的统一，而将精神病人修改为“患有精神疾病的人”或者“精神障碍人”。基于此，我们认为，在精神病的医学判断上至少需要从以下几个方面考虑：（1）被鉴定人是否存在精神病；其精神病是何时存在的；如果是危害行为发生前就存在的，是否一直持续到危害行为发生时，抑或在危害行为发生前不明显，在行为时较为显著；如果仅仅在危害行为发生时存在的，其危害行为发生后是否还存在；以及精神病的程度。（2）被鉴定人是何种精神病，即存在的精神病属于何种类型。因为精神病的类型不同，对于危害行为的原因力可能存在差异，如果不能作出何种类型精神病的区分，会引起人们对精神病学的科学性产生怀疑。例如，在南京宝马肇事案的精神医学鉴定中，第一次鉴定结果为，被告人患有急性短暂性精神障碍，认定其为限制刑事责任能力人；第二次鉴定认定为，被告人王某进在行为前、行为时患有精神病，肇事时属于限制刑事责任能力人，而未对行为时患有精神病做出认定。这种情况在黄某川案依然存在，有人认为其不是精神分裂症，是双相情感障碍伴有精神病性症状，偏执型人格障碍，反社会型人格障碍。从新闻报道中，黄某川事后对执法、检察机关供述犯罪过程和动机时，并未有明显的言语紊乱、思维混乱、行为失常的症状，且黄某川作案时思维清晰，富有逻辑性和计划性，并且清楚了解自己的所作所为会带来什么样的后果。（3）被鉴定人的精神病是何种原因或者因素所致。尽管病因不被视为鉴定的内容，但鉴定意见作为证据，依然具有排除因危害行为发生导致被鉴定人的精神病的合理怀疑，同时也会强化其危害行为是否因病所致还是病情仅仅是一个影响因素的判断。如果仅仅是一个影响因素，这种因素是否对其危害行为具有决定性作用抑或具有可选择性，对刑事责任能力的判定具有重要的影响。当然，对被鉴定人的鉴定不排除基于现代精神医学发达程度对何种类型精神病及致因等问题存在判断上的分歧与困难，但因在被鉴定人精神病对其危害行为关系上不可含糊，使得这些判断也更为重要，特别需要鉴定人对此给出令人信服的理由。

二是对于刑事责任能力是否需要鉴定人作为鉴定意见的一部分的不同认识。对此存在两个基本问题需要讨论：一是精神病鉴定应否对被鉴定人的刑事责任能力作出判定；二是对被鉴定人刑事责任能力的判定需要遵循何种规则，以及考虑哪些应当考虑的因素。前者也存在两个方面的争议：一方面是有无法律规定，另一方面是如何规定更符合实际。对于有无法律规定存在不同的观点。有学者认为，我国《刑法》第十八条规定：“精神病人在不能辨认或者不能控制自己行为的时候造成危害结果，经法定程序鉴定确认的，不负刑事责任，但是应当责令他的家属或者监护人严加看管和医疗；在必要的时候，由政府强制医疗。”这种经法定程序鉴定是刑法授权鉴定人确认刑事责任能力的法律依据。也就是说，鉴定人对精神病刑事责任能力的评定有法律的特别规定，精神病鉴定人获得了对法律问题作出判断的权力。但是，从法律解释学的观点来分析，对经法定程序鉴定确认的，不负刑事责任作反向理解，可以推出未经法定程序鉴定确认的，均应当负刑事责任，法定程序鉴定是犯罪嫌疑人、被告人不负刑事责任的必经程序，而非是负刑事责任的必经程序。即对危害社会行为的人而言，未经法定程序鉴定确认，均应负刑事责任；只有经法定程序鉴定确认为精神病的，可以负部分刑事责任或者不负刑事责任。这种理解与我国刑事诉讼法对鉴定启动的限制或者从严的精神相吻合。对于第二个层面的问题，有学者从实践角度对此分析认为，“精神病鉴定人与精神异常者日常接触，对刑事责任能力的评价，远比其他人有更多的这方面的经验”。[1] 也有学者基于《美国联邦刑事诉讼规则》第七百零四条的“在刑事案件中的专家证人对于涉及被告精神状态或者条件作证时，不得对被告犯罪或者抗辩相关的精神状态或者条件是否该当提出意见或推论。此种最终争点仅属陪审团的职权”的规定，在认定行为还存在认识控制其精神机能的前提下，对案件事实具有违法性的认识及控制犯罪行为的能力，这些需要从法规范的立场进行的判断则由法院来单独作出。在精神病鉴定实践中，精神病的严重程度与刑事责任能力存在一定的关系，但与刑事责任能力的有无及大小并不具有必然的正比关系，重型精神病并不必然导致作案时精神病人对其行为的辨认与控制能力弱于轻型的精神病。刑事责任能力与精神病之间的现实关系也不完全被其整体性行为所影响，即使精神病对精神病人的整体性行为有影响，也不宜简单确定存在精神病就必然为限制刑事责任能力或者无刑事责任能力。因为严重精神病人，如精神分裂症，在很多情况下存在着“辨认能力”，一般人依靠心理学知识对

[1] 中田修.司法精神医学：精神病鉴定与刑事责任能力［M］.林秉贤，彭华，译.天津：天津科学技术出版社，2008：166.

此是无法作出准确判断的。也就是说，在刑事责任能力判断上离不开精神病医学知识的参与，更不能完全脱离精神病鉴定人依据医学知识的判断。[1]特别是犯罪嫌疑人、被告人的现实精神状态与作案时的精神状态在外在表现上并非一一对应，而且诉讼“当下”与作案“当时”不具有完全的承继关系，由鉴定人作出评定比法官直接作出认定更富有价值。因鉴定人作出的评定意见是公开的，作为鉴定意见的一部分还会受到当事人的质疑，增强了它的可判断性。如果由法官自由心证，尽管心证可以公开，可以接受上诉审的监督，但仅限于判决书的说理，在接受当事人质疑上远远不如前者。

不可否认，当一个人被鉴定为精神病的可能性越大，辨认能力的评定标准越窄，控制能力的评定标准越宽松，其被评定为无或限制刑事责任能力的可能性就越大。与其他国家相比，在我国鉴定实践中存在“一个人被评定为无（或限制）责任能力的可能性要大大高于其他国家，从而使得刑事责任能力鉴定很容易被不当利用。”[2]有研究精神病学的专家提过一个“灰色理论”，认为如果将人的精神正常比作白色，精神不正常比作黑色，在白色与黑色之间存在一个巨大的灰色区，社会中有很多人都散落在这一区域内，这就是所谓的“精神亚健康”。对于何种情形下犯罪嫌疑人应当负刑事责任，确实是一个有待厘清的问题。[3]“一个人无刑事责任能力不是因为他有病，而是因为有疾病剥夺了他的判断自由，剥夺了这种或那种行为方式。”[4]基于此，对于刑事责任能力的判定需要从严。因为是否

---

[1] 郭华．精神病司法鉴定若干法律问题研究［J］．法学家，2012（2）．

[2] 吴继奎．刑事责任能力鉴定启动难的成因分析［J］．中国司法鉴定，2009（2）．

[3] 郭敬波．精神病鉴定为何多疑问［N］．人民法院报，2015-09-10（2）．

[4] 斯库拉托夫，等．俄罗斯联邦刑法典释义［M］．黄道秀，译．北京：中国政法大学出版社，2000：39.

符合无责任能力还是限制责任能力或者完全责任能力取决于精神病的性质、程度及与犯罪行为的关系，还需要诠释辨认能力与控制能力的丧失或减弱的依据与可能性，以及精神病导致自由意志消解的可能性。对于辨认能力丧失或减弱，可从被告人的精神病的病因、严重程度及其对行为的影响力的有无、强弱等方面判断；而对控制能力的丧失或减弱的判断需要特别谨慎并应从严掌握，不仅需要从其精神病的原因来判断，还需要排除合理的怀疑，甚至对质疑作出合理的回应。

（三）精神病鉴定意见选择使用的纷争

针对一审法院认为黄某川“精神疾病对其作案时辨认、控制自己行为能力没有明显影响，故应依法予以严惩”的认定，这是否意味着法院在肯定鉴定人医学意见而否定了限制刑事责任能力的法律意见？我们可以搁置精神病医学鉴定问题的讨论，仅探析法院是否可以对鉴定意见选择性使用即是否有权对鉴定意见的内容有选择性？对精神病医学的判定和刑事责任能力判定在使用上是否存在不同？

法国精神医学家埃斯基罗尔（Esquirol）认为，对于这些精神疾病患者的分类、诊断及责任能力的判定，绝对无法依赖一般人甚至于法学人士的知识，于是精神病科医师有其决定性的角色。基于证据学和诉讼原则，鉴定意见在作为定案根据上对法官没有绝对的约束力，“在法律上法庭不受鉴定结论的束缚”。[1] 法官对鉴定意见存在疑问可以通过重新鉴定来以鉴定推翻原来的鉴定或者通过鉴定人出庭接受质证或者询问的方式解决。也就是说，精神病鉴定意见对法官没有预定的约束力，那么，是否意味着法官对精神病鉴定意见

[1] 托马斯·魏根特．德国刑事诉讼程序［M］．岳礼玲，温小洁，译．北京：中国政法大学出版社，2004：181.

可以任意选择而不受其约束呢？我们认为，精神病鉴定意见对法官的拘束力可根据专门知识性质的不同而区别对待。有无精神病的医学鉴定结果，对法院具有一定的拘束力，只要精神病鉴定的结果没有明显的错误，在法官进行判断时就应当受其约束。如果对鉴定结果在内容上持有异议的话，就应当命令重新鉴定，而不应只凭自己的一般的知识而轻易地予以否定。对于刑事责任能力的鉴定意见，法官具有一定裁量权，根据案情与其他证据综合判断，可以做出选择性使用。实验证明，非专家对专家的信赖程度与专家专门知识的纯度有关。就单一学科解决的问题比多学科甚至跨学科解决的问题而言，前者对人们的影响相对深刻，专家的意见易于被人们接受。精神病鉴定对精神病的判断可以主要依靠精神病医学知识，而刑事责任能力的判断还需要心理学、社会学、法学等知识，前者的专家判断结果对人们的约束力较强。❶

从司法实践来看，法官越是不信赖精神病鉴定人，就越会对精神病鉴定意见持有高度的警惕而不会过分依赖鉴定意见，继而在适用上就会要求鉴定人出庭为其提供更多的有关鉴定的理由和依据，为自己适用鉴定意见获得更具有说服力的解释论据。仅就犯罪嫌疑人、被告人的精神病对刑事责任能力影响程度的判断来说，刑事责任能力的鉴定意见对法官来说不应像单纯的精神病意见那样具有拘束力，法官对刑事责任能力判定需要结合案件的其他情况作出选择性使用，这与学界将刑事责任能力视为法律问题并建议交由法官判断具有殊途同归的功效。针对黄某川案件的鉴定而言，上海高级法院认为，“黄某川虽具有坦白情节，且系限定刑事责任能力的人，但其犯罪动机极其卑劣，手段十分残忍，后果特别严重，人身危险

❶ 郭华．精神病司法鉴定若干法律问题研究［J］．法学家，2012（2）．

性和社会危害性极大，且其精神疾病对其作案时辨认、控制自己行为能力没有明显影响，依法不足以从轻处罚”。从判决认定事实的定案依据来看，一审、二审法院均未否定黄某川存在精神病的医学判断，仅仅因其精神疾病对其作案时辨认、控制自己行为能力没有明显影响，以及其他原因未能从轻，其选择性使用符合理论上的诠释，其选择仅仅在刑事责任能力上，不启动重新鉴定也符合精神病鉴定的原理，这种分析不是对选择对错的判断，但对刑事责任能力采纳与否，应当经过质证（当事人有异议）或者专家文证审查（法官有疑义）。

一般而言，法院否定精神病的医学判定部分，当事人申请重新鉴定的，应当准许。因为精神病的医学部分属于专门问题仍需要获得新的认知。对精神病鉴定作为定案根据，只有“通过精神病学、心理学和法律学的共同努力，才能对责任能力得出可以信赖的判断，这时也就能够在审判中对精神病鉴定作出正确的评价”。[1]

小　结

刑事诉讼中的精神病鉴定问题相对较为复杂，不仅需要区分实践难题、制度缺陷与理论瑕疵，还需要将其放置在刑事诉讼法的整体结构中予以认识，在中国精神病鉴定实践中需要寻找制度上的认同和理论诠释，同时还应当避开西方制度的不适应性和理论难以回答的困扰。例如，英国早在 1843 年制定麦克纳顿规则时就确立了“无病推定”的原则，这一原则获得了世界上多数国家的认可。正是无病推定原则使得在英美法系国家，以被告人患有

[1] 上野正吉，等. 刑事鉴定的理论和实践［J］. 徐益初，肖贤富，译. 北京：群众出版社，1986：145.

精神病进行无罪辩护成功的案子不到1%。然而，因各种原因影响，长期以来我国司法精神鉴定学界并不完全是按照这种“无病推定”思维进行的。在我国司法实践中不仅存在着有病推定，还存在“泛精神病人论”（网瘾作为精神病）现象，其结果便是司法精神病鉴定人员遇到是否是精神病不能充分肯定时，往往会遵循有病推定原则判其有病。基于此，我国关于精神病鉴定制度基本符合我国的职权主义诉讼模式，在一定程序上也符合精神病鉴定规律，但制度运行尤其是鉴定意见使用的实践还存在一些需要解决的问题，通过对这些问题的解决促使精神病鉴定制度持续增加自身的合法性和权威性。

二、精神病鉴定的法律与医学融贯

精神疾病已成为全球性重大公共卫生及影响社会安定较为突出的带有社会性的法律问题。❶人们的思维、情感和行为出现精神异常，并在“心神丧失”或者“精神耗弱”的境况下作出危害社会的行为，经法定程序鉴定确认，不负刑事责任或者可以从轻或者减轻处罚。这种法定程序鉴定不仅在定罪上具有举足轻重的地位，而且还会影响被告人的人格尊严、人身自由等宪法性权利甚至决定其生死存亡。然而，精神病鉴定在司法实践中并未能完全

❶ 我国疾病预防控制中心精神卫生中心2009年初公布的数据显示：我国各类精神疾病患者人数1亿多人，重性精神病患者达1600多万人。其中，精神分裂症患者占到一半左右。患抑郁症、酗酒、药物成瘾的人逐年上升；儿童的行为问题、学生的心理问题和老年人的精神障碍现象越来越突出。参见：陈泽伟．研究显示我国精神病患者超1亿 重症人数逾1600万［N］．瞭望新闻周刊，2010-05-29.

担负起诉讼制度嘱托的这一重任，[1] 尤其是我国实践中出现的一系列“被精神病”的沉疴事件，不仅使人们对精神病医学本身的科学性多有疑虑，而且还对精神病鉴定产生了恐惧。[2] 在我国司法精神病鉴定实践中，既有杨某勇案趾高气扬“杀人执照”的叫嚣，[3] 也存在邱兴华案启动鉴定的五位法学家“陈词上书”，而且还存在杨佳案倍受“指责”的“一天鉴定”[4]，以及湖南郴州市朱某金“卖身换精神病鉴定费”的“义举”的震撼。[5] 这些呈现在大家面前的现实与鉴定实践中的鉴定意见冲突，更增加了人们对法律借助于精神病医学来维护司法公正的忧虑。于是乎，“使我们联想到：如果精神病学是人们需要的一门科学，而它又是一门多么靠不住的科学呀！”[6]

---

❶ 本文采用精神病鉴定而没有采用国务院法制办2011年6月颁布的《精神卫生法（草案）》（征求意见稿）中的精神障碍司法鉴定的术语，旨在精神卫生法所确定的精神障碍与刑法意义上的精神病（精神疾病）还存在一定不同，精神障碍在学界未能完全达成共识并作为具有确定含义的法律术语。在未对精神障碍作出明确解释之前，仍采用《刑法》的精神病术语。

❷ 我国近年来所谓的“被精神病”的案例主要有：湖北武汉的徐某案、十堰彭某泉案、河南驻马店徐某东案、吉林长春李某伟案、江苏南通朱某红案、山东济南吕某芳案等。这种“被精神病”现象尽管是社会问题，但从制度层面来看仍属于法律问题。参见：钟晶晶．钟南山：法制不健全所以人们常会“被精神病”［N］．新京报，2011-03-11.

❸ 湖北省松滋市黑社会性质的首犯杨某勇因重金收买他人替其作虚假精神病鉴定，在被处决前因手持精神病鉴定书叫嚷自己有“杀人执照”。参见：卢水平．湖北松滋横行一时的“黑老大”上了断头台［N］．武汉晨报，2002-06-07.

❹ 对“杨佳一天鉴定”关注的并非是结果的正确与否，主要是说精神病鉴定应设立一段的观察期。因为鉴定过于短暂极易让人感觉这一关系到生死证据的收集不太慎重，极易产生不信任感。如南京王某“5.28”亲姐妹硫酸毁容案，辩护人认为，鉴定人与王某接触了一个多小时，既没看王某治疗病历，又未做实验室检查，被指责太草率。

❺2006年10月22日晚，朱某华将朱某金父母先后砍死，为掩盖危害事实又将一些家具和衣物搬到客厅，堆在两位老人的尸体上点火焚烧。后鉴定其无刑事责任能力。由于重新给朱某华做司法鉴定需要巨额费用，因朱某金没有经济能力而无法启动重新鉴定，朱某金提出“谁给我出鉴定费，我就嫁给谁！”。

❻ 弗洛里奥．错案［M］．赵淑美，等译．北京：法律出版社，1984：201-202.

1977 年，德国学者荷恩慈（Heibz）从皮特斯（Peters）的研究资料中发现：在 67 个再审程序中的精神鉴定案件中，有错误诊断结果的，第一次有 48%，第二次有 4%；有发现错误结果的，第一次有 60%，第二次有 24%；在第一次鉴定中发现，有一半以上的鉴定中，鉴定人对被鉴定人存在偏见，因而倾向于归咎不利的判断。[1] 我国最高人民法院的大法官“经历过几十件有司法精神病鉴定的案件讨论，有一半以上的案件做过两次以上的鉴定……没有一例是两次鉴定结论完全一致的。只要有两次鉴定，最后的结论肯定是不一样的”[2]。中外学者在精神病鉴定中发现的共性问题，在一定程度上触发了人们对精神病鉴定如何才能回归科学，以及建构何种司法鉴定制度才能使其为司法活动提供可靠证据等相关法律问题的重新思考。对这些问题的思考不仅关系精神病医学等实体性问题的科学性，而且还涉及精神病鉴定的启动、重新鉴定及鉴定证据采纳等一系列的程序性问题，其复杂性远非其他鉴定类别所能比拟的。对这一问题的研究与探讨无疑对法律及其规范的制定及实施均有一定的价值与意义。我们从涉及精神病鉴定争议较大的 20 个案例出发，从这些文本中寻找精神病鉴定存在的较为突出的问题，旨在为正在进行的司法鉴定制度改革、精神病鉴定规范制定提供一些参考性建议，希冀通过精神病鉴定制度的完善来提升精神病鉴定的可靠性与可信性，进而使精神病鉴定能够为诉讼活动提供坚实的鉴定证据。

---

[1] 张丽卿．鉴定证据之研究：以精神鉴定为主［J］．台湾大学法学论丛，1994（2）．
[2] 张军．刑事证据规则理解与适用［M］．北京：法律出版社，2010：17.

（一）刑事案件涉及精神病鉴定的文本考察与分析

我国刑法之所以将诉讼中有关精神病问题的判断规定为“经法定程序鉴定确认”，其原因不仅在于精神病鉴定应当由具有资质的精神医学专家来诊断，以及通过精神医学的先行判断来解决精神病在辨认或者控制能力上存在何种影响关系，还需借助司法鉴定制度的桥梁来解决刑事责任能力这一带有技术性的法律问题。由于我国精神病鉴定制度未能与诉讼制度、证据制度进行有机地衔接，致使这一解决法律问题的制度本身在司法实践中的运行不太理想且颇具争议，极易在当事人（控辩）双方乃至司法与民意之间引发分歧与论战，致使这一解决精神病问题的专门性制度成为舆论追问与专家声讨的焦点。我们从众多有分歧的焦点案件中选择了涉及精神病鉴定的20个典型案件，对其涉及鉴定的具象问题进行梳理与分析，并从中窥视出隐藏其背后的带有规律性的共性问题。

1. 刑事案件涉及精神病鉴定的基本现状与分析

精神病鉴定在刑事诉讼中的争议主要集中在鉴定启动、重新鉴定及不同鉴定意见上。基于精神病鉴定对诉讼的影响与制约关系和研究的需要，对实践中的鉴定案件按照时间及启动、重新鉴定顺序予以安排。

表 5-1 精神疾病鉴定启动后的鉴定争议案件

案件的基本情况	申请与决定鉴定的时间	第一次的鉴定意见	第二次鉴定意见	再次鉴定的意见及其最终采纳的意见
2000年江苏南通王某“5·28”亲姐妹硫酸毁容案	侦查期间发现王某“与众不同”进行鉴定；起诉与一审再次鉴定	有多种妄想和感知障碍等精神病性症状，MMPI提示思维混乱，急性情绪障碍，罹患精神分裂症，伤害行为是在幻觉幻想影响下发生，无责任能力	MMPI检查结果与南通相一致，王某患精神分裂症，作案无责任能力	“未发现幻觉、妄想和感知综合障碍，被鉴定人王某的作案行为有明确的动机和目的。作案有预谋，作案时并为自己作好自我保护。对其作案行为存在辨认和控制能力。应评定为有完全刑事责任能力。”最高人民法院复核时的结论为，王某“患忧郁症，部分责任能力”。一审采纳了完全责任能力；复核法院采纳了限制刑事责任能力
2001年广东珠海张某发公司杀人案	侦查中律师申请；一审提出其姐姐患有精神分裂症，有家族病史	被鉴定人对自己的作案行为具有全部责任能力	偏执性精神障碍，在急性妄想状态下作案，无刑事责任能力	有“急性应激性精神障碍”，被鉴定人作案时无意识障碍，辨认能力正常，但自我控制能力减弱，应负部分刑事责任能力。法院采纳了部分刑事责任能力
2002年广西玉林蒋某强杀害同学案	因在看守所表现异常，侦查机关进行鉴定；被害方要求重新鉴定	患有精神分裂症（发病期），无刑事责任能力	患有偏执型精神分裂症，作案时无刑事责任能力	患有精神分裂症，作案属混合性动机，辨认与控制能力均不完全，认定为限定刑事责任能力。重审时的结论为，患有精神分裂症，作案时处于发病期，对作案行为丧失实质性辨认能力，无刑事责任能力。玉林市中院一审采纳了限定刑事责任能力；重审采纳了无刑事责任能力
2002年广东阳江李某越杀人案	公安机关委托鉴定；被害人家属申请重新鉴定；检察院两次鉴定	李某越患有精神分裂症，作案时丧失实质性辨认能力，无责任能力	患有精神分裂症，其精神症状对作案的动机有间接的影响，具有部分责任能力	患精神分裂症，评定为无刑事责任能力。法院最终采纳了无刑事责任能力

续表

案件的基本情况	申请与决定鉴定的时间	第一次的鉴定意见	第二次鉴定意见	再次鉴定的意见及其最终采纳的意见
2006年辽宁赵某持刀杀人案	其弟弟称哥哥有精神病。公安机关三次委托鉴定	赵某当时确实无责任能力	赵某作案时具有限制责任能力	结合案发前赵某因怀疑邻居与其妻有不正当男女关系及家中盖房等原因与邻居有过矛盾，案中选择左邻右舍作为犯罪对象，案后换了血衣、准备自杀等，说明其对犯罪行为的性质、后果等辨认能力及控制能力并未完全丧失，具有限制责任能力。法院采纳了限制刑事责任能力

从表5-1精神病鉴定的现状中发现以下问题。

第一，办案机关对精神病鉴定主要基于案件办理过程中的犯罪嫌疑人、被告人存在明显“异常”，或者其作案动机存在难以解释的“疑惑”而启动。根据统计，前者占全部案件的60%；后者占40%。精神病鉴定一旦在侦查程序启动，在后续的起诉、审判程序中均会引发鉴定意见不利方申请或者办案机关决定重新鉴定的问题。也就是说，精神病鉴定一旦启动，无论是当事人及其辩护人、诉讼代理人要求的鉴定还是办案机关依职权委托的鉴定，均会引起鉴定争议，致使鉴定多为3次以上。在多次鉴定中，办案机关依职权进行的占60%，这一现象反映出办案机关旨在通过多次鉴定来寻求确定的结论，以此来验证自己决定鉴定的理由，以及摆脱当事人对鉴定意见异议的纠缠。这种多次的重新鉴定既没有任何法律的理由约束，也没有任何法律条件的限制，其启动因无法定规范遵循，在实践操作上表现出较强的任意性。由此也可以发现，办案机关在办案过程中怀疑犯罪嫌疑人、被告人可能存在精神病而作出鉴定的，其精神病的鉴定意见与其启动鉴定前的怀疑多数具有一致性，精神病鉴定成为验证办案观点不可或缺的手段。

第二，从多次鉴定的结果来看，前后不一致的鉴定结果占100%。第一次鉴定为无刑事责任能力的占全部案件的80%；而有刑事责任能力的仅有张某发公司杀人案一件，仅占全部案件的20%。第二次鉴定结果与第一鉴定结果不同的占50%；第三次鉴定结果不同于第二次鉴定结果的占80%。这种比例关系似乎具有一定的规律性。如某省检察机关的统计表明，公安机关移送审查起诉的13起精神病人犯罪案件中，有6起案件作了2次以上精神病司法鉴定，占案件总数的46.2%。其中，有5起案件鉴定结果不一致，占重复鉴定案件数的83.3%。如果当事人对鉴定结果有异议，可能还要进行二次、三次鉴定，产生的鉴定结论多包含了三种结果。[1] 在3次以上的鉴定中，存在有无精神病鉴定结果分歧的占40%；鉴定结果为完全刑事责任能力、限制（部分）刑事责任能力、无刑事责任能力之间的比例分别为20%、50%、30%。一般来说，当被鉴定人二次鉴定得出完全相反的结论后，第三次鉴定则会给出一个折中的建议，即减轻被告的责任。这种多次鉴定产生的不同鉴定结果主要集中于刑事责任能力的确认上，很少涉及有无精神病的认识与判断问题。

第三，在评定无刑事责任能力还是限制刑事责任能力的案件上，如果被鉴定人存在精神病，其受害人是其亲属的，鉴定结果为无刑事责任能力；如果受害人是外人的，则为限定刑事责任能力。如2006年广东省黄某义“12·28佛山灭门案”，黄某义的临床表现不符合任何特定的精神障碍的诊断标准仍被认定为“待分类的精神

---

[1] 周庆，薛永奎，李安民．河南省漯河市精神病人犯罪案件调研报告［EB/OL］.（2010-09-03）［2021-03-16］.http：//www.jcrb.com/jcpd/jcll/201009/t20100903_412945.html.

病性障碍的临床特征”，评定为“限制刑事责任能力”。在精神病不影响辨认能力的情形下，对控制能力评定多基于非精神病因素来考虑。在多次鉴定中，精神分裂症易于产生不同的鉴定结果，其中被评定为无刑事责任能力占 80%；被评定为限制（部分）刑事责任能力的占 20%。

第四，在鉴定结果存在不同刑事责任能力评定的情况下，法院一般选择折中的鉴定意见，即选择“限制刑事责任能力”作为定案的根据。这种选择结果占全部案件的 60%。

表 5–2 精神疾病鉴定启动后重新鉴定的案件

案件基本情况	申请与决定鉴定时间	申请鉴定理由	决定机关与结果	鉴定意见
2004 年云南的马某爵杀人案	一审中辩护人提出鉴定；二审请求重新鉴定	辩护人根据案情申请法院收集马某爵精神病的证据	一审法院支持了辩护人要求。二审法院认为，辩方对鉴定结论提出异议没有事实和证据支持，驳回重新鉴定申请	无精神病；被鉴定人马某爵在作案过程中精神状态正常，有完全责任能力
2006 年留美女硕士陈某蕾杀夫碎尸案	侦查中提出请求；起诉中请求重新鉴定	陈某蕾亲属称其母亲和外婆有精神分裂症；美国司法机关认为其有“深度抑郁”	侦查机关启动鉴定；检察机关驳回重新鉴定申请	思维敏捷、鉴定期间未发现幻想、幻听现象。事发时符合生理性冲动，在策划及潜逃回国时，自我保护意识较强，有完全刑事责任能力
2007 年云南昆明施某清杀人纵火案	起诉中决定鉴定；一审、二审提出重新鉴定	施某清一审提出，1994 年打工伤到了头，被送到医院神精科时医生说其有精神病	一审法院认为，被告人请求进行重新精神病鉴定的理由不充分，不予支持	施某清作案时精神状态正常，有完全刑事责任能力

续表

案件基本情况	申请与决定鉴定时间	申请鉴定理由	决定机关与结果	鉴定意见
2008年杨某上海袭警案	侦查中申请鉴定；二审申请重新鉴定	杨某曾在山西受过殴打导致轻微脑震荡的颅外伤，认为医学证明颅外伤有可能导致精神出问题	侦查机关支持了鉴定请求。法院认为辩方没有提供杨某精神状态异常，具有精神病相关的证据；驳回重新鉴定申请。二审认为，辩护人申请重新鉴定的理由不充分	被鉴定人杨某无精神病，评定为具有完全刑事责任能力
2009年四川曾某杰杀同学案	被告人及辩护人一审中申请鉴定和重新鉴定	被告人自己怀疑有精神病，其妈妈有间歇性精神病；大舅及表哥有精神病史；鉴定报告根据侦查机关笔录制作的	一审法院启动了鉴定，并驳回了重新鉴定申请	在作案时无精神障碍，并且具有完全的行为能力，应当对其行为负责

表5-2精神病鉴定所呈现的基本情况为：

第一，当事人申请鉴定存在相关证据的，尤其是一些有影响的重大案件中，办案机关一般会接受鉴定申请并决定进行鉴定。尽管刑事诉讼法没有赋予当事人鉴定的申请权，在实践中也未因此受到严格限制。当事人单方申请鉴定的，初次鉴定结果一旦为完全刑事责任能力时，当事人均会再次申请重新鉴定，办案机关一般不会启动重新鉴定，转而会以申请重新鉴定的理由不充分或者证据不足驳回重新鉴定的申请，上级法院发回重审要求重新鉴定的除外。在上海袭警杨某案中，辩方在审前程序申请初次鉴定的结果为完全刑事责任能力，辩方在审判程序中提出杨某曾在山西受过殴打导致轻微脑震荡的颅外伤，而医学证明颅外伤有可能导致精神出问题，法院仍以理由不足及未见异常为由驳回重新鉴定的申请。

第二，鉴定机构以“无精神病”或者“精神正常”作为评定有完全刑事责任能力依据的，占所有案件的80%；没有作出精神病结论直接评价有完全刑事责任能力的仅占20%。在陈某蕾杀夫碎尸案中，鉴定人没有对其是否有精神病作出判断而直接评价为完全刑事责任能力。精神病与刑事责任能力在鉴定中被视为存在着必然的因果关系。只要犯罪嫌疑人、被告人存在精神病，其刑事责任能力必然受限，“有病无责”的情况在鉴定中几乎不存在。在鉴定实践中，精神病与刑事责任能力似乎具有一一对应的关系，对刑事责任能力判断仅仅作为医学问题，而与法律严格意义上刑事责任能力这一法律问题的性质不相吻合。

第三，驳回重新鉴定申请的理由与依据过于简约、笼统。无论何种案件，其驳回的理由大致相同，即精神正常，或者未发现异常甚至还包括无精神病。辩方申请启动鉴定其鉴定结果一旦对辩方不利，则再次启动鉴定难以获得办案机关的同意，重新鉴定也就成为不可能，鉴定也就成为“一鉴终鉴”。从这一现象中可以体悟出以下情况：如果重新鉴定的决定权完全由办案机关控制且无相应的启动条件与标准，即使法律赋予当事人以精神病鉴定的启动权、重新鉴定启动申请权甚至给予其启动鉴定或者重新鉴定的机会，其权利也因办案机关的决定权制约而不具有实质性意义。一旦办案机关依照职权启动鉴定，其鉴定结果与其预想存在冲突，精神病鉴定必然会重新进行，甚至还会出现不断重复鉴定的情况。

表 5-3 申请精神疾病鉴定没有启动的案件

案件	申请鉴定时间	申请鉴定理由	决定机关与结果	决定不启动的理由
2006 年陕西邱兴华“7·16”杀人案	二审期间辩护人提出鉴定请求	犯罪动机不明	二审法院对辩护人鉴定的请求不予支持	邱兴华故意杀人目的明确，且杀人后多次躲过公安机关的围捕，证明其是在有意识地逃避打击。对其杀人、抢劫的动机、原因、手段及现场情况均作了前后一致的供述，回答问题切题，思维清晰，无反常的精神表现。故意杀人、抢劫犯罪时具有完全的辨认和控制自己行为的能力
2008 年云南马某富杀人案	一审、二审中申请鉴定。死刑核准中辩护人申请鉴定	其外公患有精神病；舅舅杀死舅妈后鉴定为间隙性精神病；姨妈为遗传性精神病	一审、二审法院认为申请精神病鉴定理由不充分，不予支持	一审、二审法院认为，被告人马某富在羁押和接受审理期间意识都较为清醒，没有什么异常反应，对其犯罪事实也作了清楚明确的供述
2008 年英国人阿克毛走私毒品案	审判中英国驻华使馆领事官员通过律师提出精神病鉴定	阿克毛的家族成员曾经患精神病	法院驳回律师对阿克毛的精神疾病鉴定请求	法院认为，英方提供的材料不足以证明阿克毛有精神病及其家族成员曾经患精神病；阿克毛本人也没有提供相关材料。本案中并无理由对阿克毛的精神状态产生怀疑，其精神病鉴定申请不具备应当被接受的条件
2009 年湖北随州熊某林特大杀人案	侦查、起诉、一审、二审期间均提出鉴定申请	案发前半年存在抑郁，病理性醉酒存在可能性	侦查、起诉不予支持鉴定申请。一审、二审当庭驳回辩方的鉴定申请	公安机关认为，杀人的原因是心理障碍所致，并非属于精神疾病，不存在精神鉴定的理由。检察机关认为，熊某林家族并无精神病史；作案前已制订了详细的杀人计划；作案过程缜密，有计划布置。作案后，乔装打扮，有反侦察能力。被抓获后，数次笔录交待情况相同。法院认为，熊某林在作案后清理现场并潜逃，有很强的自我保护意识；其个人及其家族均无既往精神病史，辩方未提供证据证明其作案时精神有异常表现；熊某林从侦查到一审、二审，回答问题切题，记忆准确，无任何异常反映，申请鉴定的理由和辩护意见没有事实依据

续表

案件	申请鉴定时间	申请鉴定理由	决定机关与结果	决定不启动的理由
2009年山东青岛肖某明以危险方法危害公共安全案	一审期间辩护律师提出	其爷爷及其他亲属有患精神病，其本人曾因精神抑郁等问题到潍坊等地医院治疗过	经合议庭合议报审委会研究认为，对申请不予批准	法庭认为，肖某明在一审中的供述思路清晰明确，并当庭供述本人和家族都无精神病史，不符合做精神病鉴定的条件
2009年广西南宁兰某诚杀害覃氏三姐妹案	二审程序期间提出	辩护律师提交了新圩村民委员会称其母亲的两个叔伯兄弟有精神病的证明	二审认为，精神鉴定的理由不足，予以驳回	二审法院认为，兰某诚的叔伯不是其直系亲属，不存在精神病遗传基因，与其是否患精神病没有因果关系，不能由此推断其患有精神病。作案事前有预谋，作案后有条不紊地处理现场和尸体，说明他对自身行为有认知能力和控制能力，具有完全责任能力
2008年、2009年湖北武汉曾某保强奸、抢劫案等	被告人及辩护人在一审、二审提出	曾某保曾到医院进行治疗，精神有异常，有严重精神障碍	一审、二审驳回请求	法院认为，辩护人并未提供有精神异常史或有精神病家族史的相关证据；其作案动机和目的明确，作案前周密策划、精心选择作案时间、地点，选择作案对象；庭审时回答问题切题，对公诉机关指控的犯罪事实避重就轻，逻辑思维较严密，无明显不正常状态
2009年贵州遵义何某凯杀法警案	侦查、起诉与一审、二审、死刑复核中均提出鉴定请求	认为存在“位相移行迟滞状态”的反常行为	侦查、审查起诉以及一审、二审法院均驳回请求	检方认为，在公安机关的历次供述自然流畅，在庭审中精神状态正常，回答问题准确切题，且无家族病史，法院不应支持对其鉴定的意见。法院认为，被告人在公安机关的历次供述自然流畅，在庭审中精神状态正常，回答问题准备切题，无任何不正常情况

续表

案件	申请鉴定时间	申请鉴定理由	决定机关与结果	决定不启动的理由
2010年广东连州市成某龙抢劫杀人案	一审递交精神病鉴定申请	成某龙认为申请精神病鉴定是他的权利	法院在开庭审理前驳回成某龙的请求	法庭驳回的理由：一是成某龙思维敏捷，谈吐清晰，没有患精神病迹象，自己也无法确定是否患有精神病；二是成某龙无法向法院提供精神病病历或提供曾经因精神病入院治疗的记录、线索；三是成某龙家族没有精神病史
2010年福建南平郑某生杀小学生案	在侦查阶段律师提出鉴定请求	认为存在精神疾病的一些相关症状，有被害妄想症，常自言自语	侦查、公诉与审判机关对请求不予支持	检察机关认为，犯罪嫌疑人郑某生思维清晰、表达准确，看不出其有精神异常特征。其对作案动机的供述符合逻辑，自供原因：一是被医院辞退、工作无着，二是恋爱失败，三是受一些身边人员闲言刺激，主要动机是因上述原因而报复社会

表5–3发现的精神病鉴定基本情况为：

第一，对于精神病鉴定，如果办案机关认为犯罪嫌疑人、被告人“无异常”不启动鉴定时，即使辩方提出鉴定申请，鉴定也难以启动。办案机关多以犯罪嫌疑人、被告人在讯问中能够“清楚陈述作案过程”“回答问题切题”等理由不启动鉴定。在请求或者申请鉴定的理由上，以犯罪嫌疑人或者被告人家族有精神病史的占40%；以存在精神疾病的占30%；以存在异常的占20%；其他理由占10%。办案机关通常要求辩方提出足够的证据材料证明其有精神病。这种做法与我国刑法规定的精神病作为犯罪构成要件需要由控方证明的内在要求存在一定的冲突。由于这种证明未有法定标准，启动鉴定与否完全取决于办案机关办案的需要及其意愿，精神病鉴定在某些案件中也就成为办案机关的专用的工具或指控的“武器”。

第二，在办案机关驳回鉴定申请的理由上，主要以诉讼当下犯罪嫌疑人、被告人的精神状况及其作案时的自我保护意识、讯问时的供述自然流畅、回答问题准备切题作为依据，而很少考虑作案时精神状况与辨认、控制能力的实存关系。在上述案件中，以这种理由驳回鉴定申请的占 70%；以未见“不正常”或者“没有看出异常”的占 70%；以无精神病家史的占 70%。[1] 办案机关对犯罪嫌疑人、被告人“无精神病”直接作出评价的占 70%。以申请鉴定证据不足或者理由不充分作为驳回鉴定申请依据的占 30%。其中，以无精神病史作为驳回鉴定申请理由的占 40%。在部分案件中，驳回重新鉴定裁决实质上扮演着对犯罪嫌疑人、被告人有无精神病的医学判断，属于没有鉴定的“精神病鉴定”。

第三，在侦查、起诉程序中，辩方申请鉴定没有被支持或者在此期间没有提出鉴定申请的，即使其在审判阶段提出鉴定请求且存在一定的理由，法院一般会驳回鉴定请求。这种情况占全部案件的 70%。法院驳回的主要考虑因素：一是启动精神病鉴定如果出现无刑事责任能力的结论并判决被告人不负刑事责任时，不仅法院会背负沉重的社会负担，还会导致被害人在重新鉴定上的纠缠及权利受阻碍后的非诉讼“涉鉴上访”，甚至会担心被判不负刑事责任的人人未来出现其他危害社会的行为而难以解释或因现实与未来出现的情况间的差异受到处理；二是如果精神病鉴定出现限制刑事责任能力的结论，会因判决后监狱不愿意收治等而难以处理。精神病人的判决后安置困难在一定程度上制约了法院对鉴定启动的积极性。这一现象的存在并不表明法院对侦查、起诉程序中没有启动精神病鉴定的“尊重”，更是一种无奈的选择。

---

[1] 以上之所以出现三个 70% 或者比例的重叠，是因为办案机关在驳回的理由中存在交叉，在有些案件中三种理由同时存在，均作为驳回鉴定申请的理由。

2. 刑事诉讼涉及精神病鉴定的比对与分析

综观上述有关精神病鉴定的基本内容，将其各自的分析情况结合起来进行综合比对分析，可以发现以下问题：

第一，精神病的确认需要精神病鉴定人依据医学知识来认定，而对犯罪嫌疑人、被告人没有精神病或者“无精神病”的判断一般人员是否能够认定是需要讨论的问题。其存在的疑问是，办案机关依靠何种知识判断犯罪嫌疑人、被告人不存在精神病，基于常识来判断作案时的“无异常”，还是基于法学知识抑或精神医学知识？以及诉讼当下的无异常与作案当时的精神状态存在何种关系？在精神病医学诊断实践中，有些精神病人的遗忘可能是全部的，也有部分的，尤其是晚发性遗忘，在作案之后能清楚陈述作案过程，但不久就完全遗忘了，这种情形下一般人会误认为作案人有意识抵赖作案事实。[1]也就是说，犯罪嫌疑人、被告人的现实精神状态与过去“作案时”的精神状态并非在表现上一一对应，而且诉讼“当下”与作案“当时”不具有完全的承继关系，其非专业人员一般对其难以作出准确的判断，仅靠当下的“回答问题切题”等现象不足以作为判断犯罪嫌疑人、被告人在作案时是否存在精神病及刑事责任能力有无、强弱的理由。[2]办案机关应当基于何种理由控制精神病鉴定的启动权及其控制到何种程度才有正当性，当事人基于何种理由及提供何种证据才能启动鉴定或者重新鉴定。这些问题因法律没有规定而在实践中完全由办案机关根据权力与办案的需要进行，精神病鉴定在一定程度上成为控方查明专门性问题的协助手段及“打击

[1] 郑瞻培．精神疾病司法鉴定实务［M］．北京：法律出版社，2009：82.

[2] 如偏执性精神障碍患者的情感和人格相对完整，只要不涉及妄想的内容，周围人就觉得他们很“正常”，抱怨的事情似乎有事实根据，说话貌似符合逻辑。但是，患者的妄想多坚信不疑、不能被说服，常伴有反复控告、跟踪、逃走甚至伤人、自伤或自杀的行为，一般人是难以判断的。

犯罪”的工具，其结果必然是办案机关基于办案的需要来进行“选择性鉴定”，犯罪嫌疑人或者被告人在此方面的程序权利完全取决于办案机关的认识。尽管这种做法可以避免鉴定权利的滥用、有利于提高诉讼效率及节约鉴定资源，但办案机关的“选择性鉴定”则与鉴定制度设立的目的不相吻合，有可能使同种犯罪嫌疑人、被告人在实践中获得司法上的不公正待遇。

第二，精神病鉴定一旦被启动，如果被害者与作案人之间系亲属或者熟人，特别是近亲属的，鉴定确定为精神病的，则会评定为无刑事责任能力。反之，多评为限定（部分）责任能力。精神病与刑事责任能力之间的因果关系在鉴定中受制于作案人与被害人之间的关系，甚至在刑事责任能力的选择上也是由其决定。精神病鉴定在实践中不再完全限定精神病学的意义，也绝非简单的精神科学应用的结果，而成为人性、情感判断及鉴定人利益的考虑和价值平衡的社会性结果。尽管精神病人的行为与其精神病未必均有证据证明存有因果关系，但作为刑事责任能力的评定绝不能因此演变为折中或者调和的产物。这种做法有悖于诉讼制度借助于鉴定人的专门知识来解决定罪量刑的科学追求。

第三，法院在多个不同精神病鉴定意见选择适用上，如果被害人是作案人亲属的，一般选择无刑事责任能力，否则会采纳限制刑事责任能力。例如，浙江杭州体彩杀人案中的刘某普精神病鉴定，因作案时存在精神分裂症而被作出无刑事责任能力与限制刑事责任能力的结论，法院基于上述的考虑采纳限制刑事责任能力。[1]法院在精神病鉴定意见的选择适用上与鉴定启动相比，其严格程度有天

[1] 在这一鉴定中，曾有鉴定人说他将刘某普作案的行为评定为限制刑事责任能力是基于社会影响作出的，却最终被法院采用，判处无期徒刑。参见：柴会群．司法之困：那些犯下命案的精神病人［N］．南方周末，2009-06-04（A03）．

壤之别。精神病鉴定意见的选择在某些案件中还会根据民意、社情及影响案件的其他因素来取舍，鉴定意见不再作为证据而成为办案体现社会效果的依据。

第四，精神病鉴定的启动易于走向两个极端。办案机关在一些恶性案件中会武断地拒绝启动鉴定，而在有些案件中却无理由地多次启动鉴定。前者在前面已作了分析而不再探讨。仅就后者而言，多次鉴定不仅要付出一定的代价，极易出现对不同鉴定结果的争议，而且还会影响诉讼效率，但与不启动精神病鉴定的案件相比较，在保障诉讼权利、维护程序公正及实现实体公正方面却优于前者，其作用是积极的。通过上述比对分析发现，社会对后者的认同度比前者较高，启动鉴定不仅有助于司法权威的树立，更为重要的是，当事人的诉讼权利能够得到一定程度的保障，司法公正在一定范围内实现。尽管在有些案件中程序权利的保障不充分或者司法公正仅部分得到实现，在精神病鉴定过程中甚至有些无刑事责任能力被错评为限制刑事责任能力，法院由此选择了限制刑事责任能力来定罪量刑，但这种做法与犯罪嫌疑人、被告人可能存在精神病而没有启动相比，启动鉴定仍不失为一种制度上的最佳选择。

（二）精神病鉴定存在问题的法律探讨

基于精神病鉴定本身在诉讼中存在的问题及精神病鉴定实践给诉讼带来的一些困惑，使得精神病鉴定与其他鉴定相比更具有复杂性。在此问题上，不仅存在当事人、办案机关及鉴定人对同一人精神现象认识的分歧，而且还存在办案机关利用权力与当事人行使权利之间的相互博弈。这种权力（利）与认识的纠缠使得这一问题远远超越了精神医学等专门知识的纯科学范围，成为携带技术的复杂性法律问题。这些法律问题主要集中在以下方面。

1. 精神病鉴定中的科学问题与认识问题的界分

精神病鉴定是鉴定人作为精神病专家对精神问题的认识，其结论是其认识的结果。这种认识不仅源于认识对象的“主观性”精神状态，而且还是对过去已发生且现在早已“存而不在”的作案时的行为与当时精神状态之间关系的推断，其活动本身表现为一种主客观相互交织的复杂性认识活动。这种复杂的认识活动表现在办案人员作为法律专家与精神病鉴定人作为专业人士对犯罪嫌疑人、被告人是否存在精神病存有不同理解及精神病临床专家与精神病鉴定专家与普通民众之间对其的不同看法。在普通人眼里，只有披头散发、胡言乱语、哭笑无常的所谓“异常”或者“不正常”的行为才能算得上精神病。在精神病专家的视野里，还存在幻觉、妄想等外在症状不明显（有的精神病人在作案时还能施展出一些带有技巧性、欺骗性花招）的精神病，甚至把一些精神障碍也被视为精神病。即使同为精神病专家对同一精神现象也存在不同的认识。有学者对美国与英国的精神疾病诊断进行比对研究发现，对同一批病例，纽约的精神科医师诊断为精神分裂症的数量比伦敦医师高出一倍，在伦敦诊断为抑郁症、狂躁症、神经症与人格障碍的一部分病例，纽约医师都诊断为精神分裂症。[1] 在实践中，精神病鉴定人对同一精神现象作出不同的鉴定结果，以及普通人对精神病鉴定人的鉴定意见存在不同的认识属于正常的现象。而这种“正常现象”不免会使精神病鉴定产生分歧及精神病、刑事责任能力判断结果存在差异。精神病鉴定认识的复杂性带来了认识结果的多样性，在一定程度上削弱了精神病医学的科学性，其鉴定的权威性因此也受到了减损。

---

[1] 沈渔邨. 精神病学［M］. 北京：人民卫生出版社，2009：283.

精神病鉴定不仅实体法有规定，而且程序法中也存在相关规定，在精神病鉴定活动中还涉及心理学、社会学等专门知识的参与，实体法考量与程序法遵循及多种专门知识汇聚致使形成了科学纠缠法律，法律纠缠医学，医学纠缠社会的现象，并使得精神现象的评定演变成较为复杂的认识性问题。法律将精神病这一事实问题借助鉴定程序解决，尤其是精神病鉴定需要其在复杂的认识中转变为确定性的证据，存在使其走向复杂的趋势。无论精神病鉴定如何复杂，在认识中存在何种分歧，对精神病鉴定只有作为法律问题来讨论，才有可能通过完善的制度来减少在此方面的认识分歧，并借助于正当程序来减弱这些分歧性认识对评定结果的影响。科学的精神病鉴定程序和正当的启动程序对于解决上述问题就显得特别的重要。尽管程序不是解决这一问题的灵丹妙药，却是解决精神病鉴定这一带有技术性法律问题的最优抉择。

2. 精神病由办案机关负责证明还是由当事人提供证据证明问题

对犯罪嫌疑人、被告人在犯罪时是否存在精神病及有无刑事责任能力应由控辩哪一方负担证明不仅受制于诉讼制度、鉴定制度及鉴定人在诉讼中的法律定位，在实践中还受制于获得精神病鉴定的实际能力及其期待可能性。这一问题主要与举证责任的配置有关。举证责任配置的科学与否不仅会直接影响精神病鉴定启动程序的设计，也会影响到当事人实体权利的享有与司法实体公正的实现。在大陆法系国家，职权主义诉讼一般将鉴定人视为法官的助手，当事人只有提出鉴定而没有直接聘请鉴定人的权利，被告人在犯罪时是否患有精神病，通常由法院委托的鉴定人向法官和当事人释明，并接受控辩双方的质询。如果法官不认为被告人在犯罪时患有精神病无需聘请鉴定人时，要说明理由；当事人对此决定不服的，有权通过上诉来对不启动鉴定予以救济。[1]在英美法系国家，被告人在犯罪时是否存在精神病不是犯罪构成的要件，只是被告人免责的辩护理由，辩方对被告人存在精神病负有证明义务。在19世纪的美国，也曾存在与大陆法系国家相似的要求公诉方承担证明被告人精神正常的责任，并有28个司法区要求其达到排除合理怀疑的程度。由于实践中对精神正常极易提出合理怀疑，致使爱达荷州、蒙大拿州和犹他州的法律在20世纪80年代改变了原来的做法，将精神病不再作为无罪辩护的理由。[2]如《美国联邦刑事诉讼规则》第12条规定："如果被告人意图以在被控犯罪时精神不正常为由做辩护，被告人应当在规定提出审判前申请的时限内或者在此后法庭指定的时间内以书面方式将此意图通知检察官，并将通知副本提交法院书记官，如果未遵守本规定的要求，则不能提出精神不正常的辩护。"由于精神病鉴定会影响到一个人作为国家公民的法定权利的行使、义务的承担及人格尊严的保障等问题。基于保障公民人格尊严、人身自由等宪法性权利的要求，当一个公民涉嫌犯罪时，认为自己存在免责事由，应由其家属或者辩护人提出其不具有刑事责任能力的理由与证据，控方只须证明其行为具有刑法上的社会危害性即可。这种模式的优势在于证明犯罪嫌疑人、被告人有精神病因不涉及案件的定罪问题而减轻其作为犯罪构成证明上的难度，同时也因仅仅涉及量刑问题降低了证明的要求。

举证责任配置的文本意义在实践中不会自动转化为行动，其实践行动的关键是鉴定程序能否得以正常启动。在司法实践中，精神病鉴定的启动不仅受制精神病医学本身的成熟程度与人们对精神病

---

[1] 卡斯东·斯特法尼，等.法国刑事诉讼法精义［M］.罗结珍，译.北京：中国政法大学出版社，1998：655.

[2] 赖早兴.精神病辩护制度研究［J］.中国法学，2008（6）.

鉴定的认同感，而且还受制启动鉴定后获得鉴定意见给办案机关可能带来的威胁。后者在深层次制约着精神病鉴定的启动实践。现代精神病学尽管已取得巨大成就，但至今对精神疾病的病因、精神症状与脑结构、脑的生理生化障碍之间的关系尚未获得确切性说明，对精神疾病的本质也未能获得全部的了解，鉴定所依据的精神医学仍未能达到鉴定作为证据的高标准要求。[1] 目前精神科的诊断主要依据病史及精神检查所见等最初级的方法，对精神病的患病程度很多指标靠人为观察和询问来判断，与医生的诊疗水平和从医经验关系密切。由于精神病鉴定缺少强客观性的“生物学指标”，其鉴定与利用其他医学学科的鉴定相比受主观因素的影响较大。事实证明，精神病的结论往往因医生能力的差异而具有很大的不确定性和可改变性。[2] 精神病医生在处理同一病理时，常常达不成一致意见。这些问题无疑给办案机关启动精神病鉴定留下一些阴影和后怕，进而影响其鉴定的正常启动。从一定意义上说，在精神病鉴定本身不成熟的情况下谨慎地使用精神病鉴定是一种实用主义的理性选择，但是，过分谨慎在一定程度上会转化为对精神病鉴定的过度控制，会导致不启动鉴定权的滥用，鉴定启动程序也就变相地成为不启动程序，最终影响诉讼借助于专门知识实现司法公正价值目标的实现。

办案机关在诉讼中不启动鉴定程序直接对犯罪嫌疑人、被告人作出“无精神病”的判断，在实践中难以让精神病专家信服，也易受到公众的质疑，其裁判的法律权威常常受到挑战。因为判断犯

---

[1] 据了解，精神病的发病机理很复杂，目前发现的有 3000 多种原因，仅就精神病原因的诊断来说，对同一精神现象不同的精神病医生也存在不同的诊断结果。

[2] 杜里奥·帕多瓦尼．意大利刑法学原理［M］．陈忠林，译．北京：法律出版社，1998：196.

罪嫌疑人、被告人没有精神病同样需要一定的专门知识，尤其是无精神病的排除性说明作为不启动鉴定的理由时，更难以获得可接受性。即使精神病诊断的可靠程度不高，甚至精神病鉴定不能完全解决法律交给的发现事实真相的任务，它在诉讼中保障诉讼权利的意义也是不可低估的。我国最高人民法院、最高人民检察院、公安部、司法部《关于进一步严格依法办案确保办理死刑案件质量的意见》第 9 项规定，“对可能属于精神病人……应当及时进行鉴定或者调查核实”。那么，何种情形才属于“可能属于精神病人”则需要借助程序的力量。只有其程序意义的鉴定申请权及启动条件得以明确，鉴定的启动才有可能在司法实践中得以理性化。其立法的期待可能性才能够在实践中转化为现实可能性。为了避免办案机关在精神病鉴定上的不作为，国外在立法中将一些重大案件的精神病鉴定事项作为强制鉴定的情形，如俄罗斯、德国。[1] 芬兰对 70% 的杀人犯要经过精神病鉴定程序。

对于精神病鉴定启动条件应当从实体性要件和程序性要件两个方面予以考虑。其实体性要件存在二种范式：一是采用精神病的症状条件；二是采用精神病的诊断条件。前者与后者相比不仅具有主观化判断客观化的优势，而且更适合非精神病专业的民众判断思维，立法应当优先予以考虑。同时在程序中除了固守现有的程序外，还应当赋予当事人对鉴定的申请权、救济权，保障当事人在鉴定上具有足以获得鉴定意见的能力。在鉴定启动程序上，当事人及其辩护人、诉讼代理人应当有申请鉴定的权利，[2] 并需要提供一定

[1] 郭华. 证明责任与强制鉴定：“精神病”的鉴定问题研究［J］. 中国司法鉴定，2007（3）.

[2] 在精神病鉴定中之所以赋予辩护人、诉讼代理人申请权，主要解决当事人在精神病状态下无法启动精神病鉴定的情况。

的证据材料证明犯罪嫌疑人、被告人存在精神病的可能。办案机关认为证据不足决定不启动时，也应当说明理由。对不启动鉴定不服的，当事人及其辩护人、诉讼代理人有权向上一级办案机关申请复议。法律还应当规定一些强制鉴定的事项，当事人及其辩护人、诉讼代理人对强制鉴定的事项申请鉴定，办案机关应当决定鉴定。这种程序设计尽管在一定程度上会增加辩方的证明负担，但这种证明负担因证明标准不高，不会使程序权利受到阻碍而出现失当。在实践中，也不应担心这种模式会促发精神病鉴定启动的泛滥。如美国在精神病鉴定上完全由当事人启动，而在 1988 年美国 8 个州中提出精神病辩护的被告人不到所有刑事案件被告人的 1%，提出精神病辩护的被告人获得成功的仅占提出精神病辩护案件的 1/4。[1]

这种模式还需要以下机制予以配合。一方面，改变我国将精神病作为犯罪构成要件的做法，将其仅作为承担刑事责任的要件，而不作构成犯罪的阻却要件。如《刑事诉讼法司法解释》第二百九十五条第（七）项规定："被告人是精神病人，在不能辨认或者不能控制自己行为时造成危害结果，不予刑事处罚的，应当判决宣告被告人不负刑事责任；被告人符合强制医疗条件的，应当依照本解释第二十六章的规定进行审理并作出判决。"这种对精神病被告人的不予刑事处罚却未对其是否犯罪进行评价，仅仅作出不负责刑事责任的判决，与将精神病作为辩护的事由及仅作为量刑要件具有同等的意义。另一方面，应当明确精神病鉴定启动的时间、条件、证明标准、举证责任及裁决的方式、有效的救济程序等程序性问题。如果这些问题没有得到解决，证明被告人免刑的精神病鉴定就会成为当事人诉讼权利的障碍，最终不仅新设的权利没有得到实

---

[1] 赖早兴．精神病辩护制度研究［J］．中国法学，2008（6）．

现，而原有的权利因机制的改变也无法行使，出现事与愿违的不良后果。

3. 刑事责任能力由法官判断还是纳入精神病鉴定范围问题

刑事责任能力作为法律性问题由法官认定还是纳入鉴定范围由法官审查在理论与实践中还未达成共识。“精神状态的分析是类似自然科学的工作，责任能力的判断是规范价值判断的工作，这两者如何妥善调和，实在是刑事法学与精神医学科际整合上的大难题。”[1] 有学者认为，精神病鉴定人与精神异常者日常接触，对刑事责任能力的评价，远比其他人有更多的这方面的经验。[2] 也有学者认为，在认定行为还残存认识控制其精神机能的前提下，对案件事实具有违法性的认识及控制犯罪行为的能力，这些需要从法规范的立场进行的判断则由法院来单独作出。[3]《美国联邦刑事诉讼规则》第七百零四条规定：“在刑事案件中的专家证人对于涉及被告精神状态或者条件作证时，不得对被告犯罪或者抗辩相关的精神状态或者条件是否该当提出意见或推论。此种最终争点仅属陪审团的职权。”还有学者将精神病鉴定人的刑事责任能力评断改为精神病对犯罪嫌疑人、被告人辨认或者控制能力的有无影响及影响程度的分析。这种做法尽管在形式上避免了精神病鉴定人对刑事责任能力作出法律判断，其背后却遮蔽了法官对精神病鉴定人判断的实质“背书”，会造成法官机械将刑事责任能力的判断与精神病的轻重对号入座或者简单予以置换，导致控辩双方原来能够质疑的精神病与刑事责任能力之间的关系因法官判断的介入不再受到质疑，刑事责任能力的

[1] 张丽卿．鉴定证据之研究：以精神鉴定为主［J］．法学论丛，1994（2）．

[2] 中田修，等．司法精神医学：精神病鉴定与刑事责任能力［M］．林秉贤，彭华，译．天津：天津科学技术出版社，2008：166．

[3] 安田拓人．责任能力の法的判断［J］．刑事法ジャーナル，2009（14）．

判断成为鉴定人制约法官而不受任何程序制约的隐蔽区域，其改革有可能给人们带来了仅仅是遮蔽或者隐藏问题，而无其他益处。即使如此，仍无法消除人们对于法官是否有能力对刑事责任能力作出判断的疑虑，法官也有可能因其能力不足陷入左右为难或者画地为牢的困境。

对精神病人的刑事责任能力评定属于精神病与辨认或者控制能力之间关系度或者影响力的判断，这种判断不仅涉及被鉴定人所患疾病的性质及严重程度，还需要判明与其行为之间在作案当时状况下的关联度。对这种关联度的判断不仅需要心理学知识、社会学知识，还受制医学知识。因为“心理学要件是不能和生物学要件割裂开来判断的，特别是所谓控制行为的能力，作为精神障碍对行为支配程度的问题来说，是和生物学的要件有着密不可分的联系”[1]。对于精神病与辨认或者控制能力关联度的判断，尤其是精神病对辨认或者控制能力影响度的认识，多数可为精神病鉴定人的知识和经验所覆盖，在此方面要比法官更适合对心理学要件进行判断。[2]在精神病鉴定实践中，精神病的严重程度与刑事责任能力存在一定的关系，但与刑事责任能力的有无以及大小并不必然的具有正比关系，重型精神病并不必然导致作案时精神病人对其行为的辨认与控制能力弱于轻型的精神病。刑事责任能力与精神病之间的现实关系也不完全被其整体性行为所影响，即使精神病对精神病人的整体性行为有影响，也不宜简单确定存在精神病就必然为限制刑事责任能力或者无刑事责任能力。因为严重精神病人，如精神分裂症，在很多情

---

[1] 上野正吉，等．刑事鉴定的理论和实践［J］．徐益初，肖贤富，译．北京：群众出版社，1986：145.

[2] 仙波厚，木夏本巧．精神鉴定的证明力［J］．郭华，郎治国，译．研究生法学，2005（2）.

况下存在着“辨认能力”，一般人依靠心理学知识对此是无法作出准确判断的。也就是说，在刑事责任能力判断上离不开精神病医学知识的参与，更不能完全脱离精神病鉴定人依据医学知识判断。这也是鉴定实践不顾制度上质疑仍放权精神病鉴定人对刑事责任能力评定的基本原因，[1]也是实践理性改变法律逻辑的必然结果。

鉴定制度改革不仅需要考虑职权应有的性质，作为解决精神病专门性问题的证据更需要关注何种主体有能力准确地对精神病的刑事责任能力作出判断。也就是说，鉴定人作为精神病专家与法律专家对刑事责任能力谁更具有能力判断，即作为解决这一问题谁是最合格的，这是安排鉴定制度需要优先考虑的。在一定意义上，这种价值选择的偏重是制度让渡于科学而需要制度作出必要牺牲的合理代价。“如果重视所谓生物学要素，对精神障碍程序进行的医学鉴定时，基本上能够左右对责任能力的判断；相反，如果重视心理学要素，法院的规范性评价很可能介入。总之，这一问题需要法官与精神医生进行广泛的意见交流。”[2]即使鉴定人对刑事责任这一专门性的法律问题作出判断，在庭审中仍要接受法官的审查，只要法官能够严格地履行鉴定意见的审查判断职责，在制度上不会导致鉴定权对审判权的替代。因为“职业法官不似美国审判事实之陪审员易受专家证人意见之影响，以至于在影响到最终争点之情形下造成终局判决之逆转，若鉴定人具有鉴定人之能力时，无须立法明文限制

---

[1] 参见 1989 年 7 月 11 日最高人民法院、最高人民检察院、公安部、司法部、卫生部《关于精神疾病司法鉴定暂行规定》第九条第一项规定的“（一）确定被鉴定人是否患有精神疾病……以及有无刑事责任能力。”

[2] 松尾浩也 . 日本刑事诉讼法（下册）[M] . 张凌，译 . 北京：中国人民大学出版社，2005：97.

或反对其对于最终争点之意见”。[1]刑事责任能力由鉴定人作出建议性判定，由法官对其进行裁决应当是制度建设需要考虑的，避免法官由于精神医学知识的欠缺而在此方面作出非理性的判断。

（四）精神病鉴定对法官的约束及其选择适用问题

精神病鉴定的证据效力主要集中在对法官有无约束力问题上。“在法律上法庭不受鉴定结论的束缚。”[2]也就是说，精神病鉴定结论对法官没有预定的法律效力。那么，是否意味着法官对精神病鉴定可以任意选择而不受其约束呢？理论的预设与实践的做法并非完全相同。然而，法官在这一问题上保持何种姿态却是非常重要的。一般来说，法官越是不信赖精神病鉴定人，就越会对精神病鉴定意见持有高度的警惕而不会过分依赖鉴定意见，继而在适用上就会要求鉴定人出庭为其提供更多的有关鉴定的理由和依据，为自己适用鉴定意见获得更具有说服力的解释理由。实验证明，非专家对专家的信赖程度与专家专门知识纯度有关。就单一学科解决的问题比多学科甚至跨学科解决的问题而言，前者对人们的影响相对深刻，由专家参与易于被人们接受。由于精神病鉴定的判断完全依靠精神病学医学知识来判断，与刑事责任能力的判断需要心理学、社会学、法学等相关知识判断相比，前者的专家判断结果对人们的约束力较强。仅就犯罪嫌疑人、被告人的精神病对刑事责任能力影响程度的判断来说，刑事责任能力的意见对法官不应像纯精神病意见那样具有拘束力，法官对前者可以结合案件的其他情况作出选择性判断，

[1] 吴文正 . 精神鉴定之理论与实务探讨：以刑事鉴定为例［J］. 台湾法学杂志，2010（152）.

[2] 托马斯·魏根特 . 德国刑事诉讼程序［M］. 岳礼玲，等译 . 北京：中国政法大学出版社，2004：181.

这也是学界将刑事责任能力视为法律问题，建议交由法官判断的原因。然而鉴定结果的分歧多集中在刑事责任能力上。

精神病鉴定相对于法医物证等其他依赖仪器设备等具有高度客观性、可重复性的鉴定来说，其主观性较强。“应当承认，探索人的心理与灵魂比剖验一具尸体更为困难。”由于精神病鉴定是对犯罪嫌疑人、被告人作案时精神状况这一历时性问题的判断，与精神病医学诊断的现实性分析相比困难更多，尤其是在不同诉讼阶段因鉴定时机的不同，有些精神病症状在不同时期会出现一些变化，或者缓解程度也不尽相同，这些现象易引发不同的判断结果。法国精神医学家埃斯基罗尔（Esquirol）认为，“对于这些精神疾病患者的分类、诊断及责任能力的判定，绝对无法依赖一般人甚至于法学人士的知识，于是精神病医师有其决定性的角色”。[1]那么，如何协调法官职权与鉴定人判定刑事责任能力的实践之间的关系呢？我们认为，精神病鉴定意见对法官的拘束力的问题可根据专门知识性质的不同而分别对待。有无精神病的鉴定结果，对法官具有拘束力，“只要精神病鉴定的结论没有明显的错误，在审判官进行判断时就应当受其约束。如果对鉴定结果内容上持有疑义的话，就应当命令重新鉴定，而不应只凭自己的一般的知识而轻易地予以否定”。[2]对于刑事责任能力的鉴定意见，尽管在实践中“不得不承认在一定情况下，审判官对责任能力的判断也应受鉴定人意见的约束”[3]。但这种“约束力”对法官不具有绝对的效力。

---

❶ 张爱艳 . 精神障碍者刑事责任能力的判定［M］. 北京：中国人民公安大学出版社，2011：240.

❷ 上野正吉，等 . 刑事鉴定的理论和实践［M］. 徐益初，肖贤富，译 . 北京：群众出版社，1986：144.

❸ 同❷.

精神病的鉴定与刑事责任能力的鉴定对法官拘束如何区别对待，极易产生法官对刑事责任能力应当考量哪些实体性因素，如何保障法官具有科学、理性的判断力及其能力不遭到人们的合理质疑等问题。法官在对精神病鉴定的刑事责任能力审查、判断与裁量时至少应考虑以下因素：精神病的性质、程度及与犯罪行为的关系。因为是否符合无责任能力还是限制责任能力或者完全责任能力取决于精神病的性质、程度以及和犯罪行为的关系。[1]同时还要对刑事责任能力的判断进一步区分辨认能力与控制能力的丧失或减弱的依据与可能性。对于辨认能力丧失或减弱可从被告人的精神病的病因、严重程度及其对行为的影响力的有无、强弱等方面判断。而对控制能力的丧失或减弱的判断需要谨慎和从严，不仅需要从其精神病的原因力来判断，还需要排除合理的质疑，如有放火偏执狂的精神病人通常在杀人或盗窃行为上的辨认或者控制能力并非丧失或者减弱。法官需要借助相对独立的量刑程序由控辩双方及其聘请的精神病方面的专家辅助人对鉴定意见进行有效质疑。其质疑应当仅仅围绕被告人“作案时”的精神状况对其辨认或控制能力有无影响及影响的程度，特别是产生影响的现实证据及科学依据。对精神病鉴定作为定案根据，只有“通过精神病学、心理学和法律学的共同努力，才能对责任能力得出可以信赖的判断，这时也就能够在审判中对精神病鉴定作出正确的评价”[2]。

---

[1] 上野正吉，等．刑事鉴定的理论和实践［M］．徐益初，肖贤富，译．北京：群众出版社，1986：145-146.

[2] 同上。

小　结

对精神病鉴定中的医学问题由精神病鉴定人来解决是法律解决专门性问题的进步，依靠法律来促进医学的进步尽管存在一定的可能性，而完全依照诉讼程序或者鉴定制度的完善来促进精神病医学学科的发展却是不现实的，这并不妨碍借助完善的司法鉴定制度来促进精神病鉴定可靠性与可信性的提高，借助公正的启动程序、举证责任配置制度、冲突鉴定解决机制来减弱精神病鉴定可能带来的负面影响。如果鉴定制度与诉讼程序注重保障当事人尤其是犯罪嫌疑人、被告人合法权益、人格尊严等宪法性权利，即使精神病鉴定本身存在一些问题，其正当的程序和科学的制度也能予以化解。基于此，对精神病鉴定存在问题一味期待精神病医学的迅速发达来消除其本身存在的问题不具有现实可能性，但对此不应懈怠而消极，在鉴定程序上注重对被鉴定人在案发前、案发过程中及案发后的精神状态予以全面的考察，同时辅助于对智商测验、投射测验、人格测验、完形测验及脑电图、脑 CT 检查等科技手段，尤其是对精神病涉及的控制能力评定需要建立一些可操作的、具有可信度、效度的评定标准。“研究精神活动的健康与疾病的学者，应当与法学家合作，通过科学、审慎的努力，来构建定义和管理体系，以共同实现真理与效率”。[1] 这些问题的解决将有助于消解现有精神病鉴定中存在的众多分歧，也是深化与推进精神病鉴定制度改革的基本路向。

[1] 本杰明·N·卡多佐.演讲录法律与文学［M］.董炯，彭冰，译.北京：中国法制出版社，2005：168.

三、精神病强制医疗程序转换与权利保障

在我国，随着精神病人危害行为的不断发生，精神健康问题日益受到人们的重视和社会的关注，尤其是如何保障精神病人得到有效关怀与及时治疗，以及如何保护人民的生命财产免受精神病人的侵害或者威胁，已成为法律制度必须正视且应当解决的社会性问题。为此,《刑事诉讼法》增加了“依法不负刑事责任的精神病人的强制医疗程序”。这一特别程序的确立，在依法保障精神病人的合法权利，防止极个别公安机关将上访者、轻微违法者直接当成精神病人进行强制医疗的情况发生，以及最大限度地保障精神病人及时救治和有效监管等方面发挥作用。由于这一特别程序是在《刑事诉讼法》原有程序外增加的，其中有些内容因立法的疏忽与普通程序存在着不协调甚至冲突的地方，再加上与其他法律如《精神卫生法》《人民警察法》在强制住院治疗程序上存在一定重叠，以至于如何保障《刑事诉讼法》与其他法律之间的有效衔接，特别是不因刑事诉讼法的内部冲突或者与其他法律之间不同程序的选择出现抵牾，进而影响法律实施的效果与权威，甚至因程序衔接的失调与失控导致立法的目的难以实现。对这些问题的解决尽管需要在立法层面上进行协调，但在立法已定的情势下，更需要在程序选择上与程序转换中保障立法预期的实现。基于此，我们针对精神病人强制医疗在不同法律规定的程序选择上以及《刑事诉讼法》内部的普通程序与作为特别程序的强制医疗程序之间程序选择和转化可能存在的障碍进行分析，基于正当程序的视角及保障精神病人合法权益的价值取向，提出解决冲突程序选择与转化中的基本思路，为厘清程序转换中的障碍和避免程序转换滥用提供一些建议。

（一）刑事诉讼法与其他法律的强制医疗程序选择

我国《刑法》第十八条规定："精神病人在不能辨认或者不能控制自己行为的时候造成危害结果，经法定程序鉴定确认的，不负刑事责任，但是应当责令他的家属或者监护人严加看管和医疗；在必要的时候，由政府强制医疗。"根据此条分析，不负刑事责任的精神病人进行医疗有两条途径：一是由其家属或者监护人送至医院进行医疗；二是在必要的时候，由政府强制医疗。在实践中，家属或者监护人送至医院进行医疗出现了一些"被精神病"的案例，其部分原因是其监护人强制医疗所致，如 2011 年福建金店老板陈某明被妻子强送精神病院并转移财产案。[1] 对刑法来说，防止监护权在此方面的滥用是鞭长莫及的；同时在政府强制住院治疗中也存在因非精神病医学问题而"被精神病"现象的出现。这些问题不仅仅源于刑法对精神病人的政府强制医疗缺乏相关程序衔接，还源于规定的"强制医疗程序"不足以防止"被精神病"现象的发生。以上这些滥权现象的存在，致使立法部门不得不考虑对刑法规定的"政府强制医疗"在刑事诉讼中建立与之衔接的程序。《刑事诉讼法》规定了"依法不负刑事责任的精神病人的强制医疗程序"；而《精神卫生法》确立了自愿住院治疗与强制住院治疗制度；《人民警察法》规定了强制住院治疗制度。然而，这些有关的强制医疗程序抑或强制住院治疗制度或者强制住院治疗规定，却又因多层次的法律保障不足，尤其是重复多次不完整的程序保障，不仅不能完全消解强制医疗实际执行上的乱象，反而还会在程序选择上引发适用的困惑甚至会在程序转换上出现新的滥权问题。

---

[1] 谢文英．被"精神病"后，他人财两空［N］．检察日报，2011-09-19（05）．

1. 刑事诉讼法与精神卫生法之间程序选择的重叠

精神疾病已成为全球性重大公共卫生以及影响社会安定较为突出的带有社会性的法律问题。[1]我国疾病预防控制中心精神卫生中心 2009 年初公布的数据显示：我国各类精神疾病患者人数 1 亿多人，重性精神病患者达 1600 多万人。截至 2010 年年底，公安机关共排查发现肇事肇祸及危险度评估三级以上重性精神疾病患者达 25.2 万余人：其中 21 万余人在家居住，占 84%；4 万余人住院治疗，占 16%；9.21 万余人生活水平低于国家贫困标准，占 36%。卫健部门排查发现其他重性精神疾病者 185 万余人。目前，我国精神疾病患病率呈明显上升趋势，精神和神经疾病在当前疾病总负担中排名前列，约占疾病总负担的 20%。[2]从上述的数据可以看出，我国有 84% 肇事肇祸等重性精神疾病患者无法在精神病医院获得救治，在一定层次上反映出我国精神病医院资源的稀缺。[3]《精神卫生法》的实施旨在“确保精神障碍患者不因贫困得不到救治，确保有肇事肇祸危险的严重精神障碍患者不因疏于管理而伤害自身或者危害社会、他人，确保无需住院治疗的公民不因程序、制度缺失而被强制收治”。[4]其中，三个“确保”的强调性规定充分体现了立法对精神障碍患者权利保障的指导方针。该法作为调整精神病人强制住

[1] 郭华．精神病司法鉴定若干法律问题研究［J］．法学家，2012（2）．

[2] 全国人大常委会法制工作委员会行政法室．中华人民共和国精神卫生法释义及实用指南［M］．北京：中国民主法制出版社，2012：23.

[3] 据统计，截至 2010 年年底，全国共有精神卫生医疗机构 1468 家，共有床位 210 552 张。参见全国人大常委会法制工作委员会行政法室．《中华人民共和国精神卫生法》释义及实用指南［M］．北京：中国民主法制出版社，2012：21–22.

据《全国精神卫生工作规划（2015—2020 年）》2015 年统计，全国公立精神卫生机构 1650 家，床位 22.8 万张。2019 年全国精神病专科医院 1545 个。

[4] 参见原卫生部部长陈竺在 2011 年 10 月 24 日在第十一届全国人民代表大会常务委员会第二十三次会议上“关于《中华人民共和国精神卫生法（草案）》的说明”。

院治疗的行政法律，为了防止“被精神病”现象的发生，最大程度地尊重患者的权利，体现了精神病人住院治疗知情自愿原则，同时还确定了强制住院治疗程序。那么，《精神卫生法》规定的强制住院治疗程序与《刑事诉讼法》规定的“依法不负刑事责任的精神病人强制医疗程序”在程序适用上如何选择却演变为需要解决的新问题。这些问题主要集中在以下几个方面：

第一，精神病人强制住院治疗与刑事诉讼的强制医疗的程序衔接问题。根据《精神卫生法》第三十条、第三十一条、第三十二条以及第二十八条的规定，对“诊断结论、病情评估表明，就诊者为严重精神障碍患者并有下列情形之一的，应当对其实施住院治疗：（一）已经发生伤害自身的行为，或者有伤害自身的危险的；（二）已经发生危害他人安全的行为，或者有危害他人安全的危险的”。对疑似精神障碍的患者发生上述情形的，其近亲属、所在单位、当地公安机关应当将其送往医疗机构进行精神障碍诊断。对“已经发生伤害自身的行为，或者有伤害自身的危险的”，医疗机构诊断认为，患者存在精神障碍需要住院治疗的，应当经过其监护人同意；监护人不同意的，医疗机构不得对患者实施住院治疗。即使是精神障碍患者“所在单位、当地公安机关”送往医疗机构的也是如此。这种住院治疗的决定权在监护人，如果监护人之间存在异议如何解决，《精神卫生法》并未规定。如果监护人同意住院治疗，而精神障碍患者不同意住院治疗的，在程序上谁的意志或者权利更为优先呢？尽管这是一个问题，但因这种异议的处理程序不涉及公权力问题，我们在此不作阐述。

当精神障碍患者属于“已经发生危害他人安全的行为，或者有危害他人安全的危险的”，其所在单位、公安机关应当及时采取措施并送往医疗机构诊断。对于经过诊断，医疗机构认为需要住院治疗的，医疗机构应当采取措施对患者实施住院治疗。如果监护人对需要住院治疗的诊断结论有异议，不同意对患者实施住院治疗的，可以要求再次诊断和鉴定，“对再次诊断结论有异议的，可以自主委托依法取得执业资质的鉴定机构进行精神障碍医学鉴定”。精神障碍医学鉴定确定患者需要住院治疗，而监护人不同意甚至阻碍的，公安机关应当协助医疗机构实施住院治疗。但精神障碍患者或者其监护人、近亲属对此仍存在司法救济的权利。如《精神卫生法》第八十二条规定：“精神障碍患者或者其监护人、近亲属认为行政机关、医疗机构或者其他有关单位和个人违反本法规定侵害患者合法权益的，可以依法提起诉讼。”然而，法院面对精神障碍患者或者其监护人、近亲属提起诉讼的，是依照《精神卫生法》对公安机关实施强制住院治疗的合法性进行裁决，还是依据《刑事诉讼法》裁判按照特别程序作出处理。也就是说，对已经发生危害他人安全的行为，或者有危害他人安全的危险的行为人是采取行政程序强制医疗还是采取刑事诉讼特别程序决定强制医疗，对于这种重叠性规定在程序上如何作出选择却是需要理论探讨的问题。

第二，精神障碍医学鉴定与精神病法医学鉴定的关系问题。根据《精神卫生法》的规定，精神障碍医学鉴定不仅要确定被鉴定人是否患有严重精神障碍，还包括是否需要住院治疗，旨在保证非自愿住院治疗措施不被滥用。[1]这在一定程度上意味着法律将“已经发生危害他人安全的行为，或者有危害他人安全的危险”的不负刑事责任精神病人的住院治疗的最终决定权赋予了司法鉴定机构。然而，司法鉴定机构在诉讼中所提供鉴定报告或者鉴定意见仅仅是法定证据的一种，与其他证据相比并不必然具有证据上的优势，如果

[1] 全国人大常委会法制工作委员会行政法室.《中华人民共和国精神卫生法》释义及实用指南［M］.北京：中国民主法制出版社，2012：107.

将其作为判断不负刑事责任精神病人住院治疗的唯一依据，不仅会改变司法鉴定制度改革强化鉴定意见作为一种言词证据的思路，还会固化鉴定意见作为“证据之王”的盖棺定论的“结论”地位，以至于现实中存在的一些鉴定弊端再次通过立法的形式锚定了精神障碍医学鉴定制度，其危险是可想而知的。

《精神卫生法》为了充分保障患者及其监护人的救济权，对属于不能辨认或者不能控制的精神病人进行精神障碍医学鉴定采取的是自主委托的程序，如该法第三十二条第三款规定，精神障碍患者或者其监护人“对再次诊断结论有异议的，可以自主委托依法取得执业资质的鉴定机构进行精神障碍医学鉴定”。这种程序与刑事诉讼程序中公检法机关依据职权决定司法鉴定在程序上存在不同的要求，如何在程序选择上充分保障当事人的权利以及哪一种启动程序具有优先性，能否依据《刑事诉讼法》的规定直接将精神障碍医学鉴定意见在刑事诉讼强制医疗程序中作为证据使用，却又是值得研究的问题。

（二）刑事诉讼法与人民警察法之间程序选择的交叉

卫生部、民政部、公安部、中国残疾人联合会联合发布的《中国精神卫生工作规划（2002—2010年）》（卫疾控发〔2002〕96号）指出：“公安部门要重点掌握辖区内可能肇事肇祸精神疾病患者的基本情况，落实日常监管和控制措施；依法做好严重肇事肇祸精神疾病患者的强制收治工作。”《人民警察法》第十四条规定：“公安机关的人民警察对严重危害公共安全或者他人人身安全的精神病人，可以采取保护性约束措施。需要送往指定的单位、场所加以监护的，应当报请县级以上人民政府公安机关批准，并及时通知其监护人。”公安机关对严重危害公共安全或者他人人身安全的精神病人可以自行启动精神病鉴定程序，并报请县级以上公安机关批准，对其在形式上实施的“监护”而实质上执行的是强制医疗。这一程序性条件与《刑事诉讼法》规定的“实施暴力行为，危害公共安全或者严重危害公民人身安全……有继续危害社会可能的”仅仅存在“实施暴力行为”以及“有继续危害社会可能的”限定性不同，在实质上，两者之间的“严重危害公共安全或者他人人身安全”存在调整范围的交叉。这种交叉不仅是精神病人是否强制医疗问题，更为主要的是，这一问题是认识实施暴力行为危险性结果的依据，同时也是判断有无继续危害社会可能的主要依据。因为《刑事诉讼法》在修改草案中将原来规定的“致人死亡、重伤”的危害结果在正式颁布的修正案中予以删除，在一定意义上说，刑事诉讼法放宽了其结果的适用条件。这种放宽的条件却与《人民警察法》强制医疗在条件上具有更多的交叉，使得借助于适用条件来选择强制医疗程序更趋于复杂。

在行政程序强制医疗程序中，由于没有当事人及其辩护人的参与，也没有法院与检察院的审理与监督，其程序缺乏透明度，这种程序由公安机关一家完全掌控极易滋生“被精神病”现象。如2001年四川省邻水县某民警因不服公安局党委离岗培训上访被送精神病医院强制治疗案件。特别是行政程序与司法程序相比更为快捷，在两种程序均可选择的情况下，公安机关按照有利或者方便的办案程序作出选择亦属必然，这在一定程度上就会造成程序选择权的滥用，程序的保障功能转化为治理功能，出现程序功能的转向问题。

我国《刑事诉讼法》将实施暴力行为的精神病人的强制医疗纳入司法轨道，解决实践中对这类精神病人适用强制医疗存在的隐患与风险。然而，在如何协调《刑事诉讼法》《精神卫生法》和《人民警察法》之间的程序冲突以及选择程序是否优先性问题仍需要通过理论分析予以厘清，以免实践中基于职权便捷或者风险规避出现程序选择或者转换的任意性。

（二）精神病强制医疗程序在刑事诉讼程序中的内部冲突

在刑事诉讼程序中，刑事诉讼法总则的规定对于普通程序与特别程序具有统领的功能，但因《刑事诉讼法》总则与后面需要统领的程序有些地方没能很好地衔接，甚至不同程序之间还存在一些遗漏，导致强制医疗程序在立法层面上存在一些内部冲突。这些问题在精神病强制医疗程序的实际执行过程还会出现一些立法未能预料问题，即原有需要精神病强制医疗程序解决的一些问题不能得到很好的解决，再加上立法的内部冲突造成执行效果上的不理想。仅就法律文本与相关实施规范而看，存在以下需要讨论与解决的问题。

1. 刑事诉讼法规定的精神病强制医疗程序的内部冲突

《刑事诉讼法》增设的依法不负刑事责任的精神病人的强制医疗程序，旨在确保精神病人得到应有的关心、照顾与治疗以及社会得以有效防卫。由于刑事诉讼法对其规定的相当原则（共六个条款），且在总则与普通程序上也未体现这一特殊程序对精神病鉴定内在要求，致使刑事诉讼在强制医疗程序上的进步却因鉴定问题的守旧出现一些程序上的不协调，即使是《刑事诉讼法》第四十二条规定的“辩护人收集的有关犯罪嫌疑人……属于依法不负刑事责任的精神病人的证据”权利在实践中也难以得到有效行使。一方面，立法授权辩护律师向有关单位和个人有权收集证据材料，这种证据材料除了源于接受犯罪嫌疑人及其近亲属或者其他人向辩护律师提供之外，最为重要的还是辩护律师自行收集到的证明犯罪嫌疑人属于依法不负刑事责任的精神病人的鉴定意见。“属于依法不负刑事责任的精神病人”，是指经过鉴定证明，犯罪嫌疑人是在不能辨认或者不能控制自己行为的时候造成危害结果的。[1]然而，“经过鉴定证明”的前提是存在启动鉴定的权利，如果当事人不能享有启动鉴定的权利，而只是享有申请补充鉴定或者重新鉴定的权利，那么，就将使其权利置于被动、从属的地位，甚至会因此落空。[2]因为办案机关不启动初次鉴定，当事人申请补充鉴定、重新鉴定权利就失去了前提，这种权利也就荡然无存或者不复存在。另一方面，根据《刑事诉讼法》第四十三条的规定，辩护律师可以申请人民检察院、人民法院收集犯罪嫌疑人属于依法不负刑事责任的精神病人的鉴定证据，却未规定辩护律师可以向公安机关申请收集精神病鉴定证据的权利，相反还规定了辩护律师收集属于依法不负刑事责任的精神病人的证据应当及时告知公安机关的义务。基于我国诉讼阶段的模式，如果理解为在公安机关的侦查阶段可以向人民检察院申请精神病鉴定，或者通过检察机关的监督来获得启动精神病人鉴定的权利，在实践中难以兑现。

我国《刑事诉讼法》未规定当事人及其辩护人、近亲属申请精神病鉴定的申请权或者启动权，在一定程度上阻碍了普通诉讼程序向依法不负刑事责任的精神病人的强制医疗程序转换的途径，也屏蔽了办案机关发现问题及时纠错的机遇，致使依法不负刑事责任的精神病人的强制医疗程序应当及早启动而未能启动，必然会耽误依法不负刑事责任的精神病人医疗的时机，使他们得不到有效治疗和应有的关心与照顾，最终违背立法对精神病人的关怀和保护的宗旨。

另外，我国《刑事诉讼法》在规定公安机关可以采取临时性的

---

[1] 郎胜．中华人民共和国刑事诉讼法释义［M］．北京：法律出版社，2012：83.

[2] 王敏远．论我国刑事证据法的转变［J］．法学家，2012（3）.

保护性约束措施，却没有规定对疑似精神病人的留置鉴定问题，不仅使得留置鉴定因鉴定人不能采取限制鉴定对象的措施，则会借用公安机关的临时性的保护性约束措施来达到目的，而且这种临时性的保护性约束措施在实际操作中又会转化为较长一段时期（鉴定期限一般为 30 个工作日）的羁押措施，精神病人的权利保障也就受到影响。

2. 刑事诉讼法规定的程序之间转换的紧张

根据《刑事诉讼法》"依法不负刑事责任的精神病人的强制医疗程序"的规定，在立案侦查、审查起诉或者审判程序中发现存在《刑事诉讼法》第三百零三条规定情形的，应当终止刑事诉讼的普通程序，转而启动依法不负刑事责任的精神病人强制医疗的特别程序，通过特别程序来实现刑事诉讼立法所确定的任务，体现保障人权与惩罚犯罪的价值平衡。由于我国普通程序是在原来程序体系基础上完善的，而特别程序并未能与其他原有程序之间保持有机对接，相反，在这种普通程序向特别程序的转换中存在一些紧张关系，其问题主要表现在以下几个方面。

一是当公安机关认为犯罪嫌疑人经鉴定属于依法不负刑事责任的精神病人移送检察机关提出申请强制医疗时，检察机关经重新鉴定认为不符合依法不负刑事责任的精神病人，而不同意向法院申请强制医疗的，且案件因公安机关在移送申请强制医疗中未收集足够证明犯罪嫌疑人定罪量刑所需要的证据，检察机关则会退回公安机关补充侦查。这种退回补充侦查则与侦查机关认为应当申请强制医疗产生认识上的分歧，由于退回公安机关补充侦查的案件在侦查终结移送检察机关时，已经作了撤销案件的处理，如果公安机关再进行立案侦查则与补充侦查本意不同，致使公安机关在程序上如何处理出现难题，其结果必然是按照行政程序自行强制医疗，从而保持撤销案件的效力，最终导致犯罪嫌疑人作为精神病人接受特别程序决定的权利落空。

二是检察机关在审查起诉中应当对犯罪嫌疑人进行精神病鉴定而没有鉴定，或者对犯罪嫌疑人进行鉴定且获得的鉴定意见为限制刑事责任能力人或者完全刑事责任能力，则会按照普通程序向法院提起公诉。法院在审理过程中被告人或者辩护人提出对被告人进行精神病鉴定或者对追诉机关（包括公安机关）鉴定的完全刑事责任能力或者限制刑事责任能力进行重新鉴定，抑或法院在审理过程自行发现被告人可能属于依法不负刑事责任的精神病人依照法定程序鉴定确认为无刑事责任能力精神病人的，对于这些情形是通过一审程序一并解决强制医疗问题还是终止一审程序转换为特别程序？其程序转化或者将特殊程序并入普通程序的法律依据何在？检察机关对于普通审判程序与特别程序之间的转换有无选择权？如果检察机关对这种程序转换没有选择权，法院自行进行程序转化，检察机关对这种转化是否可以行使抗诉权？如果没有抗诉权的话，检察机关需要采取何种监督机制？这些问题由于刑事诉讼法没有作出相关规定，无论是在学术界还是在实践的操作上均存在不一致的观点与做法，在实践中影响了强制医疗程序的有效实施。

三是如果依法不负刑事责任的精神病人伤害他人造成轻伤的，自诉人提起自诉后，法院在案件审判程序中是将这类案件直接转换特别程序还是在一审普通程序作出不负刑事责任的判决后一并作出强制医疗的决定。如果法院基于《刑事诉讼法》第三百零三条规定的“人民法院在审理案件过程中发现被告人符合强制医疗条件的，可以作出强制医疗的决定”径直决定强制医疗，自诉人的权利通过何种程序才能得到有效保障？由于强制医疗作为特别程序仅仅涉及公诉案件而对自诉案件没有涉及，这必然会造成自诉案件遇到此种情形作何处理的困窘。

四是犯罪嫌疑人、被告人在实施犯罪时具备诉讼行为能力，即不属于依法不负刑事责任的精神病人，但是在刑事诉讼过程中患有精神疾病丧失诉讼行为能力或者作案时属于限制刑事责任能力而在诉讼过程中病情加重转变为无刑事责任能力，法院对此案件是中止审理还是将其纳入强制医疗的适用对象范围按照特别程序来决定是否强制医疗？如果采取前列程序其法律依据在哪儿？如果不遵循前列程序按照后列程序进行也存在缺乏法律依据的问题，刑事诉讼法在此方面规定上的漏洞导致实践执行上的困惑。

以上问题属于刑事诉讼立法本身在程序转换中不衔接以及存在纰漏的问题，如何弥补这些内部的缺陷，保障不同程序能够依法进行转换抑或在转换中得以正当，不仅是理论需要研究的问题，也是司法实践亟待解决的问题。

3. 刑事诉讼相关司法解释、规定不协调的冲突

在精神病鉴定的启动问题，我国《刑事诉讼法》没有对此作出明确的规定，而《人民检察院刑事诉讼规则》第二百二十一条第三款规定："犯罪嫌疑人的辩护人或者近亲属以犯罪嫌疑人有患精神病可能而申请对犯罪嫌疑人进行鉴定的，鉴定费用由申请方承担。"检察机关赋予了辩护人、犯罪嫌疑人近亲属申请精神病鉴定的权利，但该规定是否及于公安机关，如果不及于公安机关，其是否可以"人民检察院发现公安机关对涉案精神病人进行鉴定的程序违反法律"为由提出纠正意见？由于刑事诉讼法没有规定当事人的鉴定启动权，即使当事人及其辩护律师申请鉴定被公安机关无理拒绝，因未有法律规定当事人的申请权又何以存在违反法律的问题。以下以公检法机关有关刑事诉讼法的规定与解释作为分析对象进行探讨。

第一，根据《公安机关办理刑事案件程序规定》第三百四十四条规定:“对实施暴力行为的精神病人，在人民法院决定强制医疗前，经县级以上公安机关负责人批准，公安机关可以采取临时的保护性约束措施。必要时，可以将其送精神病医院接受治疗。”这种将其送精神病医院接受治疗是否是强制医疗，如果不属于强制医疗，这种接受治疗却带有强制性。如果属于强制医疗，是否有侵犯法院在此方面的决定权？我国刑事诉讼法仅仅规定公安机关拥有临时约束性的强制措施，这种将其送精神病医院接受治疗与临时约束性的强制措施却具有不同的意蕴，对此，人民检察院发现公安机关采取临时保护性约束措施有违法情形的，应当依法及时提出纠正意见。

第二，《人民检察院刑事诉讼规则》第五百四十八条规定:“人民法院在审理案件过程中发现被告人符合强制医疗条件，适用强制医疗程序对案件进行审理的，人民检察院应当在庭审中发表意见。人民法院作出宣告被告人无罪或者不负刑事责任的判决和强制医疗决定的，人民检察院应当进行审查。对判决确有错误的，应当依法提出抗诉；对强制医疗决定不当或者未作出强制医疗的决定不当的，应当提出纠正意见。”人民检察院在庭审中发表的适用强制医疗意见必然是在审查起诉程序中认为被告人不符合强制医疗条件是合理的。无论属于哪一种意见均会与法院拟作出强制医疗的决定相悖，一旦检察院针对法院作出的不负刑事责任的判决提出抗诉，法院的强制医疗的决定是否生效，其程序在抗诉中如何协调。检察院在强制医疗执行监督中发现被强制医疗的人不符合强制医疗条件或者需要依法追究刑事责任，法院作出的强制医疗决定可能错误的，应当将有关材料转交作出强制医疗决定的法院的同级检察院。收到材料的检察院应当进行审查，并将审查情况和处理意见反馈负责强制医疗执行监督的检察院。

第三，在审判阶段，强制医疗程序原则上应由检察院依申请启动，刑事诉讼法也允许人民法院依职权主动启动。《刑事诉讼法司法解释》第六百三十八条规定：“第一审人民法院在审理刑事案件过程中，发现被告人可能符合强制医疗条件的，应当依照法定程序对被告人进行法医精神病鉴定。经鉴定，被告人属于依法不负刑事责任的精神病人的，应当适用强制医疗程序，对案件进行审理。开庭审理前款规定的案件，应当先由合议庭组成人员宣读对被告人的法医精神病鉴定意见，说明被告人可能符合强制医疗的条件，后依次由公诉人和被告人的法定代理人、诉讼代理人发表意见。经审判长许可，公诉人和被告人的法定代理人、诉讼代理人可以进行辩论。”根据该条的规定，法院在审理过程中决定鉴定，其鉴定结果为无刑事责任能力精神病人的，则应当终止普通程序转换为特别程序，如果检察机关与法院在被告人是否属于依法不负刑事责任的精神病人问题上发生分歧，法院是强行转换为特别程序，还是通过普通一审程序作出被告人依法不负刑事责任的判决后再转换为特别程序抑或一并决定强制医疗？如果检察机关对法院作出的被告人依法不负刑事责任的一审判决不服，提起抗诉，法院作出强制医疗的决定是否生效？如果不生效，是否违反强制医疗程序一审终审的本质要求。而根据《刑事诉讼法司法解释》第六百三十九条的规定，法院审理后，按照下列情形分别处理：“（一）被告人符合强制医疗条件的，应当判决宣告被告人不负刑事责任，同时作出对被告人强制医疗的决定；（二）被告人属于依法不负刑事责任的精神病人，但不符合强制医疗条件的，应当判决宣告被告人无罪或者不负刑事责任；被告人已经造成危害结果的，应当同时责令其家属或者监护人严加看管和医疗；（三）被告人具有完全或者部分刑事责任能力，依法应当追究刑事责任的，应当依照普通程序继续审理。”检察院提出抗诉，同时被决定强制医疗的人、被害人及其法定代理人、近亲属申请复议的，上一级人民法院应当依照第二审程序一并处理。也就是说，强制医疗作为特别程序并非绝对的一审终审，当其依附判决被告人不负刑事责任的时候，则可属于两审终审，而在单独适用时，属于一审终审。这种仅仅因程序的不同引发的强制医疗决定在审级待遇上的不同，不仅不符合《决定》的要求，也违反刑事诉讼法关于审级的规定，无论程序作出如何选择均存在一些难题。

（三）精神病人强制医疗诉讼程序转换思路的转向

精神问题既是全球性的重大公共卫生问题，也是较为严重的社会问题，更是需要解决的法律问题。精神病作为卫生问题需要医学诊断与判断，作为社会问题需要对强制住院治疗予以衡量，而作为法律问题因涉及人权需要通过正当的司法程序作出裁判。由于精神病人强制医疗涉及人身自由、个人名誉、人格尊严等宪法性权利，将这些限制或者剥夺公民人身自由仅仅以医学理由作为依据，而不经严格的司法程序就将一个人强制送进精神病院予以医疗，是医学理由无法担当的。根据《立法法》第八条规定，对公民政治权利的剥夺、限制人身自由的强制措施和处罚只能制定法律；而法治原则要求任何人未经公开、公正的司法听审不得剥夺权利和自由，因此，精神病人是否收治住院强制医疗不仅需要由法律规定，更需要司法程序判断，需要经过正当的司法程序来决定精神病人是否住院治疗，精神病的医学诊断仅仅是法官裁决的依据。我国在《精神卫生法》《人民警察法》对此有规定的情形下又在《刑事诉讼法》中作为特别程序作出规定则是上述理念的融合。然而，面对多重规定仅仅从操作的层面来解决其程序之间的冲突与不衔接问题仍不能避免漏洞的出现，甚至可能出现亡羊补牢的现象。为此，对精神病人强制医疗程序问题的研究需要借助原则性的规定和理念来解决程序转换中正当性不足的问题。

1. 以权利保障视角下对公检法机关的程序转换作出限制

英国学者认为，“精神病人获得尊重与关注的唯一希望是承认正常人与精神病人之间拥有共同人性。……尽管做到这一点是很困难的。但是我们至少必须努力通过教育去培育这种共同人性的承认共识”。[1] 法律面前人人平等的要求需要以精神病人的权利为制度安排的起点，对程序选择问题也应从权利的视角作出规定。就精神病患者的治疗权而言，法律应当在医疗机构和办案机关的职能上找到一个合适的契合点来解决这一问题。在医务机构看来，精神疾病患者是病人，首先要解决治疗和健康问题；而司法机关则强调精神病人作为人的权利，即在其疾病的发作期，应否对自己的行为和公众安全负责。医疗界人士认为，对精神病的诊断是医疗行为，由于精神病人缺少“自制力”，严重者应当住院治疗，而法学人士认为他们不应当作出如此的决定，即使精神病患者的行为危害社会公共安全，其“行为能力”依然属于法学判断的范围。基于以上分歧，将精神病人的强制医疗采取不同于普通审查程序的特别程序则是多重价值衡量的结果。因为它与普通刑事诉讼打击犯罪、保护人民的宗旨不同，精神病人强制医疗的宗旨在于防卫社会、保障精神病人合法权利和有效治疗，体现对精神病人的关怀，更有利于精神病人的康复。我国《刑事诉讼法》规定的强制医疗程序实行一审终审制，强制医疗决定一经作出就发生法律效力，有利于及时展开有关的强制医疗工作。因此，复议不同于上诉，复议行为不能影响强制医疗决定的

---

[1] DUNN C. Ethical Issue: in Mental Illness [M]. Aldershot: Ashgate, 1998.161.

执行。无论是制度的安排还是程序的选择均以最大限度地保护精神病患者的权利为己任，体现医疗救助的权利属性。

1976 年 1 月 3 日起实施的联合国《经济、社会及文化权利国际公约》第十二条规定："本公约缔约各国为充分实现这一权利而采取的步骤应包括为达到下列目标所需的步骤：……（丁）创造保证人人在患病时能得到医疗照顾的条件。"基于此，国家在创造条件保护大多数人利益的同时，对少数人利益也应予以特别的关注。以权利保障视角对公检法机关的程序转换可以限制其权力滥用，在强制医疗程序中借助以"权利制约权力"的力量来适当扩充精神病患者的权利。目前最为需要的是，赋予精神病人及其近亲属、诉讼代理人（辩护律师）进行精神病鉴定的申请权。在此问题上，应当以《刑事诉讼法》第四十二条规定的"辩护人收集的有关犯罪嫌疑人……属于依法不负刑事责任的精神病人的证据"作为扩展这一权利的依据，借助于英美法系国家特别是美国在精神病鉴定上的当事人化，同时结合《精神卫生法》允许精神病人及其监护人自主委托精神障碍鉴定的规定，赋予精神病人及其近亲属、诉讼代理人（辩护律师）进行精神病鉴定的申请权及其申请不被允许时的复议权，充分保障精神病人及其近亲属、诉讼代理人（辩护律师）在利用精神病医学上的程序性权利，从而限制公检法机关对应当鉴定不予鉴定或者怠于启动鉴定现象的发生。

2. 职权规制视野下的精神病人强制医疗程序转换中的监督

在精神病人的收治问题上，公安机关作为行政机关更多地会考虑"有扰乱公共秩序危险"。由于秩序在宽容的社会里具有一定的弹性，对于疑似精神障碍患者发生或者将要发生扰乱公共秩序行为的，其监护人、近亲属应当及时将其送往医疗机构进行精神障碍诊断。但是，这种制度安排极易引发近亲属之间的滥用监护权，而公安机关也极易因“扰乱公共秩序”与危及公共安全在强制医疗中条件的重叠，滥用强制住院治疗的权力。基于此，需要从规范职权的层面对强制医疗的决定程序进行规制。

在实践中，医学界普遍的共识是，对于一个真正的精神病人而言，越是积极配合治疗或者愿意“自主决定”住院的，其病症属于较轻的阶段，而越是病重者，越会对治疗持激烈的反抗态度。而当一个正常人面对“被精神病”的陷阱时，其反应模式与病重的精神病人在表现上并无二致，极易陷入“你越说没病越证明你有病”的逻辑陷阱。而法律规定了非自愿精神病人的住院治疗，也就意味着否定一个成年自然人的自主权，这种自主权的剥夺不仅需要经过司法程序决定，更应借助程序的功能尤其是鉴定程序来控制“被精神病”和应当住院治疗而未能住院治疗的情况出现。由于强制医疗的人即使被判决不负刑事责任，在强制医疗过程中会面临强制药物治疗的处境，这种处境与服刑相比更难以让一个正常人忍受，且不说对其名誉及今后的个人生活的影响。因此，在程序选择上应当侧重于防止无辜的人被精神病而强制医疗，就需要对职权进行规范和实施有效监督。我们认为，在防止“被精神病”问题上需要在以下方面予以考虑。

第一，对于精神病人强制医疗的鉴定实行监督机制。在监督机制上需要借鉴《德国刑事诉讼法典》第七十二条至第九十三条的规定以及《法国刑事诉讼法典》第一百五十六条至第一百七十条的规定，完善鉴定程序的监督规定，规制权力可能对鉴定不公的影响，同时还应当落实《司法鉴定程序通则》对被鉴定人进行法医精神病鉴定的，应当通知委托人或者被鉴定人的近亲属或者监护人到场的规定。适当扩大参与人的范围，如允许被鉴定人委托的辩护律师或者诉讼代理人到场，可以用程序制约机制排除对精神病人是否属于依法不负刑事责任的精神病人及是否需要住院治疗可能存在的非医学影响因素。同时规定非属于医学问题不得作为精神病住院治疗的依据。如1991年联合国《保护精神病患者和改善精神保健的原则》规定:“家庭不和或同事间不和，或不遵奉一个人所在社区的道德、社会、文化或政治价值观或宗教信仰之行为，不得作为诊断精神病的一项决定因素。”从而确保鉴定的可靠性、可信性和公正性。

第二，完善检察机关的监督机制，保障检察机关能够进行有效的监督。根据《刑事诉讼法》规定的人民检察院对强制医疗的决定和执行实行监督，那么，检察院以何种方式实行法律监督呢?在法律上没有针对强制医疗程序设立上诉审的情况下，抗诉显然不是检察院监督的方式。我们认为，在现行制度空间下，检察院应以书面检察建议的方式进行监督，但基于公权力“法无明文皆义务”的基本理念，应当通过司法解释对此方式予以明确，否则,《刑事诉讼法》规定的诉讼监督在实践中就会虚化。基于此，对强制医疗执行的监督重点至少包括如下内容:

一是对被强制医疗的精神病人生活处遇的监督，包括对强制医疗机构是否为强制医疗对象提供适当的饮食、休息条件，是否提供适当的文化教育和社会活动机会等进行监督。

二是对被强制医疗的精神病人医疗状况的监督。包括对强制医疗机构的诊断和医疗手段是否适当，是否及时转换医疗措施，是否定期对被强制医疗的人进行诊断评估，是否对已不具有人身危险性，不需要继续强制医疗的对象及时提出解除意见等进行监督。

三是对被强制医疗的精神病人权利保障的监督。主要包括对强制医疗对象的人权是否受到侵犯，是否根据其治疗和恢复状况依照规定享有会见、通信权利等进行监督。

在强制医疗执行监督中，如果检察院发现被强制医疗的人不符合强制医疗条件或者需要依法追究刑事责任，法院作出的强制医疗决定可能错误的，应当在发现后 5 日以内，将有关材料转交作出强制医疗决定的法院的同级检察院。同级检察院负责批捕的部门应当在收到相关材料后 20 日内进行审查，并将审查情况和处理意见反馈强制医疗执行监督的检察院。

3. 正当程序意义下的强制医疗程序转换的正当性选择

从《刑法》第十八条第一款规定的由政府强制医疗分析，政府强制医疗是否包括对精神病人强制的决定权抑或仅仅包括执行权。这一问题不仅制约了对精神病人强制医疗程序的选择，也受制于对精神病人强制医疗性质的模糊。法律设置何种程序抑或选择何种程序需要以精神病人强制医疗性质作为研究的逻辑开端。对强制医疗的性质的讨论由来已久。有学者认为，“强制医疗是我国现行刑法明文规定的一种刑法上的保安处分，也是世界各国保安处分适用范围较广的一种保安处分”。[1] 也有学者认为，是行政强制措施；甚至还有学者认为，是刑事强制措施。依法不负刑事责任的精神病人的强制医疗程序作为《刑事诉讼法》的特别程序，其本质上应当是对精神病人人身自由进行限制的一种社会防卫措施。由于对此问题的分析成果较多，在此不作赘述。以下仅从正当程序的视角来论述完善强制医疗程序的问题。

第一，强化当事人及其近亲属、诉讼代理人参与强制医疗程序的权利。《刑事诉讼法》之所以将实施暴力行为，危害公共安全或者严重危害公民人身安全属于不负刑事责任的精神病人的处理纳入诉讼程序来，不仅是应国际公约的规定，还借鉴了国外的一些立法例。如联合国 1990 年通过的《保护精神病患者和改善精神保健的原

---

[1] 赵秉志 . 刑罚总论问题探索［M］. 北京：法律出版社，2003：315.

则》规定："患者有权选择和指定一名律师代表患者的利益，包括代表其申诉或上诉。若患者本人无法取得此种服务，应向其提供一名律师，并在其无力支付的范围内予以免费。"《俄罗斯联邦刑事诉讼法典》第四百三十三条第一款规定："医疗性强制措施，适用于在无刑事责任能力状态下实施刑事法律所禁止的行为以及在实施犯罪后发生精神病，因而不可能对其判处刑罚或执行刑罚的人。如果精神病对本人或他人构成危险，或者可能造成其他重大损害，则判处医疗性强制措施。"但是，我国学者在具体程序规定中还存在一些认识上的分歧。我国《刑事诉讼法》规定的人民法院审理强制医疗案件，应当通知被申请人或者被告人的法定代理人到场。被申请人或者被告人没有委托诉讼代理人的，人民法院应当通知法律援助机构指派律师为其提供法律帮助中的被申请人或者被告人的法定代理人到场与律师的法律帮助。有的认为，到场属于"见证"；也有的认为是对强制医疗程序的参与。司法机关认为，通知被申请人的法定代理人"到场"，而不是"到庭"，说明立法本意也是不开庭审理。[1]我国《刑事诉讼法》之所以规定法律帮助而没有采用辩护，不仅因为指派的律师是诉讼代理人，更为重要的是强制医疗不是基于纠纷而引起的，因而没有指控存在，无指控便无辩护，这是诉讼的一个基本原理。但是，这不是程序可以不正当的理由，仍有必要在强制医疗程序中促进程序在此方面的正当性，更需要强化当事人及其近亲属、诉讼代理人参与强制医疗程序的权利。

第二，从程序上应保障精神病人在特别程序中享有不低于普通程序的待遇。例如，《德国刑事诉讼法典》第四百一十三条规定："因行为人无责任能力或者无审理能力，检察院不进行刑事诉讼程

[1] 江必新．最高人民法院关于适用《中华人民共和国刑事诉讼法》的解释理解与适用［M］．北京：中国法制出版社，2013：446.

序的时候，可以申请自主科处矫正及保安处分。”我国应当增加对无诉讼能力的精神病人的强制医疗程序，并保障强制医疗程序具有与普通诉讼程序相同或者超越普通程序的待遇。同时，在裁判的种类上应当增加“强制医疗存在疑问的”或者“不能确定符合强制医疗”的应当作出不予强制医疗的决定。《刑事诉讼法司法解释》仅仅规定了不负刑事责任的精神病人“符合强制医疗条件”与“不符合强制医疗条件”两种处理方式情形，而对于介乎其间的问题未作出规定，尽管可以将其视为不符合强制医疗条件，但因在解释上没有规定，在引用解释时仍存在一些依据不足的担心，从而影响决定的作出。在此方面可借鉴《精神卫生法》第三十五条的规定。这一规定，一方面可以强化对存疑问题进行处理的意识；另一方面可以减少在存疑情况下作出强制医疗决定现象的发生，从而保障程序能够获得正当性选择。

第三，完善当事人的救济程序。法律应当对精神病认定程序进行严格的限制，非经合法的正当的程序与司法裁决不得强制医疗。我国《刑事诉讼法》规定，符合强制医疗条件的，应当在一个月以内作出强制医疗的决定。同时，对于该条中所规定的对强制医疗决定不服向上一级人民法院申请复议的，应当尽可能地缩短复议决定的期限。《刑事诉讼法司法解释》在刑事诉讼法的基础上进一步明确了强制医疗的复议程序，被决定强制医疗的人、被害人及其法定代理人、近亲属对强制医疗决定不服的，可以自收到决定书第二日起五日内向上一级人民法院申请复议。复议期间不停止执行强制医疗的决定。对不服强制医疗决定的复议申请，上一级人民法院应当组成合议庭审理，并在一个月内，作出复议决定。我们认为，一个月的复议期间规定有过长之嫌，如果加上 30 个工作日的重新鉴定时间（因为精神病人的鉴定期间不计入办案期限），一旦复议决定不需要强制医疗，而当事人在审判期间则将会在医院留置四个月之久，这不仅是可怕的，更是恐怖的，其决定期限较长也属于程序不正当的表现。

小　结

强制医疗程序尽管在实体上依附于刑法，但其作为特别程序更显现出独立的司法程序性质，必须恪守法院居中决定的构造，以此与行政程序相区别。对于强制医疗程序的转换问题，在侦查阶段可以借鉴英国的做法，仅仅授权警察对精神病人进行必要的保护性约束权力而非强制治疗的权力。英国在公共场所发现有人表现出精神失常而需要治疗控制的，或者已经犯案的，警察有权将其转移至安全的地方作出两种处理方式：一是可以在训诫后将其转换为民事程序，采取地方服务性质的非强制性援助措施，选择医院或者社会的服务部门协调处理；二是危害程度较高的，选择刑事诉讼程序按照起诉要求，由法院决定是否强制医疗。在刑事诉讼中的强制医疗程序也应当参考俄罗斯的做法，充分保障当事人的程序权利，在程序中通过精神病医学的鉴定来确定，最后通过具有诉讼意义的程序决定是否强制医疗，发挥保证当事人在程序转化中能够获取权利保障的功能。

第六章 鉴定治理正途与责任承担

司法鉴定体制改革过程中因侦查机关对司法鉴定管理权的不同意见，以及审判机关诉讼管理权对司法鉴定管理权的“分割”，再加司法鉴定管理的非科学因素影响，使得涉及此领域中的不同权力之间出现纷争，致使法律确定的统一司法鉴定管理体制历经 17 年之久仍未健全。其主要治理对策为：侦查机关的鉴定机构与实施侦查部门实施分离，与社会鉴定机构平等地接受统一管理，并借助于反对解释的力量限制侦查权力钳制司法鉴定管理权的弹性空间；在制度上，立法应果断地回应审判机关对司法鉴定诉讼管理权的过度分享，保障司法鉴定管理权能够依法有效的运行，使司法鉴定体制改革走出困境。诉讼中的启动鉴定，我国采用职权主义和鉴定人回避制度；在司法鉴定管理上实行登记管理制度。上述制度致使我国的鉴定机构及鉴定人的诉讼地位及承担责任类型不同于国外当事人委托的专家证人或鉴定人，立法应当明确鉴定人和鉴定机构的诉讼地位。鉴定机构及鉴定人在办案机关委托的鉴定存在错误导致当事人受损的，可以纳入国家赔偿；对当事人自行诉前委托的鉴定机构及鉴定人存在过错造成损害的，按照委托协议的约定承担责任。

一、司法鉴定领域的治理范式与管理权限

司法鉴定作为具有特殊要求的专业领域，因其要求具备专门知识而与一般的诉讼活动存在差异，又因其知识权威的力量以及鉴定人的专家身份使之在专门性问题上与普通人的认知程度存有距离，以至于在司法体制中形成了与诉讼制度既有联系又有区别的司法鉴定制度（专家证人制度）。《决定》改变了司法鉴定管理领域的权力结构，明确了侦查机关根据侦查工作的需要有权设立鉴定机构；“人民法院和司法行政部门不得设立鉴定机构”；司法行政部门有权对法人或者其他组织申请设立的社会鉴定机构登记管理。司法鉴定管理权的法律调整与重新配置在司法鉴定管理领域中并未因此相安无事地有序运行。这些不同的权力纠缠在司法鉴定领域渐渐演变为无序化的权力博弈，致使《决定》所确立的“统一司法鉴定管理体制”解决的“多头鉴定”“重复鉴定”等问题依然如故，司法鉴定管理体制深化改革陷入徘徊不前的困境。我们针对目前涉及司法鉴定管理领域中权力纷争问题进行剖析，并为司法鉴定管理体制改革尽快走出困境提供建议。

（一）侦查机关鉴定权力的法定边界及现状

根据《决定》第七条规定，侦查机关不仅不能像改革前那样自由地设立鉴定机构，其设立的鉴定机构“不得面向社会接受委托从事司法鉴定业务”，同时受“侦查工作需要”设立目的的制约。《决定》对侦查机关鉴定机构设立“目的”与其执业“范围”进行了双

重限制，使得侦查机关鉴定机构的鉴定权力有了法定的边界。然而，这一法定边界在实践需要面前变得相当模糊甚至触发了权力之间的纷争。

1. 侦查机关鉴定机构对司法鉴定登记管理权的排斥

侦查机关根据“侦查工作需要”设立鉴定机构服务于侦查工作是侦查的应然性要求，那么，是否意味着“侦查工作”仅仅限于侦查机关的侦查工作，“不是本部门直接侦查且处于侦查阶段的案件，无权对其中的专门性问题进行鉴定”❶，还是仅限于“不得接受社会上的企事业单位、其他组织和个人的委托”。由于《决定》未对这一问题作出具体和明确的规定，导致该条款在具体执行中出现了不同的理解与观点上的分歧。

全国人大常委会法制工作委员会针对此问题进行了释义与答复：“为了充分利用侦查机关已有的鉴定力量，避免资源浪费，防止侦查机关重复设立和低水平设立鉴定机构，同时考虑到《决定》开始实施后人民法院不再设立或者保留自己的鉴定机构，侦查机关之间相互委托和接受司法机关委托从事司法鉴定业务是非常必要的。”❷“考虑到公安机关设立的鉴定机构在技术、设备、人员等方面有较好的实力和基础，长期以来承担了大量的鉴定任务，因此，对公安机关设立的鉴定机构，在不面向社会提供鉴定服务的前提下，可以接受司法机关、监察、海关、工商等行政执法机关的委托从事

❶ 邹明理．对《关于司法鉴定管理问题的决定》中几个有争议问题的思考［J］．中国司法，2005（8）．

❷ 全国人大常委会法制工作委员会刑法室．全国人民代表大会常务委员会关于司法鉴定管理问题的决定释义［M］．北京：法律出版社，2005：21-22.

非诉或者在诉讼中没有争议的鉴定业务。”❶“释义”与“答复”的内容在一定程度上对侦查机关设立的鉴定机构从事司法鉴定业务范围的扩大未能得到学界的一致认同。有学者认为，“此项规定旨在限制侦查机关所设立鉴定机构的业务范围。所谓不得面向社会接受委托从事司法鉴定业务，是由于其鉴定机构是基于侦查工作的需要而设立，其设立鉴定机构的目的是为侦查工作服务，所以，只能将这一规定解释为禁止其从事基于侦查工作需要之外的鉴定业务，超出该范围的解释是不符合立法原意的”。❷

然而，这种观点因不利于侦查机关权力的行使而未能成为侦查机关确定鉴定服务范围的指导，而全国人大常委会法制工作委员会对《决定》的“释义”与“答复”不仅为侦查机关鉴定机构服务范围的扩张开辟了道路，而且也成为侦查机关远离设立鉴定机构立法目的的基本理由。侦查机关认为，所属的鉴定机构和鉴定人不属于《决定》规定的司法鉴定机构和司法鉴定人的范畴，对政法其他部门以至政府有关部门委托……不属于社会提供服务范围。❸在侦查机关鉴定机构服务范围上也从全国人大常委会法制工作委员会接受司法机关、监察、海关、市场监督等行政执法机关到政法其他部门以至政府有关部门，而且还不在司法行政部门对其设立的鉴定机构的登记管理范围，致使侦查机关的鉴定机构在接受司法鉴定业务范围问题上与设立鉴定机构的立法目的不断疏远。

---

❶ 参见全国人大常委会法制工作委员会给司法部《关于司法鉴定管理问题的决定实行前可否对司法鉴定机构和鉴定人实施准入管理问题的意见》（法工委发函〔2005〕52号）第四条的规定。

❷ 王敏远，祁建建．分析与展望——评正在进行的司法鉴定管理体制改革［J］．中国司法鉴定，2005（5）．

❸ 参见公安部《关于对〈关于推进司法鉴定体制改革的实施方案〉的意见函》（公法〔2005〕137号）和最高人民检察院《关于检察机关贯彻〈全国人民代表大会常委会关于司法鉴定管理问题的决定〉有关情况的汇报》（高检发办字〔2006〕22号）。

2. 侦查机关对《决定》限制其鉴定机构服务范围的扩大

《决定》对侦查机关保留设立鉴定机构的权力在立法上多有警惕，并在其服务范围上作出了限制。由于“释义”“答复”或者“意见”对《决定》规定的侦查机关鉴定机构接受委托范围的扩大，尤其是侦查机关鉴定机构不接受司法行政部门的登记管理，致使侦查机关的相关规定与《决定》第九条第一款关于“……鉴定事项发生争议，需要鉴定的，应当委托列入鉴定人名册的鉴定人进行鉴定”的规定不能相协调。侦查机关鉴定机构对本部门管辖范围内的“鉴定事项发生争议”提供的重新鉴定意见因由未被司法行政部门列入鉴定名册的鉴定机构作出无法获得合法的辩护，其合法性在诉讼实践中不断遭到当事人及其他职权机关的质疑。为了解决侦查机关鉴定机构对鉴定事项发生争议的鉴定的合法性问题，中央要求检察机关、公安机关和国家安全机关所属鉴定机构和鉴定人实行所属部门直接管理和司法行政部门备案登记相结合的管理模式。[1]最高人民法院、最高人民检察院、公安部、国家安全部和司法部依据政策联合下发了《关于做好司法鉴定机构和司法鉴定人备案登记工作的通知》(司发通〔2008〕165号)，从而形成了司法鉴定管理权在统一司法鉴定管理体制下的不同运行模式，即对侦查机关鉴定机构备案登记和对社会鉴定机构审核登记。如2022年修订的《青海省司法鉴定条例》第八条规定：“侦查机关所属鉴定机构和鉴定人，应当按照有关规定向司法行政部门备案登记。”2019年《湖北省司法鉴定条例》第六条、2017年的《安徽省司法鉴定管理条例》第三条也作了类似的规定。

在实践中，为了使备案登记的侦查机关鉴定机构“区别于其内

[1] 参见中共中央政法委员会《关于进一步完善司法鉴定管理体制遴选国家级司法鉴定机构的意见》(政法〔2008〕2号)。

设科室”，标明法定的侦查权与司法行政部门登记管理的鉴定权的不同，在机构名称使用上侦查机关的鉴定机构可以加挂“某某鉴定中心”。这种“某某鉴定中心”在实践中又被有些省市的公安厅（局）扩大为“某某司法鉴定中心”，并授权其“对外”面向社会开展鉴定业务。按照此做法，侦查机关的鉴定机构经过司法行政部门备案登记后便可冲破法律限制，即不得面向社会接受委托从事司法鉴定业务的约束，并可通过鉴定收费成为利益化、营利性的社会团体。由于对外开展司法鉴定服务工作与面向社会接受委托从事司法鉴定业务在本质上没有任何差别。然而，这项备案登记工作目前已经停止，已备案的也已退出。《决定》作为专门规范司法鉴定管理的法律对侦查机关设立鉴定机构的权力限制也就因此消失，司法鉴定制度改革后的侦查机关鉴定机构与改革前相比未有任何实质上的变化。2019年修订的《公安机关鉴定机构登记管理办法》第二十五条规定：“登记管理部门应当按照登记管理权限，将核准的鉴定机构编入本部门管理的公安机关鉴定机构名册。”

这种基于权力设置的侦查机关鉴定机构必然会因权力的外在力量与社会鉴定机构进行鉴定资源上的竞争。这种竞争因为起源上的不平等，尤其是侦查机关在侦查阶段鉴定权的绝对垄断，其鉴定机构必然在鉴定领域中基于本部门的利益依照权力而占据优越的位置，影响了社会鉴定机构的正常性活动。[1]由于这种鉴定封闭运行与鉴定公正无法兼容，特别是在自办案件上的鉴定，一旦不利于当事人，就难以得到当事人的认同与社会的认可，基于程序公正及当事人的权利要求在实践中又触发了“重复鉴定”的不断发生。

---

[1] 盛学友．司法鉴定所告了北京公安［J］．法律与生活，2008（11）．

（二）审判机关与司法鉴定管理部门之间的不协调

在司法鉴定体制的改革中，公安机关、检察机关因拥有侦查职能保留了设立鉴定机构的权力；司法行政部门在被禁止设立鉴定机构后取得了司法鉴定管理权；法院作为审判机关在司法鉴定体制改革中不仅被禁止设立鉴定机构，因此也丧失了一直践行的对鉴定机构的名册管理权，成为唯一完全没有司法鉴定管理权且退出司法鉴定领域的机关。从法院的审判地位、诉讼职能来看，司法鉴定体制改革取消法院设立鉴定机构权力是科学的，也是合理的。一是法院设立鉴定机构存在“自鉴自审”问题，这种模式难以保障其在对待所属鉴定机构与其他鉴定机构提供的鉴定意见中处于中立的地位，影响其中立裁判的立场。二是在司法实践中“个别人民法院由于利益驱动，在没有必要性的情况下，也要委托人民法院设立的鉴定机构进行重复性的鉴定，造成了不好的影响”，[1] 并在利益驱动下毁坏了设立鉴定机构的中立形象。三是在国外不存在法院设立鉴定机构的先例。尽管国外的例证不是我国取消人民法院设立鉴定机构的必然理由，但是，这种普适性的做法不排除作为制度安排参考的重要因素。然而，这种“纸面”上的立法限制并不必然带来实践中的理性“行动”，有时还会出现权力机关以实践来反对立法的现象。

1. 审判机关对司法鉴定管理的“另册”设置

我国司法鉴定体制改革尽管在立法上消除了法院与鉴定机构之间在管理上的隶属关系，以及阻断其与鉴定活动的利益关系，但因法院对鉴定结果具有决定性的影响力，仍不能断绝其与司法鉴定存在的密切关系。由于受鉴定机构长期作为法院的内设机构及鉴定人

---

[1] 全国人大常委会法制工作委员会刑法室．全国人民代表大会常务委员会关于司法鉴定管理问题的决定释义［M］．北京：法律出版社，2005：21-22.

作为法官辅助人的传统观念的影响，仅仅依靠《决定》的规定还不能完全彻底改变或者使之理性地服从于法律的限制，原有权力的惯性作用仍会在相当时期内发挥影响，甚至会出现异化现象。2007年8月23日最高人民法院颁布了《最高人民法院对外委托、评估、拍卖等工作管理规定》第四十二条规定："法医、物证和声像资料专业机构从司法行政部门编制的名册中选录编制。其他类别的专业机构、专家名册由相关行业协会或主管部门推荐，按照公平、公开、择优的原则选录编制。"撇开最高人民法院规定的内容，仅从工作管理名称来分析，这种选录编制鉴定机构名册权属于司法鉴定管理权的范畴，实行对外委托名册制度。法院在司法行政部门名册管理的基础上对"四大类"内的鉴定机构进行选择后进行"册中册"的登记管理和对《决定》要求司法部商最高人民法院、最高人民法院"四大类"外的鉴定事项实行"册外册"的登记管理，在司法鉴定管理领域与司法行政部门同时行使着鉴定机构名册登记的混合性管理。

最高人民法院对司法鉴定的管理权不仅影响了司法行政部门的鉴定管理权，而且还影响了地方法院。2009年5月，沪、苏、浙三地高级人民法院院长联席会议共同签署了《长三角地区人民法院司法协作交流联席会议议事日程规则》，并在《决定》之外自行"统一长三角地区司法鉴定机构的准入资格，整合司法鉴定机构登记、管理和监督资源，建立三地法院司法鉴定机构目录"的地方化的司法鉴定管理体制。这种地方改革不仅超越了《决定》的规定，其有关司法鉴定机构的准入资格及"三地法院司法鉴定机构目录"等相关内容还会造成司法鉴定标准的地方化；同时，这种地方化的管理实践转过来又会分解统一的司法鉴定管理体制，形成地方统一的司法鉴定分别管理体制。2008年国家发展和改革委员会、最高人民法院、最高人民检察院、公安部、财政部未按照《决定》规定“商”的程序，自主联合下发了《关于扣押追缴没收及收缴财物价格鉴定管理的补充通知》(发改厅〔2008〕1392号)，并要求“各级政府价格部门设立的价格鉴证机构为国家机关指定的涉案财物价格鉴定的机构，名称统一为‘价格认证中心’”。最高人民法院与其他组织联合下发有关司法鉴定尤其是涉及司法鉴定管理的规定，特别是法院实行鉴定机构和鉴定人入库资质与司法鉴定资格的交叉，对《决定》确立的统一司法鉴定管理体制带来了实质性的冲击。这种未经司法行政登记管理的鉴定机构不仅会与社会鉴定机构在鉴定中进行不正当的竞争，还会引起鉴定机构运行的无序化，造成司法鉴定管理秩序的混乱。

2. 审判机关在鉴定机构选择方法上的“原始民主”

司法实践中，法院在对鉴定机构实行名册管理的同时，还对鉴定机构的选择适用上采用了随机选择的“原始民主”方式。2007年最高人民法院在《对外委托鉴定、评估、拍卖等工作管理规定》中对鉴定机构的选择规定了“计算机随机法”和“抽签法”等没有任何科学含量的最为“原始”的方法。这种方法尽管在程序上能够体现出对控辩双方的朴素公正性，但因鉴定机构或者鉴定人在现实中存在鉴定能力、水平的差别，使得这一方法仅仅具有形式公正的外壳而遮蔽了实体上的不公正。从科学技术无等级的角度来说，各鉴定机构之间没有等级高低之分，其法律地位是平等的。然而，鉴定本身不是科学技术，它是科学技术的应用，科学技术与科学技术应用属于不同的两个领域。鉴定人在科学面前一律平等性，并不代表鉴定人的鉴定水平和鉴定能力等同，也不能因此抹杀鉴定机构之间在现实中存在鉴定能力上的差异。2010年10月我国遴选的“十家国家级司法鉴定机构”则是对不同鉴定机构之间的鉴定资质能力存在差异的现实回应。

鉴定机构的鉴定活动也不同于仲裁、审判活动，它本身携带着科学性，对鉴定结果不能采用少数服从多数的民主方式解决。制度建设不能因为选择鉴定机构可能发生一些不公正的问题，而丢弃完善制度的努力，况且这种方法极易诱发经济利益与审判权力的“权钱交易”。这种方法，一方面，促使了鉴定机构无需提高鉴定的质量和信誉，只需等待听天由命的随机结果；另一方面，鉴定机构选择的随机率与法院提供鉴定机构的多少有关。这一因素转而会促发鉴定机构借助于利益去攀附权力，致使鉴定机构通过不正当竞争获得更多的利益。在审判机关对司法行政部门司法鉴定管理权“侵蚀”的情况下，鉴定机构必然会抛开司法行政部门对司法鉴定的管理权而去涉足司法鉴定带来的额外利益，彼此形成利益共同体。这不仅不利于鉴定质量的提高，还会对统一司法鉴定管理体制的形成造成破坏性作用，而这种破坏性作用在建设统一司法鉴定管理体制中又是致命性的，甚至是毁灭性的。

（二）司法鉴定管理领域的治理范式

鉴于前面对司法鉴定管理领域中权力纷争的分析，治理司法鉴定管理领域中的权力纷争的主要方式如下。

1. 侦查机关司法鉴定管理的基本范式

由于我国的侦查属于职权主义的模式，侦查鉴定的启动权被侦查机关所垄断，对其设立的鉴定机构一旦允许接受侦查机关以外的部门委托，实质上就等于其面向社会从事司法鉴定业务。刑事诉讼程序的鉴定启动权掌控在办案机关手中，当事人不享有鉴定的启动权，仅有申请补充鉴定、重新鉴定的权利，当事人在鉴定问题上没有能力与侦查机关平等对抗。如果侦查机关的鉴定机构自我登记管理而从事的鉴定活动不受到任何限制，《决定》对其的规定在实践中也就不再具有任何意义。因此，在深化统一司法鉴定管理体制的过程中，需要借助于制度确立的司法行政部门的鉴定管理权对侦查机关鉴定机构进行约束。其主要治理思路应以建立统一司法鉴定管理体制为目标，坚持《决定》规定的条件和要求，实行任何鉴定机构在《决定》面前一律平等的法治原则，由司法行政部门对其实行统一登记、统一准入门槛、统一鉴定程序、统一鉴定标准、统一责任要求，从而实现鉴定意见作为证据在诉讼的各个环节或者阶段中的统一规格。

这种治理方式具有法律上的依据和制度上的合理性。《决定》规定侦查机关根据侦查工作需要设立的鉴定机构，是与法院和司法行政部门不得设立鉴定机构相对应的。侦查机关设立鉴定机构的决定权不仅对其内部机构的设置具有法定的影响力，而且它还是政府编委核定侦查机关设立机构的级别、职位等有关编制问题的法定依据，其效力的覆盖范围仅此而已。对侦查机关设立的鉴定机构是否达到了法律规定的条件和要求及其执业范围属于司法鉴定管理权的范畴，应当由司法行政部门审核确认并登记公告。《决定》对侦查机关的鉴定机构实行的是设立权与管理权相分离的制度。如果社会鉴定机构能够满足侦查工作需要，侦查机关也可以不设立自己的鉴定机构，侦查机关的鉴定机构不是法定的必设机构；同时，侦查机关设立的鉴定机构应受制于侦查机关对案件管辖权的约束。在制度上，《决定》第三条之所以规定国务院司法行政部门主管全国鉴定人和鉴定机构的登记管理工作，是因为我国统一司法鉴定管理体制不仅仅是对鉴定机构实行统一登记管理，其制度的功能还在于能够将一些不具备法定条件的鉴定机构阻截在司法鉴定领域之外，为诉讼活动发现事实提供合格的鉴定机构和鉴定人。更为重要的是，这种制度还包括司法鉴定管理主体的全国统一，保证全国的鉴定机构符合统一的法定标准，保障鉴定意见作为证据的全国统一“规格”，进而避免在鉴定意见生成制度上产生不必要的争论。有学者认为，“将鉴定机构从侦查机关中剥离出来，防范鉴定人员的动机偏见”。[1]我们认为，治理的基本方式是，司法行政部门对其实行与社会鉴定机构相同的审核登记管理，并借助司法行政部门对其管理的外部力量来隔离侦查机关的鉴定机构与利益之间的关系，保障其活动的除利益化，但鉴定机构从侦查机关剥离还不具有现实可能性。

2. 审判机关司法鉴定诉讼管理的主要范式

法院作为审判机关尽管被《决定》取消了设立鉴定机构的权力，但其在司法鉴定体制改革中并非是失利者，恰恰相反，却是改革成果的享有者。因为司法鉴定制度改革的目标是保障鉴定机构和鉴定人具有与鉴定相适应的能力，司法行政部门对司法鉴定专门登记管理是履行鉴定机构的“守门员”职责，旨在使鉴定机构提供的鉴定意见更具有可信性和可靠性，为审判机关认定事实提供坚实的证据；同时法院在这一制度中还能够发挥对不符合《决定》的要求或者未能按照《决定》设立的鉴定机构的排斥功能。那么，法院实践中为什么对鉴定机构和鉴定人的名册编制与管理上始终行使司法鉴定管理权呢？其主要原因为：一是法院内设鉴定机构被撤销后，有些社会鉴定机构的鉴定质量令其担忧，而侦查机关的鉴定机构自我封闭式登记管理及改革前的“自侦自鉴”依然存在，使得法院基于以往经验对鉴定可能存在隐形错误或者潜在的危险多有疑虑，对提供的鉴定意见心有余悸；二是法院因不能摆脱传统办案模式对鉴定依赖的浓厚情结，尤其是人民法院内部鉴定人……从法官的“助

[1] 陈永生．论刑事司法对鉴定的迷信与制度防范［J］．中国法学，2021（6）．

手”转变为法官的“主人”了。[1]传统依赖力量的丧失，转而自己挑选信得过的或者鉴定能力较强的鉴定人是获得新的依赖的可靠方式；三是鉴定费用因未被纳入诉讼费用收支“两条线”的调整范围，鉴定费用作为补充其经费不足或者非正常开支的外援，在一定程度上也驱使其利用诉讼对司法鉴定行使管理权。然而，法院如何保障被编制名册的鉴定机构不是根据其自己意志的程度或者达成“利益分享”而形成的，这一问题又使得其对鉴定机构和鉴定人的登记管理权转过来成为腐蚀公正审判的危险因素。基于此，确立相关制度和采用有效方式治理审判机关在司法鉴定管理领域中的权力滥用又是司法鉴定制度改革的重中之重。

对此问题的治理需要立法的力量来维持司法鉴定管理权限的法定边界。“如果立法权不具有权力和手段来击退司法权方面的侵犯，立法权就会成为软弱无力或无足轻重的，它的全部力量就会转到司法权方面”。[2]治理此问题的具体方式是，“立法机关应当控制对《决定》的解释权，对法院制定或者参与的有关司法鉴定管理的规范性文件进行审查，特别是对‘权威解释者’之间的分歧必须要加以限制，而且司法秩序根据其定义必然要排除相互竞争的多重司法规范的共存”。[3]2008年10月6日《全国人民代表大会常务委员会法制工作委员会对如何处理省高级人民法院制定的规范性文件的意见》（法工委复〔2008〕10号）初露这种治理方式的端倪。该意见指出：

省高级人民法院发布公告，规定由省高级人民法院统一编制辖区内法院系统司法鉴定工作名册，与全国人大常委会决定的规定

---

[1] 奥特马·尧厄尼希．民事诉讼法［M］．周翠，译．北京：法律出版社，2003：289.

[2] 马克西莱昂·罗斯伯庇尔．革命法制和审判［M］．赵涵舆，译．北京：商务印书馆，1986：28.

[3] 布迪厄．法律的力量：迈向司法场域的社会学［M］．强世功，译．北京：中国政法大学出版社，1999：502.

不符。同时，地方法院对属于司法鉴定行政管理工作的事项作出规定，也超越了地方法院的职权范围。对此，地方人大常委会可以通过听取专项工作报告的方式要求其纠正，或者向全国人大常委会反映，由全国人大常委会办事机构向最高人民法院提出，由最高人民法院予以纠正。

同时，审判机关在涉及司法鉴定管理问题上也应当奉行克制主义，对《决定》的规定保持应有的尊重，改变审判活动对鉴定意见作为证据的“照单全收”的传统做法，以及将专门性问题认定权完全让渡给鉴定机构的实践习惯，确立鉴定人作为证据方法的观念，积极借助质证程序履行对鉴定意见审查判断的法定职责。尤其是《刑事诉讼法》第一百九十二条和第一百九十七条规定的鉴定人出庭作证与有专门知识的人就鉴定人作出的鉴定意见提出意见的程序架构，独立行使裁判事实的司法权力，树立采用鉴定意见定案的权威性。

全国人大常委会法制工作委员会关于2018年备案审查工作情况报告指出：根据公民审查建议，对湖南省司法厅《关于“四大类”外司法鉴定事项管理有关问题的通知》中有关问题进行研究，认为该通知关于“四大类”外司法鉴定事项管理有关规定，与《决定》相抵触。建议司法部督促地方政府司法行政部门立即停止办理“四大类”外司法鉴定机构的登记工作。目前存在有些省的司法鉴定条例作为地方性法规对此“四大类”外有明确规定如何处理，以及“四大类”外的鉴定机构应当由哪个部门管理的问题。对此，我们建议可由司法部作为全国司法鉴定管理部门会同相关部门、行业协会等，联合制定相关规定，并向“两高”征求意见，保障司法鉴定作为证据的统一性。

小　结

我国统一司法鉴定管理体制历经17年之久仍未健全，主要原因是司法鉴定管理领域中权力纷争与滥用，使得《决定》确定的司法行政部门的司法鉴定管理权不断退却甚至不具有实质意义。由于政策与实践中的解决机制违背了司法鉴定本身的规律，使得改革陷入困境。如果一味诉诸政策的协调来寻求解决的契机，仍会遇到很多难以解决的问题，甚至会被宣布此路不通。地方对司法鉴定的立法，虽然有利于某些司法鉴定问题的解决，却是以影响统一司法鉴定管理体制的健全为代价的。因此，深化统一司法鉴定管理体制的改革，应当借助于立法的力量固定司法鉴定领域各主体的法定位置及其权力边界，进一步对涉及司法鉴定领域的相关因素进行有效治理。然而，对司法鉴定的登记管理不同于对企业、公司的登记管理，统一司法鉴定管理体制更不能简单地理解为对鉴定机构和鉴定人的统一登记制度。否则，司法鉴定管理就等于在司法鉴定机构上加盖一枚“免检图章”或者颁发个“营业执照”。我国目前的司法鉴定管理还存在不能完全满足司法鉴定管理体制改革要求的情况。一方面，有些省级司法行政部门的司法鉴定管理部门的管理人员仍等同于一般公务人员，未能体现出该领域特殊性要求，与司法鉴定管理的专业化要求不相适应；另一方面，在省级司法行政部门对司法鉴定管理还不能完全胜任的条件下，部分省市的地方立法又将司法鉴定的部分管理权下放给地市级的司法行政部门，司法鉴定的行政管理能力令人担心。因为这种管理模式极易带来司法鉴定管理的地方化，司法鉴定管理权力的地方化又会诱发司法鉴定的地域化，致使鉴定机构接受委托从事司法鉴定业务必然受地域范围的限制，与《决定》的规定出现冲突与背离。深化司法鉴定体制改革还应建立司法行政部门对司法鉴定机构和鉴定人能力实行强制性验证制度，对鉴定机构和鉴定人的专业评价机制，利用鉴定能力验证制度和专家委员会机制淘汰不能胜任鉴定高要求的鉴定机构和鉴定人，为审判机关提供信得过的鉴定机构，从而改变审判机关因担心鉴定机构的能力而自己编制鉴定机构名册的超越权限的做法。但是，这些问题均需要以司法鉴定管理部门的司法鉴定管理权不受侦查机关抵制与审判机关干扰且能够依法有效行使司法鉴定管理权为基础，在完善司法鉴定管理体制的过程中不断促进和提升司法鉴定可靠性和可信性，[1] 并在此目标下不断推进司法鉴定管理范式的转变。

二、鉴定机构及鉴定人责任的沉思与省察

目前，法院将鉴定机构作为被告，以及裁判其鉴定过错承担赔偿问题甚嚣尘上，特别是“法院亲子鉴定出错，女子错养儿子 23 年！状告河南高院索赔 295 万案件”，以及因河南司法警院司法鉴定中心的医疗过失参与度鉴定意见，法院判决其承担相应的民事责任的案件，不仅引发司法鉴定界的热烈讨论与激烈争论，也引起法学界对此问题的再度思考与重新审视。我们对鉴定机构及其鉴定人在鉴定意见作为证据的案件能否作为被告及应否承当民事责任问题略加探讨，希冀引起学界与实务界对此问题的特别关注与深入讨论。

（一）鉴定机构及鉴定人因鉴定问题应否作为被告

当事人对鉴定机构及鉴定人提供的鉴定意见有异议或认为存在错误，或者认为鉴定行为或提供的鉴定意见给其造成损害能否提起

[1] 郭华．司法鉴定制度改革的基本思路［J］．法学研究，2011（1）．

诉讼，理论界和实务部门均曾给出否定性的答案和回应。因为“鉴定机构受法院委托出具鉴定意见书是一项辅助证明活动，是法院司法行为的延伸。在诉讼活动过程中，鉴定意见的合法性、真实性是由法院通过审查、质证及重新鉴定、补充鉴定等程序设置来实现的。当事人如持有异议，单独就鉴定意见或鉴定行为提起效力确认之诉的，应裁定不予受理。”❶ 而现实案件的裁判却又呈现出“围剿”司法鉴定的另外一番场景。❷

1995 年 12 月，河南兰考县公安局在打击拐卖妇女儿童专项行动中解救了一批被拐卖儿童，其中被取名为许某某的男孩疑似朱某某的儿子。为慎重起见，朱某某夫妻俩决定做 DNA 鉴定，兰考县公安局遂委托河南省高级人民法院做亲子鉴定，朱某某夫妻缴纳了 1500 元鉴定费。1996 年 1 月 15 日，河南省高级人民法院出具了鉴定报告，结论为许某某与朱某某夫妻具有生物学亲子关系。2018 年 1 月，有媒体报道称四川南充一名叫何某某的女子曾到当地警方主动投案，称她早在 1992 年从重庆渝中区解放碑抱走一名小男孩，后取名刘某某，对方如今已长大成人，多年来一直跟随她生活在南充顺庆区，自称想赎罪要替他寻找亲生父母。2018 年 3 月，朱某某收到重庆市公安局物证鉴定中心的《DNA 检验报告》，确定她与许某某的亲权关系不成立，与刘某某的亲权关系成立。随后，朱某某向重庆渝中区法院提起诉讼，索赔各类损失共计 295 万余元。2018 年 3 月 25 日，渝中区法院经审查认为，朱某某的起诉符合法定受理条件，决定立案审理。河南省高级人民法院对此予以答辩，并表示他

❶ 顾翠，孙耀华．司法鉴定行为不具有可诉性［N］．人民法院报，2016-01-06（8）．

❷ 李兴罡．重庆一母亲状告河南高院 索赔 295 万［N］．华西都市报，2019-06-10（A3）；佚名．法院亲子鉴定出错致错养儿子 23 年 母亲状告法院索赔 295 万［N］．云南法制报，2019-06-12．

们对此高度重视，通过咨询有关专家，积极查找鉴定结论出现错误的原因。他们了解到，DNA 指纹检测技术于 20 世纪 90 年代初引入我国，由于实验环节复杂、技术要求严格，特别是实验方法难以标准化等原因，该项技术存在局限性。自 90 年代中后期开始，随着 PCR-STR 分型技术的推广与应用，DNA 指纹检测技术逐步被更加成熟的技术取代。他们认为，由于技术条件所限，他们 1996 年出具的案涉亲子关系鉴定结论错误，为此向朱某某深表歉意，秉持最大的诚意在诉讼全过程继续与朱某某协商、和解；尊重、接受合法公正的判决结果，愿意承担相应的法律责任。

对于此案的探讨，我们撇开河南省高级人民法院作为提供鉴定意见特殊主体的身份不作分析，仅就其出具鉴定意见的机构作为被告进行探讨可以发现需要讨论的问题是：作出鉴定意见的机构能否作为被告？这一问题涉及鉴定意见是否可以作为诉讼标的？又进一步涉及鉴定机构及鉴定人作出鉴定意见的行为属于何种行为？也就是说，基于鉴定机构及鉴定人作出鉴定意见的行为来分析与探讨其提供鉴定意见是否具有可诉性？

鉴定机构及鉴定人作出鉴定意见的行为的性质在一定意义上取决于我国的诉讼制度和鉴定制度。我国诉讼模式在改革前属于超职权主义，改革后为兼具当事人主义诉讼模式特点，然而鉴定制度并未随之变动。在诉讼中，司法鉴定的启动权依然由办案机关独享，尽管在民事诉讼之前，最高人民法院的司法解释允许当事人自行委托鉴定。但是，对这种诉前鉴定是否属于司法鉴定无论是理论界还是实务界存在不同的观点。一种观点认为，当事人诉前委托进行的鉴定不属于司法鉴定。只有在诉讼活动中进行的鉴定才符合司法鉴定的定义，而对诉讼活动的开始较为普遍的理解是以法院受理案件开始，即法院的诉讼活动尚未启动，因此不属于司法鉴定。另一种观点认为，对于司法鉴定不应机械地理解为在诉讼过程中进行的鉴定，还应当包括为了解决举证中的专门性问题，而在立案前进行的鉴定。在诉前委托进行鉴定的结论在司法活动中可能会作为证据使用，其鉴定属于司法鉴定。[1]上述不同观点是因不同的判断依据造成的，与鉴定本身无关，况且2020年新《民事证据规定》修正了诉前当事人鉴定作为司法鉴定的规定。依据上述观点还无法解决司法鉴定机构能否作为被告的问题。基于此，司法鉴定行为的性质界定需从以下方面进行分析。

1. 职权主义诉讼模式与司法鉴定机构的被告地位

无论是我国《刑事诉讼法》还是《民事诉讼法》均未赋予当事人启动鉴定的权利。《刑事诉讼法》第一百四十八条规定："侦查机关应当将用作证据的鉴定意见告知犯罪嫌疑人、被害人。如果犯罪嫌疑人、被害人提出申请，可以补充鉴定或者重新鉴定。"《民事诉讼法》第七十九条规定："当事人可以就查明事实的专门性问题向人民法院申请鉴定。当事人申请鉴定的，由双方当事人协商确定具备资格的鉴定人；协商不成的，由人民法院指定。当事人未申请鉴定，人民法院对专门性问题认为需要鉴定的，应当委托具备资格的鉴定人进行鉴定。"《民事诉讼法解释》第一百二十一条规定："当事人申请鉴定，可以在举证期限届满前提出。申请鉴定的事项与待证事实无关联，或者对证明待证事实无意义的，人民法院不予准许。"在民事诉讼中，无论是法院基于当事人协商一致委托的鉴定还是协商不一致或者法院依职权指定的鉴定，其鉴定的实质启动权均归属于法院，其鉴定的委托人均为法院。那么，对于法院委托或者指定的鉴定机构或者鉴定人进行的鉴定行为，必然与法院产生相应的法

[1] 张乐跃，王真祥．诉前委托鉴定的性质及其监管［J］．人民司法，2013（20）：3.

律关系。由于法院委托或者指定的司法鉴定需要当事人缴纳鉴定费用，当事人这种缴纳鉴定费用的行为是否也与鉴定机构及鉴定产生法律关系呢？有观点认为，鉴定机构运用自己的专业知识、技术、设备独立鉴定系受法院委托，鉴定意见本身并不能直接确定当事人具体的权利义务，也不是对当事人的人身权、财产权进行直接处理，鉴定意见是否发挥作用、是否被采信、对当事人的利益能否产生影响，均取决于委托的法院。如果鉴定意见没有被法院采信，当然不会对当事人产生法律上的影响。尽管鉴定意见与当事人的利益息息相关，但鉴定机构依法履行职责，只对委托法院负责，与当事人之间并不存在直接的民事权利义务关系，这种情况下当事人不能起诉鉴定机构，[1] 如原告魏某某诉北京盛唐司法鉴定所侵权责任纠纷一案。[2]

魏某某诉北京积水潭医院损害纠纷案，并向西城区法院申请司法鉴定，经北京市高级人民法院随机确定鉴定机构，西城区法院委托盛唐司法鉴定所就北京积水潭医院对魏某某治疗行为有无过错、过错程度及与魏某某肩膀骨折有无因果关系进行鉴定。在西城区法院向盛唐司法鉴定所的委托鉴定函上写明鉴定费由原告方即魏某某先行负担。虽魏某某向盛唐司法鉴定所交纳了鉴定费用一万元。后因原告方要求不在该所鉴定，并拒绝缴纳相关费用，而终止鉴定。法院作出准予终止和根据已经进行的鉴定工作情况及相关规定自行决定退还费用数额。鉴定机构仅酌情退还部分费用。原告方对退费不服，向北京市司法行政部门投诉。司法行政部门认为，其不具备责令鉴定机构退还鉴定费用的行政职权，对于诉求不予支持。魏某

[1] 顾翠，孙耀华. 司法鉴定行为不具有可诉性［N］. 人民法院报，2016-01-06（8）.
[2] 参见北京市海淀区人民法院（2015）海民初字 20524 号民事裁定书。

某就此提起行政诉讼。一审、二审法院驳回了诉讼请求。其中，魏某某起诉鉴定机构退还鉴定费用一万元及三倍违约金，一审法院认为，该行为系其在西城区法院审理案件过程中为查明案件事实所进行的诉讼行为，并非其直接委托盛唐司法所进行的鉴定行为。该案中，魏某某与司法鉴定所之间并非平等主体之间的民事法律关系，不属于民事诉讼的受理范围，故本院依法予以驳回。被告方不服一审裁定提起上诉，二审法院维持了原审裁定。

司法实践的态度是明确的，仍需要理论厘清司法鉴定行为、鉴定作为证据与委托的办案机关及当事人的法律关系。鉴定意见作为法定证据的种类，是因办案机关在诉讼中就专门性问题委托鉴定机构进行鉴定而得出的意见，当事人委托的鉴定并不必然作为证据，即使当事人委托专家就专门性问题作出的解释，仅仅作为当事人的陈述，也不是独立的证据种类。作为证据的鉴定意见不是证明对象，仅仅是鉴定人对专门性问题或者其他证据的判断与解读，在一定意义上与其他证据类型不同。基于此，办案机关委托或者聘请的鉴定，不应是法院审理和裁判的对象，也不属于诉讼标的范围，因此，当事人不得针对鉴定意见提起诉讼。如果该证据在程序上或实体上存在的问题，当事人应当请求审理法院依法委托重新鉴定或补充鉴定，但其申请能否得到批准，还应由审理法院决定。[1]基于当事人并不是司法鉴定的委托人，其与司法鉴定机构及鉴定人之间不存在直接的法律关系，尽管民事诉讼中的鉴定费用由当事人承担，但因当事人不缴纳鉴定费用而不启动鉴定，即使鉴定机构及鉴定人提供鉴定意见，其意见是否作为定案依据依然取决于办案机关，影响当事人权益的是办案机关的权力而非鉴定行为。司法解释

---

[1] 秦溱.法院委托鉴定机构作出的鉴定结论不具有可诉性［J］.人民司法，2013(4)：3.

对鉴定人不出庭、撤回鉴定意见及作虚假鉴定的，责令退还鉴定费用而非赔偿，也说明了这一问题。鉴定是“对有关专门性问题作出判断，而不是对有关事实问题作出法律评价”，因鉴定意见是鉴定人基于专门性问题提供的判断性意见，是对专门性问题的认识，仅仅涉及事实问题，不是对案件事实的认定，也不是法律判断，其本身作为证据是法庭需要查证属实的对象，不直接影响对当事人的民事权利义务关系进行调整。[1]因此，当事人以鉴定过错或者鉴定意见错误为由起诉鉴定机构及鉴定人就会因缺失诉讼标的而无法成为真正的诉，法院对此应当不予受理。

2. 司法鉴定行政管理制度影响了鉴定机构的被告身份

《决定》第一条规定：“司法鉴定是指在诉讼活动中鉴定人运用科学技术或者专门知识对诉讼涉及的专门性问题进行鉴别和判断并提供鉴定意见的活动。”从我国司法鉴定管理制度来看，《决定》强调诉讼活动中对案件专门性问题进行鉴别和判断的活动，那么，是否在诉讼中便成为衡量是否受《决定》调整的关键。尽管司法鉴定机构及鉴定人做出的鉴定意见能否作为证据不完全受《决定》的调整，也不在司法鉴定部门行政管理的范围。无论是鉴定行为还是鉴定意见均受制于办案机关，其影响也取决于办案机关的职权，当事人以对自己权益无影响的鉴定机关及鉴定人作为被告，也就失去了可能。如果鉴定是当事人直接委托的，没有法院或者其他办案机关任何意志参与，当事人直接与鉴定机构及鉴定人则存在民事上法律关系，对此，不应排除当事人起诉鉴定机构或者鉴定人的权利。

---

[1] 刘京蒙，张云波．当事人认为鉴定意见错误能否起诉鉴定机构要求损害赔偿［J］．中国检察官，2014（20）：3.

司法鉴定行为既不是行政行为，[1]也不是司法行为，因为司法权不得委托，也不宜简单称为法律服务行为，旨在补充办案机关在专门性认识上的困难和能力的不足，是协助办案机关解决专门性问题的司法保障行为，但司法实践也存在将此认定为司法行为的裁判。例如，湖北省上诉人程某某不服湖北省武汉市洪山区人民法院（2015）鄂洪山民三初字第 00756 号民事裁定与被上诉人武汉平安法医司法鉴定所侵权责任纠纷一案的一审判决认为[2]：

平安鉴定所根据武汉市公安局东湖新技术开发区分局的委托，对案外人郑某的损伤进行鉴定后所出具鉴定书属于证据的一种形式，和书证、物证、证人证言等其他证据一样，必须经过查证属实，才能作为定案的根据。被告在鉴定过程中是否存在过错，法医鉴定书是否应该采信，应由委托鉴定的办案机关进行审查，属于司法行为。

这种通过司法行为的界定来绕开鉴定机构及鉴定人作为被告的困境虽然具有意义，但其性质认定却值得商榷，从其背后折射出对司法鉴定行为性质与一般民事委托的混同。实质上，这种行为属于诉讼行为，司法鉴定行为作为诉讼法律关系的主体具有不可诉性。

（二）司法鉴定机构及鉴定人承担何种民事责任

《决定》作为司法鉴定管理的法律文件在鉴定机构及鉴定人的法律责任上仅仅规定了其行政责任及依法追究刑事责任问题，即鉴定人故意作虚假鉴定，构成犯罪的，依法追究刑事责任；尚不构成犯罪的，依照前款规定处罚。对其是否承担民事责任没有作出相应

---

[1] 在货币真伪鉴定中存在不同意见，但法院毅然选择了不是行政行为的认定。参见：宋纲，寇秉辉．货币真伪鉴定行为不具有可诉性［J］．人民司法（案例），2013（22）：3.

[2] 参见湖北省武汉市中级人民法院（2016）鄂 01 民终 4024 号民事裁定书。

规定。对鉴定机构及鉴定人民事责任源于司法部的行政规章。《司法鉴定机构登记管理办法》第四十一条规定:“司法鉴定机构在开展司法鉴定活动中因违法和过错行为应当承担民事责任的，按照民事法律的有关规定执行。”《司法鉴定人登记管理办法》第三十一条规定:“司法鉴定人在执业活动中，因故意或者重大过失行为给当事人造成损失的，由其所在的司法鉴定机构依法承担赔偿责任，可以向有过错行为的司法鉴定人追偿。”那么，鉴定机构及鉴定人因鉴定存在过错是否承担民事责任及应当承担何种责任，是需要讨论的问题。然而，河南省郑州市中级人民法院〔2017〕豫01民终3964号民事判决书认定为河南司法警院司法鉴定中心的鉴定行为有过错，判决其承担相应的民事责任案件，再次引发值得思考的问题。

郑州高新技术产业开发区人民法院认定事实：原告因医疗损害赔偿纠纷诉至郑州市二七区人民法院，被告经郑州市二七区人民法院委托对郑州大学第一附属医院对原告的医疗行为是否存在过错，在医疗行为与万某的损害后果之间是否存在因果关系及过错参与度，以及万某现在是否适宜评定伤残及伤残等级进行鉴定。河南司法警院司法鉴定中心于2012年11月15日作出《河南司法警院司法鉴定中心法医临床司法鉴定意见书》鉴定意见为：郑州大学第一附属医院对被鉴定人万某的医疗行为存在过错，其过错和被鉴定人万某目前的智能障碍有因果关系，过错参与度为25%。被鉴定人万某目前构成二级伤残。原告对《河南司法警院司法鉴定中心法医临床司法鉴定意见书》中的第一项鉴定意见不服，并多次要求进行重新鉴定，期间单方委托北京京城明鉴医学科技有限公司进行司法鉴定论证，北京京城明鉴医学科技有限公司于2013年6月20日作出了《法医鉴定论证意见书》论证意见为：郑州大学第一附属医院对患儿万某的诊疗行为存在医疗过失，该医疗过失与被鉴定人损害后果（去皮层状态）之间存在因果关系，医疗过失参与度建议拟80%～90%。患儿万某目前脑部呈弥漫性、不可逆损害，已构成一级伤残。被告认为《法医鉴定论证意见书》程序违法，且京城明鉴医学科技有限公司不具有鉴定资质，不予认可。后双方同意重新鉴定。郑州市二七人民法院根据当事人申请，依法委托司法鉴定科学技术研究所司法鉴定中心进行司法鉴定。司法鉴定科学技术研究所司法鉴定中心于2015年5月20日作出了《司法鉴定科学技术研究所司法鉴定中心鉴定意见书》鉴定意见为：郑州大学第一附属医院对被鉴定人万某的诊疗行为存在过错，医疗过错与万某的损害后果（缺氧缺血性脑损害）之间存在因果关系（医疗过错系主要因素，参与度拟为60%～80%）。被鉴定人万某属于完全护理依赖（护理人数建议为2人）。郑州市二七区人民法院裁判文书中采用75%的医疗过失参与度。判决如下：一、被告河南司法警院司法鉴定中心于本案判决生效后十日内支付原告万某赔偿款10万元；二、驳回原告万某的其他诉讼请求。如果未按本判决指定的期间履行给付金钱义务，应当依照《中华人民共和国民事诉讼法》之规定，加倍支付迟延履行期间的债务利息。案件受理费2300元，由被告河南司法警院司法鉴定中心负担。

基于以上判决的说理与引用的依据及司法鉴定管理部门规章对民事责任的规定，我们认为需要讨论以下问题。

1. 行政管理规章应否需要规定民事责任问题

根据《立法法》第八十条规定："国务院各部、委员会、中国人民银行、审计署和具有行政管理职能的直属机构，可以根据法律和国务院的行政法规、决定、命令，在本部门的权限范围内，制定规章。部门规章规定的事项应当属于执行法律或者国务院的行政法规、决定、命令的事项。"而《决定》没有对鉴定机构及鉴定人在司法鉴定过程中的民事责任作出规定，司法部《司法鉴定机构登记管理办法》作为“执行性”的立法而非补充性立法，有无必要规定民事责任呢？对此需要从正反两个方面进行探讨。

一是按照《决定》的规定和精神对鉴定机构和鉴定人实行行政登记管理，对于违反法律或者规章的，司法行政部门有权让其承担行政责任。鉴定机构按照民事法律的有关规定执行不属于行政管理权限范围内的事项。“凡不属于本部门管理的事项，不要在本部门规章中规定”，[1] 法律法规可以设定诉权。[2] 因此，行政规章无需创设《决定》没有涉及的民事权利、义务或者责任的规则，仅仅对违反登记管理的行政责任及涉及行政执法与刑事司法衔接的移送职责作出规定是适切的。

二是司法实践对规章的规定存在不支持的观点。例如，最高人民法院在〔2019〕最高法民申1242号的民事裁定认为：再审申请人安徽同聚祥实业有限公司与被申请人安徽梅龙建设集团有限公司（以下简称梅龙公司）建设工程施工合同纠纷一案中因鉴定机构违反原建设部办公厅《关于对工程造价司法鉴定有关问题的复函》中“从事工程造价司法鉴定，必须取得工程造价咨询资质，并在其资质许可范围内从事工程造价咨询活动。工程造价成果文件，应当由造价工程师签字，加盖执业专用章和单位公章后有效”的资质等级规定，最高人民法院认为：

（1）部门规章的规定不能直接导致鉴定无效；（2）鉴定时双方对鉴定机构的乙级资质是明知的，但并未提出异议，而且当时也并

[1] 全国人大常委会法制工作委员会国家法室．中华人民共和国立法法释义［M］．北京：法律出版社，2015：265.

[2] 不可否认，目前存在一些“涉民性”和“民事性”的行政规章，即使如此，其行政权仅仅作为嵌入式的调整，也不直接调整民事法律关系。

不知道鉴定工程造价会超过 5000 万元，也就是当时选择乙级资质鉴定机构并不存在过错；（3）在鉴定过程中鉴定机构作出的鉴定意见经过质询、复核等系列环节，程序到位，如果再重新鉴定，显然浪费司法资源。

基于此，有必要在修改《司法鉴定机构登记管理办法》和《司法鉴定人登记管理办法》时删除有关民事责任的规定，仅仅依据《决定》规定鉴定机构及鉴定人的行政责任以及涉嫌犯罪的移送问题，保持其行政法的特质。

2. 基于鉴定意见存在错误是否承担民事责任问题

在前述河南司法警院司法鉴定中心的赔偿案例中，其判决书将司法鉴定委托确认为“有偿的委托合同”，并依照我国《民法典》第九百二十九条“有偿的委托合同，因受托人的过错造成委托人损失的，委托人可以请求赔偿损失”的规定作出裁判。随之而来的问题是，鉴定人出具错误鉴定非当事人造成损失而承担责任的依据何在？承担的是何种责任？责任主体是鉴定机构还是鉴定人本身？针对上述裁判，澄清这些疑问，需要追问司法鉴定的委托是有偿合同吗？如果不是应当属于何种类型的合同？

一是从国外的专家证人考察来看，专家证人和普通证人的法律地位相同。为了消除专家证人作证的顾虑，如果专家证人出具虚假证词损害了对方当事人的利益，英美法系国家认为，专家证人应享有证人的作证豁免权。鉴定并不是行使国家权力的活动。在这种情况下，对于鉴定人出于故意或者重大过失作出错误鉴定导致对当事人的损害，大陆法系国家一般追究鉴定人的侵权责任。[1] 我国的司法鉴定与英美法系国家的专家证人不同，也不完全等同于大陆法

---

[1] 杨帆，李兴虎．司法鉴定人错误鉴定的民事责任及其豁免［J］．云南大学学报（法学版），2007（5）．

系，不仅鉴定意见作为独立的法定证据种类，而且还存在一个专司司法鉴定登记管理的行政部门，这些制度使得鉴定出现错误或者制裁错误鉴定的鉴定机构及鉴定人的责任主要限于行政处罚，而非是通过民事责任的方式解决。《决定》规定司法鉴定实行鉴定人负责制，况且鉴定机构还承担不得拒绝接受职权机关委托的行政责任。为了“保证鉴定人的内部独立性，这应使得他能在不存在可能的赔偿压力的情况下出具鉴定书”，[1] 因此，鉴定机构及鉴定人的鉴定过错可以通过行政责任解决，行政责任与民事责任相比，前者更能发挥防范鉴定错误的功能，民事责任也就必然被放逐。

二是从我国诉讼原理来分析，我国的司法鉴定除了诉前的当事人的特殊委托外，诉讼中的委托均属办案机关的职权行为，当事人没有直接委托鉴定的权利。这种办案机关基于职权的委托不同于一般民事委托。一般的民事委托合同是委托人和受托人约定，由受托人处理委托人事务，并在受托人完成委托事务后，委托方支付费用的合同。办案机关委托鉴定机构鉴定，鉴定机构与办案机构之间形成了委托和受委托关系，但因费用由当事人承担，形成了不同于民事委托的诉讼法律关系。如果因鉴定机构及鉴定人的故意或者重大过失行为给当事人造成损害，因当事人与鉴定机构及鉴定人不具有委托和受委托的合同关系，当事人要求鉴定机构及鉴定人承担的法律责任也就失去依据。理论上讲，鉴定人的故意或者重大过失行为不会直接给当事人造成损害，其损害是办案机关委托错误或者采用了错误的鉴定造成的，在一定意义上是办案机关未能履行职责造成的。如果当事人自己委托鉴定机构的，就相当于民间委托，即当事人委托鉴定机构及鉴定人鉴定，其鉴定启动属于当事人与鉴定机构

[1] 汉斯－约阿希姆·穆泽拉克．德国民事诉讼法基础教程［M］．周翠，译．北京：中国政法大学出版社，2005：260.

的合意（有些鉴定机构不接受当事人委托，这种不接受委托不负任何责任），由委托的当事人支付司法鉴定费用，可以按照我国《民法典》有关合同的规定，依法承担相应的约定责任。

然而，有观点认为，法院委托的鉴定，不论鉴定机构的行为如何（如不接受鉴定委托、接受鉴定委托进行鉴定或鉴定结果如何），都不会给法院作为委托人造成损失，只有可能给没有参加委托的当事人一方造成损失。所以，在法院委托鉴定机构鉴定的情况下，当事人要求鉴定机构承担的不应是违约责任而只能是侵权责任，也不宜以收鉴定费用而将其视为有偿性。根据我国《民法典》第一千一百六十五条的规定："行为人因过错侵害他人民事权益造成损害的，应当承担侵权责任。"如果法院对原告提起的诉讼不予受理，那么，在法院委托鉴定机构进行司法鉴定时，由于另一方当事人与司法鉴定人恶意串通或者是在鉴定人因过错而损害了原告合法权益的情况下，原告要通过什么途径才能维护自己的合法权益呢？我们认为，在当事人自行或者诉前委托鉴定机构进行鉴定时，鉴定机构作出的鉴定意见一般都对委托鉴定的当事人有利。如果鉴定机构故意作出了对委托鉴定的人有利的鉴定意见，正常情况下不会给另一方当事人的民事权益带来损害，另一方当事人完全可以不认可该鉴定意见。如果当事人委托鉴定，鉴定机构作出的鉴定意见存在错误，导致委托鉴定人重新申请鉴定而损害了委托鉴定人的利益，可以认为受委托的鉴定机构未认真履行委托合同，鉴定机构的行为可以认定为一种违约行为，要求鉴定机构承担违约责任，赔偿因鉴定错误给委托鉴定当事人造成的损失。

小　结

鉴定机构及鉴定人因自己的过错承担责任是一个不需要讨论的问题，其责任的性质及承担的方式却是需要探讨的。因为这种责任不仅存在自行鉴定的违约责任，还存在鉴定过程中导致直接损害的侵权责任及故意做虚假鉴定的行政责任和刑事责任。对于鉴定意见而言，尽管鉴定机构及鉴定人存在过错，其过错导致裁判错误，却是因办案机关作为守门人的意志所导致的，属于与委托人之间的内部责任，对于办案机关基于职权委托的，鉴定属于协助办案机关的行为，不属于民事行为，将其纳入国家赔偿更为适宜。如果鉴定是当事人诉前自行鉴定导致的损害，或者鉴定人在进行鉴定时直接损害被鉴定人的人身或财产权利，鉴定人与被鉴定人之间产生了侵权的法律关系，此时，受到损害的被鉴定人可以依照《民法典》有关侵权的规定要求鉴定人承担赔偿责任，法院对此类案件应当受理，鉴定机构及鉴定人可以作为被告并承担因故意或者重大过失导致的民事责任，对于一般基于鉴定技术或者鉴定标准的不统一，导致的错误鉴定意见因非鉴定人的人为的过错，其责任对鉴定人而言则需要豁免。

结语

鉴定人出庭作证制度与理论的纠葛

司法改革借助于司法责任制度改革倒逼而步步深入，司法鉴定制度改革作为司法改革的一部分是否需要通过鉴定责任改革来推进值得思考。推进以审判为中心的诉讼制度改革需要完善“鉴定人出庭制度，保证庭审在查明事实、认定证据、保护诉权、公正裁判中发挥决定性作用”。基于以上逻辑的展开，研究司法鉴定制度改革将鉴定人不出庭作证的法律后果与鉴定责任联系起来考虑也就具有了合理性。我国诉讼活动利用鉴定查明案件事实并实现司法的实体公正与其他证据相比占有较重的位序，与现实中微乎其微的鉴定人出庭作证相比存在较大的落差，司法的实体公正在以鉴定意见作为定案根据的案件中似乎默默地在以“看不见的方式”实现。然而，从现实中呈现出来的冤假错案来看，因鉴定不科学或者鉴定瑕疵带来的司法不公却又是致命的，甚至是灾难性的。例如，云南“杜培武案件”中误将种属认定鉴定意见作为同一认定鉴定结论使用；❶河北邯郸市“徐某彬涉嫌强奸案”将其O型血鉴定为与现场遗留的精斑相同的B型，因此被判有期徒刑8年。❷在美国通过DNA检测得以昭雪的冤案中，超过50%的案件中都存在无效的、不当的科学证据。❸以上案例折射出这种以“看不见的方式”实现司法实体公正的做法不仅存在风险，而且还会带来一些司法不公，因此，鉴定人出庭作证接受质疑或者接受证伪检验也就成为学界的共识。基于以上共识，我国《刑事诉讼法》和《民事诉讼法》对鉴定人出庭作证作出了较为严格的要求，但在鉴定人不出庭作证的处罚措施与应承当的鉴定责任不仅在立法过程中颇具争议，即使在现行立法已定的背景下，围绕这一问题的理论分歧与观点纷争也远未消停与终结。这些争议及学界对鉴定人不出庭作证应有后果的讨论，❹不仅引起2012年对修正《刑事诉讼法（草案）》曾经存在的处罚措施在审议中删除此问题再次省察，❺同时也引发《民事诉讼法》修改为何未有规定处罚措施的再次思考。无论是省察抑或思考均指向鉴定人不出

---

❶在杜培武案件中，公诉机关指控的关键证据之一是汽车踏板下胶皮垫上提取泥土与杜培武所穿警式衬衣衣领左端、右上衣袋粘附泥土经鉴定为同一类泥土。为了使泥土的鉴别更加可靠，先后找了11位专家做出了相同鉴定，以此证明杜培武开过那辆发生凶杀案的车，认为其作为凶手得到了证实。实质上，同一类泥土的鉴定结论具有不特定，它与同一认定不具有相同的效力。

❷该案根据尚某某的指认与徐某彬的血型与现场遗留精斑同为B型等两项主要证据，河北曲周县法院判处徐某彬有期徒刑8年。15年后，徐某彬发现自己的血型竟然是O型。2006年7月28日，法院判决徐某彬无罪。参见：李彦水，王彬．法院弄错男子血型判其强奸15年后发现改判无罪［N］．燕赵晚报，2006-08-03.

❸吉姆·佩特罗，南希·佩特罗．冤案何以发生：导致冤假错案的八大司法迷信［M］．苑宁宁，陈效，等译．北京：北京大学出版社，2012：170.

❹占善刚．论我国民事诉讼中鉴定人不出庭作证之应有后果：《民事诉讼法》第78条评析［J］．法学家，2014（2）.

❺由于鉴定是鉴定人运用科学技术或者专门知识对专门性问题进行鉴别和判断提供意见活动，其意见在民事诉讼和刑事诉讼中作为证据没有严格的区别，故在文中就鉴定人不出庭的法律后果不作区分民事与刑事而混合使用。

庭作证是否需要采用强制措施？对于不出庭的鉴定人安排何种法律后果才是符合形式正义要求的应有后果？在处罚不出庭鉴定人是否需要与学者所倡导的“一体适用于证人”的罚款、拘留等公法上的制裁达成默契？

鉴定人出庭作证不仅是直接言词原则或者传闻法则的基本要求，还是落实当事人对鉴定人的发问权，保障法院正确裁判重要途径，以至于对鉴定人不出庭作证无论是理论还是司法实务从未缺乏予以公法制裁的观点与声音。[1]但就公法制裁的理据而言，多以域外的相关规定作为依据。有论者认为，使应当出庭而拒不出庭的鉴定人受到一定的处罚，承担相应的法律后果，是国际上较为普遍的做法。我国应当借鉴其他国家和地区关于鉴定人强制出庭的规定，细化鉴定人不出庭的法律后果。对于鉴定人无正当理由不出庭或拒绝出庭的，可采取训诫、责令具结悔过并责令其到庭；经训诫后仍不到庭者，法庭可以采取传唤、拘传等措施，强制其出庭作证；对到庭后消极不作证的鉴定人，应视具体情节追究其行政责任，并建议取消其司法鉴定人资格或从司法鉴定人名册中除名。[2]更有甚者，对于经过法庭多次传唤仍不出庭参与质证的鉴定人，情节特别严重，构成犯罪的，应追究其刑事责任。[3]既然对应该出庭的鉴定人没有出庭应当处以罚款、拘留等公法上的制裁是域外立法的通例，那么，在我国当下立法特别强调借鉴域外经验之时为何在此问题上不遵循此学

---

❶ 有人建议对鉴定人无正当理由不出庭或拒绝出庭的，可采取训诫、责令具结悔过并责令其到庭；经训诫后仍不到庭者，法庭可以采取传唤、拘传等措施，强制其出庭作证。参见：汤啸天．如何让纸上的鉴定人出庭作证［N］．人民法院报，2013-07-12（2）；有的建议采取“拒证罪”或“藐视法庭罪”予以刑事制裁，参见：申柳华．对我国鉴定人不出席现象的反思［J］．云南大学学报（法学报）2004，17（3）．

❷ 汤啸天．如何让纸上的鉴定人出庭作证［N］．人民法院报，2013-07-12（2）．

❸ 刘金桥．鉴定人出庭作证问题的思考［N］．江苏经济报，2013-08-07（B03）．

者认为的通例呢？对此需要从立法的历史背景来探讨。

我国《刑事诉讼法》第一百九十三条规定："经人民法院通知，证人没有正当理由不出庭作证的，人民法院可以强制其到庭，但是被告人的配偶、父母、子女除外。证人没有正当理由拒绝出庭或者出庭后拒绝作证的，予以训诫，情节严重的，经院长批准，处以十日以下的拘留。被处罚人对拘留决定不服的，可以向上一级人民法院申请复议。复议期间不停止执行。"但对鉴定人出庭作证，没有采纳证人的规定。有论者认为，这种规定仅从处罚的角度规定鉴定人不出庭的法律后果，没有从程序制裁及程序后果上规定鉴定人不出庭应承担何种法律后果，难以遏制鉴定人不出庭现象的发生。对此，可以借鉴其他国家和地区的有关规定，对于接到出庭通知或者有证据表明已接到出庭通知的鉴定人，无正当理由仍不出庭或拒绝出庭的，可采取训诫、责令具结悔过，并责令其到庭质证；经训诫后仍不到庭或仍不质证者，法庭可以采取传唤、拘传等措施，强制其出庭作证；对仍不质证的鉴定人或被拘传到庭的鉴定人仍拒不质证者，应视具体情节追究其行政责任（如罚款、拘留）。[1]在十一届全国人大常委会第二十六次会议分组审议《民事诉讼法修正案（草案）》时，有全国人大代表也建议在草案中增加规定，即因鉴定人未出庭作证导致鉴定意见未被采纳而致使委托鉴定人蒙受不当损失的，鉴定人应当赔偿相应损失。鉴定机构一般属于经营性质，鉴定人拒不出庭作证，如果没有一定的强制措施，没有明确的法律责任，不能改变其不想、不愿出庭作证的情况。因此需要设定合理的法律责任，以促使其履行出庭作证义务。既然出庭是鉴定人的义务，那么违反义务理应承担不利的法律后果。[2]在 2012 年《刑事诉

[1] 卞建林，郭志媛．规范司法鉴定程序之立法势在必行［J］．中国司法鉴定，2005（4）．
[2] 陈丽平．证言未经质证的不得作为证据［N］．法制日报，2012-06-05（3）．

讼法》修改审议过程中，“有的常委委员和部门提出，对于鉴定人不依法履行出庭作证义务的行为，《全国人大常委会关于司法鉴定管理问题的决定》已明确地规定了法律责任，刑事诉讼法中可不再另行规定”。[1]在讨论《刑事诉讼法修正案（草案）》时，全国人大法律委员会经研究，采纳了这一意见。[2]但也有常委委员提出质疑，认为上述决定与《刑事诉讼法》的法律位阶不同，对于违反《刑事诉讼法》的规定适用该决定的规定则有所不妥，建议对鉴定人强制到庭和拘留予以规定。如果鉴定人没有正当理由逃避出庭或者出庭后拒绝作证或者发表鉴定意见的，人民法院可以采取拘传的强制措施。[3]大陆法系国家的德国也存在类似的规定。例如，《德国刑事诉讼法典》第七十七条规定了违反该项义务的后果，“负有鉴定义务的鉴定人拒绝与法官约定第七十二条第一款第二句的适当期限或者延误约定期限时，可以科处秩序罚款。科处秩序罚款之前，必需先行告诫。鉴定人仍然延误期限的，可以再次科处秩序罚款”。然而，法律委员会经同有关方面研究，最终颁布的《刑事诉讼法修正案》删除了对鉴定人出庭作证适用强制到庭和罚款、拘留处罚的规定，仅增加了“经人民法院依法通知，鉴定人拒不出庭作证的，鉴定意见不得作为定案的根据”。那么是什么原因导致立法机关未接受有些委员及学者所谓的处罚鉴定人的“域外立法的通例”呢？对这个问题需要从以下方面来认识。

一是我国的鉴定人不同于普通证人，也非是国外的广泛意义上的证人。我国的证人是以陈述观察体验的事实作证，尽管证人可以

[1] 参见 2011 年 12 月 26 日第十一届全国人大常委会第二十四次会议《全国人民代表大会关于〈中华人民共和国刑事诉讼法〉修正案（草案）修改情况的汇报》。

[2] 陈丽平 . 删去对鉴定人的强制到庭制度［N］. 法制日报，2011-12-26.

[3] 赵珊珊 . 制度建构的进步与立法技术的缺憾：刑事诉讼法修正案“证人制度”评述［J］. 证据科学，2011（6）：19.

根据“一般生活经验判断符合事实”作出“猜测性、评论性、推断性的证言”，但其常态下是不能作出推断性的证言的。[1]而鉴定意见是鉴定人对专门性问题进行鉴别和判断提供的意见，其本身就是一种推断性的证言，不免存在一些“猜测”的成分，与证人证言相比，其常态则是其特殊形式。这种证言本身的不同形式需要不同的制度来维护，倘若采用相同制度则有可能存在不公正的问题，甚至导致制度在运行中出现异化。

二是证人本身具有不可代替性，证人都有作证的义务。这种作证义务并非一定经过出庭来履行。如果对关键性证言存在异议而不出庭作证，不仅难以解决案件事实的疑问，而且案件关键性事实也难以认定，所以要求“证人证言必须在法庭上经过公诉人、被害人和被告人、辩护人双方质证”。而鉴定人是基于其专门知识对鉴定对象的认识、理解与判断而作证，不仅具有可替代性，倘若提出的鉴定意见异议属于鉴定人的能力等问题所致，即使鉴定人出庭也难以解决这种异议，鉴定人这种状况下强行出庭不仅会投入一些无意义的司法成本，而且还会耽误另行委托其他鉴定人的时机，因此立法在鉴定人出庭问题上采取不同于普通证人的出庭作证方式。如果法律规定对不出庭作证的鉴定人拘传或者拘留，其作证的目的未必能够达到。证人不出庭的制裁是针对“人”的，属实体性制裁；而鉴定人拒不出庭作证的制裁是针对“事”的，属于程序性制裁，仅仅规定其程序性后果一般能够达到目的。

二是鉴定人不出庭予以拘留与诉讼制度理论不相吻合，况且法院对通知出庭而无正当理由不出庭作证的鉴定人，将其提供的鉴定人意见不作为证据使用，足以起到对鉴定人制裁的效果，再加上

---

[1] 参见最高人民法院《刑事诉讼法司法解释》第八十八条。

对鉴定人采用司法建议的形式通知管理机关依法予以处理并责令退回鉴定费用，能够发挥制裁的足量效果。因为管理部门采用行政处罚尤其是“撤销登记”涉及鉴定人的鉴定资格的存亡远比拘留、罚款带来的后果严厉得多。因为撤销登记使其丧失了作为鉴定人的资格，鉴定生涯就此了结。如果一味拘传或者拘留，有的鉴定人宁愿拘留也不愿冒本人或者近亲属受打击报复的风险，其实施的实践效果也不会太理想。

三是域外尽管存在法院对鉴定人的处罚，如前述的德国，但德国是由法院对鉴定人实行名册管理，与我国对司法鉴定实行名册管理不同。如果坚持谁管理谁处罚的原则，我国法律没有规定法院对不出庭鉴定人进行处罚似乎也顺理成章。在域外也非对鉴定人拒绝出庭作证一概采用强制出庭和罚款、拘传等制裁措施。在美国作为鉴定机构出具的刑事实验室鉴定报告，仅在 2009 年梅伦德斯—迪亚兹诉马萨诸塞州的案件中才确定了相关分析员必须出庭作证并接受控辩双方交叉询问，否则不得单独作为呈堂证供。[1]

基于以上理由，《刑事诉讼法》在规定鉴定人不出庭作证的法律后果上采用不能作为定案根据的规定，而没有规定对鉴定人的拘留等人身性制裁措施。可以说，这是立法机关坚持科学立法的明智之举，也未简单搬运国外的规定或翕然从之，其立法符合实践中的一贯做法。因为在刑事诉讼中不出庭作证的鉴定人多数是侦查机关的鉴定人，法院对通知到庭而不到庭的侦查机关的鉴定人实施拘留尽管理论上具有合理性，也符合法律面前一律平等的法治原则，在实践中却不具有可操作性和现实可能性。如果这一条款对侦查机关的鉴定人不能执行，仅仅对社会鉴定机构鉴定人实施，这种选择性

[1] 何帆．是谁让法庭科学家“疲于奔命”［N］．法制日报，2009-07-20.

的实践更会影响法律的权威，最终有可能事与愿违。法律一味强制其出庭，甚至不惜采用拘留促使鉴定人出庭，并非是最佳选择。况且鉴定意见作为证据与其他证据存在差异，它是一种分析性判断。对此问题既不要对国外的规定直接地移植，也不要针对实践急切欲望的简单的回应，一旦矫枉过正会导致制度在顾此失彼被撕裂，断简残篇的理论配置会换来的必然是事未弭而酿的恶果，最终使原有制度的功能衰退式微，甚至出现现实与理想渐行渐远的悲剧。